轻型跨座式单轨
设计与创新

周江天　胡江民　◎　主编

人民交通出版社

北京

内 容 提 要

本书以轻型跨座式单轨交通的设计与创新技术为主要研究内容，依托芜湖市跨座式单轨的工程实践与科研创新成果，针对工程面临的发展规划、选型设计、施工模式等挑战，开展了轻型跨座式单轨交通规划设计、土建工程创新、智能建造技术的引入等多个方面的技术研究，提出了轻型跨座式单轨交通针对站城一体化、机电设备设计、全自动运行等创新理念，形成了关于轻型跨座式单轨交通集设计、施工、运营维护等一体化的关键技术体系。本书共分为10章，内容涵盖了跨座式单轨交通的发展历程，芜湖市跨座式单轨交通的建造等内容，其中土建工程的创新技术以及机电设备的创新与发展也是本书的重点内容。本书最后针对芜湖市跨座式单轨建设过程中发生的大事记进行了归纳，并汇总了本项目的科研成果。

本书可供从事跨座式单轨交通领域工作的工程技术人员参考，也可供高等院校相关专业师生学习使用。

图书在版编目(CIP)数据

轻型跨座式单轨设计与创新／周江天，胡江民主编．
北京：人民交通出版社股份有限公司，2025.4．
ISBN 978-7-114-20146-2
Ⅰ．U239.5
中国国家版本馆CIP数据核字第20259K800B号

Qingxing Kuazuoshi Dangui Sheji yu Chuangxin

书　　名：	轻型跨座式单轨设计与创新
著 作 者：	周江天　胡江民
责任编辑：	高鸿剑
责任校对：	赵媛媛　武　琳
责任印制：	张　凯
出版发行：	人民交通出版社
地　　址：	(100011)北京市朝阳区安定门外外馆斜街3号
网　　址：	http://www.ccpcl.com.cn
销售电话：	(010)85285857
总 经 销：	人民交通出版社发行部
经　　销：	各地新华书店
印　　刷：	北京印匠彩色印刷有限公司
开　　本：	787×1092　1/16
印　　张：	18
字　　数：	428千
版　　次：	2025年4月　第1版
印　　次：	2025年4月　第1次印刷
书　　号：	ISBN 978-7-114-20146-2
定　　价：	138.00元

(有印刷、装订质量问题的图书，由本社负责调换)

本书编委会

主任委员： 周江天　胡江民

编　　委（按姓氏笔画顺序排序）

于胜利	于素芬	于晨昀	马明武	马鹏远
马福东	王　力	王　永	王　臣	王　闯
王欣睿	王皓博	尹兴权	卢　伟	叶　丹
邢　淼	邢　然	吕　刚	朱　莎	任振国
刘永锋	刘建友	刘　俊	刘彦宏	刘　浩
许恒朋	孙文祺	孙晓彤	孙　嵘	杜京涛
李先婷	李　昊	李金凯	李晓剑	李　琦
杨　占	杨永明	杨　帆	杨昕映	杨照辉
吴　戈	吴树强	何　勇	余　鹏	言语家
张文磊	张炳楠	张晓丹	张崇斌	张　婷
陈　慧	林力澜	罗天靖	岳文豪	周　腾
赵　岩	赵　博	胡国华	胡越冀	胡　湛
胡　燚	姚立敏	秦建伟	夏　昕	郭子煜
郭　祐	郭　锴	隗功杰	彭　湃	韩广晖
韩晓方	韩　彪	傅　源	焦亚萌	靳　鹏
楚振宇	雷　铎	雷慧锋	简方梁	解丽霞
薛洪卫	戴鹏飞	魏志斌	魏宏伟	

编写单位： 中铁工程设计咨询集团有限公司

PREFACE
前言

跨座式单轨交通适应性强、噪声低、转弯半径小、爬坡能力强,能更好地适应复杂的地形地貌环境,是国内Ⅱ型大城市首选的市内公共交通方式。另外,跨座式单轨交通具有建设投资少、周期短、智能环保等特点,还可以成为城市里一道亮丽的风景线。随着跨座式单轨交通技术的发展,以单根轨道梁为支撑、稳定和导向,车体采用橡胶轮胎骑坐在轨道梁上运行的轨道交通系统已被轨道行业广泛地接受。目前,我国已有重庆、芜湖、银川等多座城市的跨座式单轨交通投入运营,并产生了良好的效果。

本书聚焦新时期构建综合、绿色、安全、智能的城市交通系统的需求,结合作者团队二十余年来在跨座式单轨交通方向的理论研究、技术攻关成果,以轻型跨座式单轨交通系统的设计与创新技术为主要研究内容,系统地概括和总结了轻型跨座式单轨的土建工程设计与创新技术,形成了一套可适用于跨座式单轨交通未来发展技术的理论体系,希望借此提升我国在跨座式单轨交通系统领域在建造、运维以及智能智慧发展等方面的技术水平。此外,本书还依托芜湖及相关典型城市跨座式单轨建设及运营实践,系统凝炼总结了轻型跨座式单轨建造关键技术,提出了该制式的相关智慧技术,希望以此推动轻型跨座式单轨制式的广泛推广与应用。

全书共分为10章,第1章为绪论,介绍了跨座式单轨交通的特点;第2章介绍了跨座式单轨交通的发展历程;第3章以芜湖市跨座式单轨为例,采用广泛文献搜集和实际工程取样等方法,对芜湖市跨座式单轨在规划设计、建造施工等研究成果进行了介绍;第4章介绍了土建工程的设计与创新等内容;第5章对道岔结构的设计和创新技术进行了分析与归纳总结;第6章集中研究了机电设备的设计与创新内容;第7~10章分别对站城一体化、全自动运行技术、车辆基地的创新发展技术和跨座式单轨的智慧技术等进行了详细地分析和归纳总结。在本书最后，以附录的形式对芜湖跨座式单轨建设过程中发生的大事记进行了归纳，并汇总了本工程领域内的科研成果。

由于作者水平有限，书中难免存在疏漏和不足之处，敬请各位专家和读者不吝赐教，多提批评指导意见，以利于本书修正。

作　者

2024年12月

CONTENTS
目录

1 绪论 ··· 1
   1.1 跨座式单轨交通简介 ··· 1
   1.2 跨座式单轨交通主要技术特点 ································· 4

2 跨座式单轨交通的发展历程 ··· 8
   2.1 早期跨座式单轨 ··· 8
   2.2 国外跨座式单轨 ··· 10
   2.3 国内跨座式单轨 ··· 15

3 系统选型与总体设计 ·· 21
   3.1 系统选型 ··· 21
   3.2 总体设计 ··· 26
   3.3 交通衔接与一体化设计 ·· 43

4 土建工程设计与创新 ·· 46
   4.1 高架车站 ··· 46
   4.2 地下车站及区间 ··· 62
   4.3 轨道梁 ·· 74

5 道岔设计与创新 ··· 93
   5.1 道岔选型 ··· 93
   5.2 道岔主要技术参数 ·· 97
   5.3 道岔产品研发 ·· 99

6 机电设备设计与创新 ·· 109
   6.1 供电系统 ··· 109
   6.2 通信与信号系统 ·· 115
   6.3 监控及自动化系统 ·· 124
   6.4 单轨供电创新技术 ·· 125

7 站城一体化设计与创新 ... 151
7.1 站城一体化设计的背景 ... 151
7.2 芜湖轨道交通站城一体化设计探索 ... 153
7.3 站城一体化发展与展望 ... 169

8 全自动运行系统创新技术 ... 170
8.1 全自动运行系统技术应用概述 ... 170
8.2 全自动运行系统的必要性 ... 172
8.3 全自动运行系统及自动化运行等级 ... 174
8.4 全自动运行系统运营场景 ... 176
8.5 全自动运行系统新增功能及配置研究 ... 181
8.6 全自动运行系统信号轨旁设备安装方案 ... 188
8.7 全自动运行系统独立安全评估 ... 192
8.8 结论与建议 ... 196

9 车辆基地创新技术 ... 198
9.1 检修修程及检修周期技术创新 ... 198
9.2 车辆基地工艺布置创新设计 ... 201
9.3 车辆走行部智能检测技术研究 ... 208
9.4 新型换轮设备研究 ... 212

10 跨座式单轨智慧技术应用与展望 ... 218
10.1 跨座式单轨智慧技术体系应用的关键问题 ... 219
10.2 跨座式单轨关键智慧技术 ... 220
10.3 智慧技术应用与可持续发展的关系 ... 258
10.4 智慧单轨与智慧城市的融合 ... 261

附录 A 芜湖轻型跨座式单轨工程大事记 ... 265
A.1 决策经过 ... 265
A.2 设计过程 ... 266
A.3 建设历程 ... 267

附录 B 工程科研成果 ... 268
B.1 土建工程 ... 268
B.2 机电设备系统 ... 275

1 绪 论

城市轨道交通在实现城市总体规划、优化城市空间结构、带动经济发展、提升城市品质、改善公共交通、助力城市客运交通高质量发展等方面发挥了巨大作用。目前,我国正在运营的城市轨道交通以地铁为主。但是地铁建设、运营投资巨大,给城市财政带来较大的压力。为避免城市财政负担过大,我国不同时期出台了若干发展城市轨道交通的指导性文件,对规划建设地铁的城市的经济、人口、财政收入、客流水平等提出了明确要求。这些政策性文件的出台,对城区人口在150万~300万、达不到地铁建设标准又迫切需要发展城市轨道交通,以提高城市客运交通供给能力的中型城市而言,可以尝试采用除地铁之外的城市轨道交通运输方式。根据《城市公共交通分类标准》(CJJ/T 114—2007),除地铁之外,城市轨道交通还有轻轨、单轨等6大轨道交通系统。分析7大系统技术特点、适应性,单轨系统,特别是跨座式单轨系统以其轻便、经济、绿色等特点,成为中型城市的新选择。

1.1 跨座式单轨交通简介

1.1.1 定义概念

单轨交通系统包括跨座式、磁浮式和悬挂式三种。其中,跨座式单轨交通通过一根轨道梁进行走行和导向,车辆结构的转向架,包括导向轮和稳定轮,走行在轨道梁结构的两侧位置,可以保证车辆安全平稳地行驶,如图1.1-1所示。

图1.1-1 跨座式单轨交通

随着跨座式单轨技术发展,为适应不同城市、不同区域需要,跨座式单轨交通逐渐形成了不同技术体系,参照城市轨道交通轻轨系统概念,具有车辆尺寸小、自重轻、定员相对少、轨道梁宽度尺寸小、道岔结构形式相对简单特点的跨座式单轨交通称为轻型跨座式单轨交通。根据《轻型跨座式单轨交通设计导则》(T/CAMET 04001—2018),轻型跨座式单轨交通定义为车辆、轨道梁及道岔等装备轻量化、简约化后的跨座式单轨交通。

1.1.2 跨座式单轨交通关键技术概述

跨座式单轨交通与普通钢轮钢轨交通相比,主要区别在车辆、轨道梁、道岔三个方面。

(1)车辆

跨座式单轨交通车辆分为车体及支撑车体的走行部两部分。跨座式单轨交通车辆的车体与普通钢轮钢轨交通车辆的车体构造基本相同,区别主要为车体尺寸及材质。跨座式单轨交通车辆的车体长度较小、宽度偏大、高度较高,采用充气橡胶轮胎以减轻车辆自重,车体材质主要为铝合金,而普通钢轮钢轨交通车辆的车体材质主要为铝合金或不锈钢。跨座式单轨交通车辆与普通钢轮钢轨车辆的尺寸对比见表1.1-1。

跨座式单轨交通车辆与普通钢轮钢轨交通车辆尺寸对比表   表1.1-1

车辆类型	跨座式单轨交通车辆	普通钢轮钢轨交通车辆
车体长度	10~16m	19~24m
车体宽度	2.98~3.15m	2.6~3.0m
车体高度	4.2~5.3m	3.8m

跨座式单轨交通车辆走行部与普通钢轮钢轨交通车辆差异较大,主要由构架、中央悬挂装置、基础制动装置、驱动装置(动力转向架)、集电装置、走行装置、导向装置、稳定装置等组成,其走行轮、稳定轮及导向轮均采用充气橡胶车轮。跨座式单轨交通车辆与普通钢轮钢轨交通车辆转向架对比如图1.1-2所示。

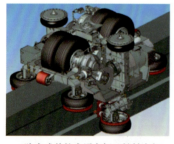
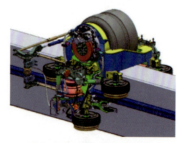

a)跨座式单轨交通车辆双轴转向架　　b)跨座式单轨交通车辆单轴转向架　　c)普通钢轮钢轨交通车辆转向架

图1.1-2 跨座式单轨交通车辆与普通钢轮钢轨交通车辆转向架对比图

跨座式单轨交通车辆采用PC(预应力混凝土)轨道梁两侧的刚性接触网或接触轨授电,普通钢轮钢轨交通车辆主要采用架空接触网授电。跨座式单轨交通车辆与普通钢轮钢轨交通车辆授电方式对比如图1.1-3所示。

a) 跨座式单轨交通车辆授电方式　　　　b) 普通钢轮钢轨交通车辆授电方式

图 1.1-3　跨座式单轨交通车辆与普通钢轮钢轨交通车辆授电方式对比图

(2) 轨道梁

与普通钢轮钢轨交通的轨道不同的是,跨座式单轨交通的轨道梁除了是跨座式单轨列车行驶的轨道,还是承载列车荷载与导向车辆运行的结构。当轨道梁需要较大跨度时,也可采用钢梁或多种材料组成的复合梁体,如钢-混凝土结合梁。跨座式单轨交通的轨道梁梁宽为 690～850mm、梁高为 1500～2000mm,普通钢轮钢轨交通的轨道一般为钢轨。跨座式单轨交通轨道梁与普通钢轮钢轨交通的轨道对比如图 1.1-4 所示。

a) 跨座式单轨交通轨道梁　　　　b) 普通钢轮钢轨交通轨道

图 1.1-4　跨座式单轨交通轨道梁与普通钢轮钢轨交通轨道对比图

(3) 道岔

为转换列车行驶线路,跨座式单轨交通及普通钢轮钢轨交通都需要道岔。跨座式单轨交通的道岔一般由可移动的钢制箱形轨道梁、台车和机电控制系统等组成。按道岔结构的不同,可分为关节型道岔、关节可挠型道岔、平移型道岔、枢轴型道岔、换梁型道岔等;按其功能的不同,可分为单开道岔、三开道岔、五开道岔、单渡线道岔、双渡线道岔、交叉渡线道岔等形式(图 1.1-5)。跨座式单轨交通道岔与普通钢轮钢轨交通的道岔对比如图 1.1-6 所示。

a)单开道岔

b)三开道岔

c)五开道岔

图 1.1-5　跨座式单轨交通道岔类型

a)跨座式单轨交通枢轴型道岔

b)跨座式单轨交通换梁型道岔

c)普通钢轮钢轨交通道岔

图 1.1-6　跨座式单轨交通道岔与普通钢轮钢轨交通道岔对比图

1.2　跨座式单轨交通主要技术特点

结合车辆、轨道梁、道岔及其他相关技术条件可知,跨座式单轨交通具有以下技术特点。

1.2.1　属于中运量轨道交通系统

跨座式单轨交通车辆长 10~15m、宽约 3m,车辆定员为 136~165 人/辆,设计输送能力为 1.0 万~3.0 万人/h,属于中运量轨道交通系统。列车编组以 4~6 辆为主,采用 6 辆以上编组时,设计输送能力甚至可超过 3.0 万人/h,如重庆轨道交通 3 号线采用 6 辆、8 辆编组混跑,2017 年运营统计数据表明,高峰小时最大断面客流量达到 3.64 万人次/h。国内外典型跨座式单轨交通线路的列车编组情况见表 1.2-1。

国内外典型跨座式单轨交通线路列车编组情况　　表 1.2-1

线路	编组情况
新加坡圣淘沙线、日本冲绳都市单轨电车线	2 辆编组
迪拜棕榈岛观光单轨、韩国大邱都市轨道 3 号线	3 辆编组

续上表

线路	编组情况
美国拉斯维加斯单轨线	4辆编组
巴西圣保罗15号线	7辆编组
重庆轨道交通2号线、3号线	4辆、6辆、8辆编组
芜湖轨道交通1号线、2号线	6辆、4辆编组

1.2.2　转弯半径小、爬坡能力强

跨座式单轨交通车辆长度较短,转向架中心距较小,可使列车适应更小的平面曲线半径,特别是转向架采用单轴设计的车辆,曲线通过能力可进一步提高。跨座式单轨交通走行系统采用充气橡胶车轮及PC轨道梁,黏着系数较高,大大提高了爬坡能力。跨座式单轨交通理论最小平面曲线半径可达30m、最大坡度可达100‰;实际运用中,为了避免过小半径影响正线旅行速度,考虑减少运维费用等因素,正线最小平面曲线半径一般采用100m、最大坡度一般采用60‰。跨座式单轨交通正线小曲线半径和大纵坡路段如图1.2-1所示。

a)小曲线半径路段　　　　　　　　　　b)大纵坡路段

图1.2-1　跨座式单轨交通正线小曲线半径和大纵坡路段示意图

跨座式单轨交通转弯半径小、爬坡能力强的特点,大大提高了克服平面、高程障碍的能力,使其拥有更好的地形、地物、环境适应性,能灵活绕避城市建(构)筑物、跨越江河及城市立交等,减少征地拆迁,规避征地拆迁带来的矛盾、时间不可控等风险,同时可有效减少工程总投资。

1.2.3　噪声小、振动低、环境影响小

跨座式单轨交通为胶轮系统,噪声、振动与普通钢轮钢轨交通相比具有"先天优势",运行期间的噪声与振动均能较好地满足环境要求。根据《重庆轨道交通2号线较新线验收报告》,重庆单轨交通2号线一期工程环境噪声排放监测情况为:当车辆运行速度为44~48km/h时,距外轨中心线8m、轨面以上1.5m处的噪声监测结果为63.0dB。重庆轨道

交通 2 号线在杨家坪—袁家岗区间,以高架线的形式穿越了杨家坪步行街;李子坝站更是直接与居民楼合建,车站位于该楼 7~8 层,下方为商业用房,上方为居民楼,充分证明了跨座式单轨噪声、振动之小。重庆市跨座式单轨交通正线与周边建筑物合建如图 1.2-2 所示。

a)重庆轨道交通2号线杨家坪站

b)重庆轨道交通2号线李子坝站

图 1.2-2　重庆市跨座式单轨交通正线与周边建筑物合建图

1.2.4　高架区间简洁、体量较小、景观影响小

跨座式单轨交通高架区间为两根 0.69~0.85m 轨道梁及轨道梁中间约 1m 宽的疏散通道,透光性好,相较其他轨道交通高架区间而言,结构更为简洁,大大降低了对沿线景观的影响。跨座式单轨交通与其他轨道交通高架区间对比如图 1.2-3 所示。

a)跨座式单轨交通

b)钢轮钢轨交通

c)铁路

图 1.2-3　跨座式单轨交通与其他轨道交通高架区间对比图

1.2.5　高架区间用地面积少、节约用地

传统城市轨道交通高架区间的桥墩宽度一般约为 2.2m,高架区间断面梁宽约为 10m;跨座式单轨交通高架区间的桥墩宽度一般约为 1.5m,高架区间断面梁宽约为 5m。跨座式单轨交通与钢轮钢轨交通高架区间的结构对比如图 1.2-4 所示。

1 绪论

a)跨座式单轨交通高架区间结构　　　b)普通钢轮钢轨交通高架区间结构

图 1.2-4　跨座式单轨交通与普通钢轮钢轨交通高架区间结构对比图

1.2.6　适宜高架敷设、可有效利用城市空间和降低工程造价

跨座式单轨交通由于其线路适应性强、环境影响小、景观影响小、高架区间占地少,因而适宜高架敷设,可与其他路面及地下交通各行其道、互不干扰,可有效利用城市空间并减少工程投资。不同轨道交通制式的敷设方式及对比见表 1.2-2,跨座式单轨交通不同敷设方式见图 1.2-5。

不同轨道交通制式敷设方式对比　　　　表 1.2-2

系统类型	敷设方式	案例
跨座式单轨交通	高架为主、地下及地面为辅	重庆轨道交通 2 号线高架线比例 92%;芜湖轨道交通 1 号线高架线比例 100%,2 号线一期高架线比例 91.1%
地铁	地下为主、高架及地面为辅	北京地铁 1 号线地下线比例 100%
有轨电车	地面为主、地下及高架为辅	大连 202 路有轨电车地面线比例 85%

图 1.2-5　跨座式单轨交通不同敷设方式图

2 跨座式单轨交通的发展历程

跨座式单轨交通(以下简称"跨座式单轨")作为一种成熟的城市轨道交通系统,虽然在国内建设较晚,线路较少,运营时间不到20年,但在国外多个国家早已应用。跨座式单轨从最初的马匹拉动、蒸汽驱动到现代的电力牵引,已有200多年的历史,本章重点介绍跨座式单轨发展历程。

2.1 早期跨座式单轨

1820年,俄国发明家叶尔马诺夫(Ivan Kirillovich Elmanov)设计了"墩柱上的道路",其结构是车辆跨坐在一条木制的高架轨道上,轮子放置在轨道上,由马匹拉动车辆沿着轨道行走,开启了跨座式单轨的历史,如图2.1-1所示。

图 2.1-1 叶尔马诺夫跨座式单轨

图 2.1-2 里昂跨座式单轨

1872年,由杜尚(Monsieur Duchamp)设计的跨座式单轨在法国里昂国际展览中心投入使用。车辆被安装在长1km、高4m的轨道上,缆索拉动车辆沿轨道行驶,如图2.1-2所示。

1876年,勒罗伊·斯通(LeRoy Stone)在费城的费尔芒特公园建造了美国历史上第一条由蒸汽机驱动的跨座式单轨。车辆有两个垂直的双法兰轮沿同一根承重轨道梁滚动,后轮轴由蒸汽机驱动;列车通过双侧水平轮支撑在A形木制轨道上,如图2.1-3所示。

图 2.1-3 斯通跨座式单轨

1886 年,梅格斯(Joe V. Meigs)在美国马萨诸塞州东部剑桥市建成了约 1.6km 长的单轨线路。梅格斯将轨道从街道交通中分离出来,减小轨道梁宽度,提高通透性;车体在设计时考虑了空气动力学的影响,走行部分采用斜向双法兰车轮,走行轮上设有液压制动器,列车速度可达 48km/h,梅格斯单轨在 19 世纪 80 年代是空前的创举,如图 2.1-4 所示。

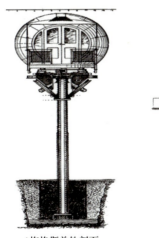
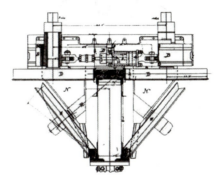

a)梅格斯单轨剖面　　　　　b)梅格斯单轨轨道结构

图 2.1-4　梅格斯单轨

1888 年,法国人查尔斯·拉里格(Charle Larligue)在爱尔兰利斯特维尔建造了一条长约 15km 的客货两用跨座式单轨,如图 2.1-5 所示。车辆利用蒸汽机作为牵引动力,采用多辆编组,最高车速可达 43km/h。跨座式单轨由此展现交通工具特征,该线路持续运营长达 36 年。

1911 年,博伊斯(William H. Boyes)在华盛顿州塔科马市建造了一条木制轨道梁跨座式单轨测试线路,如图 2.1-6 所示。该线路系统形象地呈现出现代跨座式单轨特征。

图 2.1-5　利斯特维尔单轨

图 2.1-6　博伊斯单轨

1914 年,热那亚采用博伊斯(Boyes)单轨技术建成单轨线路,如图 2.1-7 所示。热那亚单轨的技术特点是采用混凝土轨道、4 辆编组电动列车。该线路运行几年之后被拆除。

1924 年,拉蒂格单轨线路在加利福尼亚州特罗开始运营,全长 48km。单轨列车在沙漠环境中穿越崎岖山路运送镁盐,如图 2.1-8 所示。1926 年线路停止运行。跨座式单轨自此走出城外,适应弯道、山区等复杂地形。

图 2.1-7　热那亚单轨

图 2.1-8　拉蒂格单轨

2.2　国外跨座式单轨

1952 年,瑞典人格林在德国科隆近郊菲林(Fühlingen)建造了一条长 1.9km 的跨座式单轨线路,最高试验车速达 190km/h。1957 年,格林又在同一地点建成了世界上第一条 1.8km 的全尺寸跨座式单轨试验线——阿尔维格单轨,该线路采用混凝土结构轨道,具有设计简单、施工快、成本低的特点;车辆采用三轮系结构,走行部分采用橡胶轮胎,稳定轮与导向轮保证车辆的稳定与导向。相比传统钢轮钢轨系统,该线路具有噪声低、牵引力高出三倍以上的特点,如图 2.2-1 所示。

现在,阿尔维格单轨已经成为跨座式单轨的一种基本形式,为现代跨座式单轨的发展奠定了基础。迪士尼乐园在 1959 年开通了一条阿尔维格单轨游乐线路,使得阿尔维格单轨逐渐被大众熟知。

2 跨座式单轨交通的发展历程

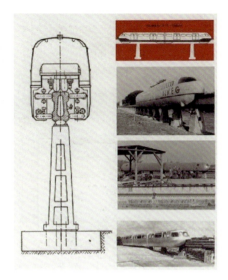

图 2.2-1 阿尔维格单轨

自阿尔维格单轨之后，跨座式单轨技术基本上围绕车辆和轨道梁结构的不同而有所差异，概括来说，不同跨座式单轨的差异主要表现在车辆采用基于三轮系的双轴转向架还是单轴转向架，轨道梁是简支梁结构还是连续梁结构，抑或在轨道梁宽度上有所不同。

跨座式单轨在日本也得到了快速发展。1960年，日本日立公司（Hitachi）获得阿尔维格单轨技术授权，并结合日本具体情况，建设了适应自身发展需要的跨座式单轨线路。自1962年起，相继建设了8条跨座式单轨线路，具体见表2.2-1。

日本跨座式单轨建设情况　　　　　　　　　　表2.2-1

线路名称	线路用途	特点	建设时间
犬山游乐园单轨	观光	—	1962年
东京读卖乐园单轨	观光	—	1963年
东京单轨电车羽田线	客运	17.8km，日载客量20万人次，日立2000型单轨列车	1964年
北九州单轨	客运	8.8km，乘客舱平地板，设侧座	1985年
大阪单轨电车	客运	28km，钢轨道梁桥	1990年
多摩都市单轨线	客运	16km，变频调速控制，日载客量12万人次	1998年
浦安迪士尼单轨	观光	5km	2001年
冲绳都市单轨电车线	客运	12.8km，钢轨道梁、混凝土轨道梁组合	2003年

1964年6月，日本单轨协会（Japanese Monorail Association，JMA）成立之后，制定了基于阿尔维格单轨的标准。新标准规定乘客舱完全位于转向架上方，取消了转向架凸进乘客舱的设计方式，乘客舱为平地板，内部空间宽敞，车体设置侧座。日立公司制造了世界上第一列平地板跨座式单轨列车。此外，北九州单轨沿线的高架道路中央隔离带（轨道梁下方）增设了绿化带，对环境进行了美学改善，也引起了世界各地对跨座式单轨的再认识。

1971年，庞巴迪公司为迪士尼单轨线路提供了12列Mark Ⅵ型列车，该型列车是首个可以站立乘客的迪士尼单轨列车，同时首次采用拱形轨道，如图2.2-2所示。

图 2.2-2 迪士尼单轨

1988 年,澳大利亚悉尼采用冯·罗尔单轨技术,在悉尼市建设了长为 3.6km 的跨座式单轨线路,如图 2.2-3 所示。悉尼单轨有 8 个车站,每小时可运送 2250 人次。1989 年,澳大利亚布罗德海滩开通绿洲单轨,采用冯·罗尔Ⅲ型单轨,其独特之处在于将绿洲购物中心设计在这个系统中,列车从购物中心的顶层大厅穿过,如图 2.2-4 所示。

图 2.2-3 悉尼单轨　　　　　　图 2.2-4 布罗德海滩旅游单轨

1995 年,拉斯维加斯单轨开通,如图 2.2-5 所示。该单轨是美国第一条全自动运行的城市单轨。2006 年,拉斯维加斯单轨扩建到麦卡伦国际机场(现名为哈里·里德机场)。1994 年,美国佛罗里达州杰克逊维尔市交通运输局选择庞巴迪公司的单轨来取代已有的法国马特拉公司(MATR)承建的交通系统。这条高架单轨在 1997 年开通,轨道采用大跨度连续体系结构,2 辆编组列车的最高速度是 56km/h。

1996 年,美国新泽西州纽瓦克市单轨系统开通,该线路最初用于在机场内连接航站楼、租赁部、停车场的联络线,如图 2.2-6 所示。安达公司(Adtranz)收购了冯·罗尔公司后,对该公司的单轨做了很多改进。2000 年,这条线路扩建到美铁车站的东北走廊,共扩建 1.6km。2001 年,庞巴迪公司收购安达公司,此后就再没有修建过冯·罗尔类型的单轨。

图 2.2-5 杰克逊维尔单轨

图 2.2-6 纽瓦克单轨

2003 年,马来西亚吉隆坡单轨开通。该线路是根据西雅图的阿尔维格单轨蓝图逆向设计的,由史格米公司(Scomi Engineering)提供 4 辆编组列车。

2004 年,莫斯科单轨开通。莫斯科单轨基于瑞士的英特敏单轨技术建造而成,是全自动运行单轨。为了应对莫斯科的寒冬天气,莫斯科单轨的驱动系统是轨道梁上的直流电机,这使得莫斯科单轨成为世界上第一条直流电机驱动的跨座式单轨,如图 2.2-7 所示。

2007 年,由圣淘沙发展公司(Sentosa Development Corporation,SDC)建造的新加坡圣淘沙单轨开通,采用日立小型单轨,如图 2.2-8 所示。

图 2.2-7 莫斯科单轨

图 2.2-8 圣淘沙单轨

2009 年,阿联酋迪拜棕榈岛观光单轨开通,如图 2.2-9 所示。该线路是中东建成的第一条单轨系统,也是阿联酋的第一个轨道交通系统。

2014 年,2.9km 的巴西圣保罗单轨(圣保罗 15 号线)开通,是南美洲开通的第一条单轨线路,采用庞巴迪 INNOVIA 300 型单轨列车和无人驾驶自动控制技术,单向运能为每小时 4.8 万人,如图 2.2-10 所示。

2014 年,19.5km 长的印度孟买单轨开通,如图 2.2-11 所示。这是史格米公司在马来西亚之外第一个签约建造的单轨工程,4 辆编组列车由史格米公司的马来西亚工厂制造。

2015 年,韩国首个 24km 长的大邱单轨线路(大邱都市铁道 3 号线)开通,如图 2.2-12 所示,由日立公司提供单轨技术。列车全自动运行,并采用了车载灭火系统和螺旋紧急出口等新技术。车窗有雾化玻璃和液晶屏幕,可以保护沿线特定区域居民的隐私不被乘客窥视。

图 2.2-9　迪拜棕榈岛观光单轨

图 2.2-10　圣保罗单轨

图 2.2-11　孟买单轨

图 2.2-12　大邱单轨

目前，世界上正在运行的跨座式单轨交通线路见表 2.2-2。

世界上正在运行的单轨情况　　　　　表 2.2-2

国家	地点	长度(km)	用途	备注
日本	东京	17.8	客运	6 辆编组
日本	北九州	8.8	客运	4 辆编组
日本	大阪	28	客运	4 辆编组
日本	多摩	16.2	客运	4 辆编组
日本	冲绳	13.1	客运	2~4 辆编组
美国	佛罗里达迪士尼	5.6	观光	单线
澳大利亚	布罗德海滩	1.3	观光	6 辆编组
美国	拉斯维加斯	1.2	客运	6 辆编组
美国	杰克逊维尔	4	客运	2 辆编组
日本	浦安迪士尼	3.1	观光	—
马来西亚	吉隆坡	8.6	客运	2~6 辆编组
俄罗斯	莫斯科	4.7	客运	6 辆编组

2 跨座式单轨交通的发展历程

续上表

国家	地点	长度(km)	用途	备注
新加坡	圣淘沙	2.1	客运	2辆编组
阿联酋	迪拜棕榈岛	5.4	客运	3辆编组
巴西	圣保罗	25.9	客运	单线,无人驾驶
印度	孟买	19.5	客运	4辆编组
韩国	大邱	24	客运	3辆编组
中国	深圳欢乐谷	3.8	观光	3辆编组
中国	重庆	98	客运	4~8辆编组
中国	银川	5.67	客运	3辆编组
中国	芜湖	46.32	客运	4~6辆编组

2.3 国内跨座式单轨

2000年,重庆市开始建设我国首条单轨线路——重庆轨道交通2号线,全长31.36km。2007年4月,世界上最长的单轨线路,全长67.09km的重庆轨道交通3号线动工,2011年9月开通运营。2014年,重庆轨道交通2号线和3号线成功连接。2017年,重庆跨座式单轨线路运营里程达98km,日客运量达130多万人次。

重庆跨座式单轨车辆、轨道梁、道岔、供电系统特点详见表2.3-1。

重庆跨座式单轨主要特点表　　　　　　　　　　　　　表2.3-1

序号	项目		参数
1	车辆系统	车体长度	头车14800m,中间车13900mm
2		车辆总高度	5300mm
3		车体宽度	2900mm
4		转向架中心距	9600mm
5		转向架车轴数	2个
6		客室地板距轨道梁顶面高度	1130mm
7		定员人数(6人/m²)	头车151人,中间车165人
8		超员人数(9人/m²)	头车211人,中间车230人
9		自重	头车28.6t,中间车27.6t
10		最高运行速度	80km/h
11	轨道梁	断面尺寸	850mm(宽)×1500mm(高)
12	道岔系统	正线	关节型道岔、关节可挠型道岔
13		车辆基地	关节型道岔
14	供电系统	授电形式	接触网授流,额定电压DC1500V

2017年,芜湖市开始建设国内首批轻型跨座式单轨线路,其中芜湖轨道交通1号线长30.4km,2017年7月开工,2021年11月开通运营;芜湖轨道交通2号线一期长16.5km,2017年6月开工,2021年12月开通运营。

芜湖轻型跨座式单轨车辆、轨道梁、道岔、供电系统特点详见表2.3-2。

芜湖轻型跨座式单轨主要特点表　　　　表2.3-2

序号	项目		参数
1	车辆系统	车体长度	头车12915mm,中间车10819mm
2		车辆总高度	4053mm
3		车体宽度	3142mm
4		转向架中心距	9120mm
5		转向架车轴数	1个
6		客室地板距轨道梁顶面高度	450mm
7		定员人数(6人/m²)	头车136人,中间车146人
8		超员人数(9人/m²)	头车196人,中间车210人
9		自重	头车15t,中间车14.5t
10		最高运行速度	80km/h
11	轨道梁	断面尺寸	690mm(宽)×1600mm(高)
12	道岔系统	正线	换梁型道岔、枢轴型道岔
13		车辆基地	枢轴型道岔
14	供电系统	授电形式	接触轨授流,额定电压DC750V

2.3.1 跨座式单轨主要车型

跨座式单轨起源较早,车辆具有类型多样化的特征,国内众多厂家进行了车辆研发及生产,主要车型如下。

(1)MA型车

①重庆长客大型车(MA_1)

重庆长客大型车采用日立技术。重庆单轨车辆由中车长春轨道客车股份有限公司(以下简称"中车长客")设在重庆鱼洞的车辆厂生产。通过两条单轨交通线路的建设,中车长客已全面掌握了大型单轨的设计制造技术,并对部分关键技术进行了自主创新,基本能实现国产化。重庆长客大型车详见图2.3-1。

②中车青岛四方单轨车(MA_2)

2016年5月19日,中车青岛四方机车车辆股份有限公司(以下简称"中车青岛四方")自主研制的首列永磁电机跨座式单轨列车(MA_{2-1})下线。该车与重庆长客大型车类似,在国内首次采用永磁牵引,可实现节能10%以上,整车的国产化率达到90%以上,与车辆配套的轨道梁和道岔等线路系统也都实现了国产化。中车青岛四方单轨车(MA_{2-1})详见图2.3-2。

图 2.3-1 重庆长客大型车

图 2.3-2 中车青岛四方单轨车(MA_{2-1})

2019年,中车青岛四方根据市场调研,研制了新一代跨座式单轨车辆(MA_{2-2})。该车采用宽轮距双轴转向架、轻量化铝合金车体、永磁轴控牵引传动等先进系统,全面提升了列车速度和牵引制动性能。

③中车株机单轨车(MA_3)

2018年6月,中车株洲电力机车有限公司(以下简称"中车株机")研制的跨座式单轨车在株机公司科技文化节开幕式上发布,2018年12月,该车型在厂内单轨线顺利完成动态调试,详见图2.3-3。

图 2.3-3 中车株机单轨车(MA_3)

(2) MB_1 型车

① 中车阿尔斯通单轨车(MB_{1-1})

20 世纪 50 年代,阿尔维格公司在加利福尼亚迪斯尼安装了第一个单轨系统,几年后,阿尔斯通公司为佛罗里达的迪士尼建造了类似的单轨车辆,至今仍在使用。基于交钥匙的一揽子解决方案,在 1991 年的佛罗里达州坦帕,阿尔斯通建造了完整的自动化单轨系统,后来在纽瓦克(1996 年)、杰克森维尔相继也实施了该系统;在拉斯维斯(2004 年)建设了 INNOVIA Monorail 200;目前正在沙特利雅得、巴西圣保罗建设 INNOVIA Monorail 300 系统。阿尔斯通单轨从最初的 100 系,进化到 200 系,直到目前的 300 系,技术日趋完善先进,是继日立公司之后的另一个主要的单轨系统提供商。

目前,阿尔斯通公司已与中车南京浦镇车辆有限公司(以下简称"南京浦镇")合作研发生产跨座式单轨车辆。南京浦镇是国内重要车辆生产厂家之一,具有先进的设计、研发团队。通过与阿尔斯通的合作与研发,南京浦镇已具备车体及其内装(车体材料及车体制造、裙板、司机室设备、车内设备、空调机组、客室和司机室内装等)国产化能力,国产化率可达 85% 以上,芜湖轨道交通 1 号线、2 号线工程采用该车型,详见图 2.3-4。

图 2.3-4　中车阿尔斯通单轨车(MB_{1-1})

② 比亚迪单轨车(MB_{1-2})

比亚迪股份公司成功研发出比亚迪"云轨"系统,该系统与阿尔斯通 INNOVIA Monorail 300 系统类似。

2016 年 10 月 13 日,比亚迪"云轨"在深圳坪山总部实现全球首次发布并正式通车。比亚迪"云轨"系统可依靠蓄电池储存自身制动等产生的能量,实现段内、供电故障等情况下短距离的运行,也能在列车加速时释放能量进行补充,详见图 2.3-5。

图 2.3-5　比亚迪"云轨"(MB_{1-2})

③中铁工业单轨车（MB_{1-3}）

中国中铁高新工业股份有限公司（以下简称"中铁工业"）是我国专业从事轨道交通及大型施工装备研发制造的上市公司。中铁工业具有新型轨道交通从基础工程装备到轨道系统设备、车辆、接触网、电气化系统生产制造和规划、建设、投资、运营完整产业链。作为单轨系统的装备提供商和工程车辆制造商，中铁工业参建了重庆轨道交通 2 号线、3 号线，芜湖轨道交通 1 号线、2 号线，银川云轨 1 号线，上海磁浮线，长沙磁浮快线，北京地铁 S1 线等项目。中铁工业正在研发制造的新制式轨道交通车辆样车于 2018 年下线，并被命名为"新时代号"，详见图 2.3-6。

图 2.3-6　中铁工业单轨车（MB_{1-3}）

（3）MB_2 型车

中车长客通过引进国内外永磁牵引、无人驾驶、自动重连等城市轨道车辆先进技术，并采用碳纤维、镁合金等环保复合材料，建立了新一代跨座式单轨技术平台，平台拥有不同单轨车辆生产能力，能够满足不同用户的选择需求。

MB_2 型车在现有大型单轨的转向架基础上，基于轻量化的设计理念，创新转向架结构，采用空气悬挂系统、永磁电机和行星齿轮减速机一体化动力传动系统与新型走行轮胎支撑体。车辆采用体积小、重量轻、效率高的先进永磁牵引系统，进一步减少能耗，实现节能与环保；车辆内饰充分考虑现代美学及人机工程学原理，布局设置合理，提高乘坐舒适度，增强乘坐体验，详见图 2.3-7。

图 2.3-7　MB_2 型车

此外,还有其他一些市场占有份额较少的单轨生产商,比如意大利 FCF Spa(应用于伊朗 Qom 市单轨)、英国 Metrail(拟应用于阿联酋 City of Arabia 项目)、英国 Severn-Lamb,这些车型未国产化,短期内在国内应用可能性不大。

2.3.2 跨座式单轨主要车型技术参数

国内各型跨座式单轨主要车型技术参数详见表 2.3-3。

车辆主要技术参数表　　　　　　　表 2.3-3

车型		MA 型				MB$_1$ 型			MB$_2$ 型
		MA$_1$ 型	MA$_{2-1}$ 型	MA$_{2-2}$ 型	MA$_3$ 型	MB$_{1-1}$ 型	MB$_{1-2}$ 型	MB$_{1-3}$ 型	
轨道梁宽度(mm)		850	850	1250	800	690	700	700	800
供电电压(V)		DC1500	DC1500	DC1500	DC1500	DC750 (DC1500)	DC750 (DC1500)	DC1500	DC1500
车轴数		4	4	4	4	2	2	2	4
车体长度 (mm)	端头车	14800	15500	16330	14937	12915	14050	13430	14000
	中间车	13900	13900	13900	12800	10891	10930	11346	13000
车辆长度 (mm)	端头车	15500	16200	16780	15397	13392	14525	13907	14700
	中间车	14600	14600	14600	13720	11845	11880	12300	13700
车体最大宽度(mm)		2980	2980	3098	3150	3142	3165	3083	2980
车体高度(mm)		5300	5300	4600	5155	4053	4220	4322	5200
车内净高(mm)		2200	2170	2100	2100	2100	2100	2100	2200
客室地板面距轨道梁顶面(mm)		1130	1130	1130	1130	450	470	450	1080
车辆定距(mm)		9600	9600	9600	9000	9120	9150	9120	9000
每侧车门数		2	3	3	2	2	2	2	2
车门宽度(mm)		1300	1300	1300	1600	1600	1300	1350	1300
车门高度(mm)		1820	1820	1850	1860	1930	1850	1850	1850
载员	端头车 座位	32	24	30	20	16	15	20	30
	端头车 定员(6 人/m^2)	151	155	162	155	136	135	126	141
	端头车 超员(9 人/m^2)	211	220	228	222	196	195	180	197
	中间车 座位	36	34	36	34	18	18	26	32
	中间车 定员(6 人/m^2)	165	180	182	172	146	145	145	156
	中间车 超员(9 人/m^2)	230	252	254	241	210	208	204	218
最大轴重(t)		11	11	10.2	11	14	14	14	10
车体自重(t)		28.6/27.6	28/27	28/27	31/29	15	14.5/14	14.3/14	—
最高运行速度(km/h)		80	80	100	80	80	80	80	80
启动平均加速度 (m/s^2)(0~35km/h)		0.83	0.84	1	1.0	1	1	1.1	1.0
常用制动减速度(m/s^2)		1.1	1.1	1.25	1.1	1.25	1.1	1.1	1.1
紧急制动减速度(m/s^2)		1.25	1.25	1.5	1.25	1.5	1.5	1.5-1.7	1.25

3 系统选型与总体设计

3.1 系统选型

3.1.1 客流预测

根据芜湖市轨道交通线网规划,2050 年芜湖市市区轨道线网总客运量(含市域线的市区部分)约 217.52 万人次/日,城市轨道交通客运总量在公共交通系统中占有比例为42.23%,而公共交通方式出行占全方式出行的比例提高到 35.7%,说明在城市轨道交通的有力支持下,城市公共交通系统在城市交通体系中开始显现出主导地位和作用。远景年芜湖市区各线客流预测见表 3.1-1。

2050 年芜湖市全日市区轨道线网客流指标表　　　表3.1-1

线路	线路长度 (km)	客流量 (万人次)	高峰小时单向 最大断面客流量 (万人次)	平均乘距 (km)	负荷强度 (万人次/km)	占线网客运量 比例
1 号线	30.38	51.60	2.2	8.92	1.7	28.05%
2 号线	30.60	52.30	2.11	8.53	1.71	28.43%
3 号线	43.83	54.70	1.65	9.14	1.25	29.74%
4 号线	13.45	12.80	1.39	4.1	0.95	6.96%
5 号线	19.44	12.53	1.04	6.4	0.64	6.82%
合计	137.70	183.93	—	—	—	100.00%

根据客流预测结果,芜湖轨道交通 1 号线(以下简称"1 号线")各特征年的主要客流指标见表 3.1-2。1 号线建成以后线路客流将稳步上升。客运量近期增长迅速,全日总客运量从初期的 18.49 万人次增长到近期的 35.29 万人次,年均增长率达到 9.7%。近、远期增速平缓,远期客运量达到 49.39 万人次,年均增长率为 2.3%;从其他轨道线路换乘来的客流为 6.12 万人次/日,本线产生客流约 43.27 万人次/日,占总客流比例为 87.6%。

1 号线各特征年的主要客流指标　　　　　　　　　　　表 3.1-2

客流指标			初期 2023 年	近期 2030 年	远期 2045 年
全日		客流量(万人次)	18.49	35.29	49.39
		线路长度(km)	30.517	30.517	30.517
		客流强度(万人次/km)	0.61	1.16	1.62
		平均运距(km)	8.66	8.73	8.80
		换乘量(换入)(万人次)	0.66	3.33	6.12
		换乘系数	1.04	1.10	1.14
早高峰		客流量(万人次)	3.23	5.97	7.99
		早高峰系数(%)	17.48	16.92	16.18
		换乘量(换入)(万人次)	0.15	0.57	1.14
		换乘系数	1.05	1.11	1.17
	由北向南	最大断面客流(万人次/h)	0.98	1.84	2.24
		最大断面区间	中山北路—北京路	中山北路—北京路	中山北路—北京路
	由南向北	最大断面客流(万人次/h)	0.81	1.55	1.94
		最大断面区间	北京路—环城北路	北京路—环城北路	北京路—环城北路

根据客流预测结果,芜湖轨道交通 2 号线(以下简称"2 号线")各特征年的主要客流指标见表 3.1-3。2 号线建成以后线路客流稳步上升。客运量初、近期增长迅速,全日总客运量从运营初期的 9.69 万人次增长到近期的 33.73 万人次,年均增长率达到 19.50%。近、远期增速平缓,远期客运量达到 48.71 万人次,年平均增长率为 2.48%。

2 号线各特征年的主要客流指标　　　　　　　　　　　表 3.1-3

客流指标			初期 2022 年	近期 2029 年	远期 2044 年
全日		客流量(万人次)	9.69	33.73	48.71
		线路长度(km)	16.246	30.6	30.6
		客流强度(万人次/km)	0.60	1.09	1.58
		平均运距(km)	6.80	7.96	8.49
		换乘量(换入)(万人次)	1.02	3.70	10.71
		换乘系数	1.11	1.12	1.28
早高峰		客流量(万人次)	1.52	5.06	7.17
		早高峰系数(%)	15.73	15.02	14.71
		换乘量(换入)(万人次)	0.17	0.67	1.72
		换乘系数	1.12	1.15	1.32
	由东向西	最大断面客流(万人次/h)	0.69	1.48	2.05
		最大断面区间	芜湖火车站—弋江路	文化路—北京路	文化路—北京路
	由西向东	最大断面客流(万人次/h)	0.46	1.00	1.43
		最大断面区间	文化路—弋江路	申元街—北京路	申元街—北京路

3.1.2 系统制式选择

1）系统制式综合分析

根据按客流预测，1号线（2045年）、2号线（2044年）远期高峰小时单向最大断面客流量分别为2.24万人次/h、2.05万人次/h，根据《城市轨道交通工程项目建设标准》（建标104—2008），两线路属中运量（单向运能1万~3万人次/h）的轨道交通项目。

通过对国内目前车型及应用的调研可知，目前存在2种C型车：一种是采用传统转向架布置模式的C型车（老C型车），应用案例有上海5号线、6号线及8号线；另一种为模块式C型车（新C型车），应用案例有长春轻轨的3+3模块式编组车。分析表明，与B型车相比，老C型车主要特点是车体宽度窄，车辆轴重也是14t，并无技术经济优势，仅在上海早期线路使用，近年来新建线路不再使用；新C型车包括有轨电车车型系列，3+3模块式编组按照30对车/h计算的最大运能只有1.5万人/h，不满足本线远期运量预测需求。因此，本节不再详细比较C型车。

B型车尺寸比A型车稍小，定员也略小于A型车，适用于大运量（2.5万~5万人/h）的轨道交通系统，是目前国内地铁（6/8辆编组）和部分轻轨（4/6辆编组）的主要选型之一。其主要优点是车辆国产化程度高，有较为丰富的建设、运营维护实践经验，通过合理的编组可以适应大、中运量需求，按照车长计算的每延米载客量略高于单轨车。对于运量需求较大且适合采用以地下敷设方式为主的中心城区或适宜高架敷设的城市外围轨道交通线路，B型车具有较好的技术经济优势。根据1号线客流需求，若采用B型车，4辆编组即可满足运量需求，不能发挥其长编组大运量的优势。因B型车正线最小曲线半径要求为不小于250m，正线最大坡度为不大于35‰，相对于单轨车最小50m的曲线半径及60‰的正线最大坡度，采用B型车会造成拆迁量及土建工程量的增加，同时B型车的噪声振动较大，对周边居住环境有较大影响，在中心城区需大量采用地下敷设，与单轨制式相比，引起的投资增加较多，进而相应增加运营维护成本，地方财力难以支持。因此，无论从线网角度还是1号线需求看采用B型车没有明显的技术经济优势。

2）系统制式对比分析

由于目前单轨制式的车型尚未形成标准系列，为便于比选，本节针对需求特点和可选车型，结合《芜湖市城市轨道交通建设规划（2016—2020年）》研究成果及其评估意见，对于芜湖轻型跨座式单轨单轨制式考虑了两种车型：一种是目前重庆轨道交通2号线、3号线采用的MA型车；另一种是目前巴西圣保罗15号线采用的MB型车。

（1）从系统运能分析

系统运能方面，相同编组条件下，钢轮钢轨B型车系统运能更大，跨座式单轨MA、MB型在长编组情况下运能基本相当，各制式输送能力对照见表3.1-4。

参选制式输送能力对比表　　　　表3.1-4

制式		编组	编组长度（m）	定员载客量（6人/m²）	系统运输能力（站席6人/m²）	
					系统能力（对/h）	输送能力（人/h）
钢轮钢轨	B型车	4辆	79.280	960	30	28800
		6辆	118.320	1460	30	43800

续上表

制式		编组	编组长度（m）	定员载客量（6人/m²）	系统运输能力（站席6人/m²）	
					系统能力（对/h）	输送能力（人/h）
跨座式单轨	MA型	4辆	60.200	632	28	17696
		6辆	89.400	962	26	25012
		8辆	118.600	1292	24	31008
	MB型	4辆	50.474	564	30	16920
		5辆	62.319	710	30	21300
		6辆	74.164	856	30	25680
		7辆	86.009	1002	30	30060
		8辆	97.854	1148	30	34440

注：1. MA型单轨受过岔速度较低的影响，折返能力是系统能力的瓶颈，目前还达不到30对/h，列车编组越长，系统能力越小。
2. 折返能力较设计系统能力预留10%的储备。

（2）从线网角度分析

根据芜湖市轨道交通线网规划，芜湖市远期城市轨道交通线路共5条，1～5号线预测远期高峰小时客流断面分别为2.24万人次/h、2.05万人次/h、1.65万人次/h、1.39万人次/h、1.04万人次/h，根据各线远期最大客流需求，表格3.1-4中所述的两种制式三种车型系统运输能力均可满足需求，但B型车对于3～5号线而言运能明显过大，不宜采用。

（3）从1号线、2号线客流需求分析

1号线、2号线预测远期高峰小时最大客流分别为2.24万人/h、2.05万人次/h，B型车4辆编组、MA型车6辆及以上编组、MB型车6辆及以上编组均可满足远期高峰小时最大客流需求。

（4）从线路条件分析

两种跨座式单轨车型由于转弯半径小、爬坡能力大，对线路条件的适应性优于B型车，更有利于适应复杂的城市现状环境条件，减少工程拆迁。各比较车型线路条件表3.1-5。

参选制式线路标准对比表　　　　　　　　表3.1-5

序号	制式		最高速度（km/h）	最小平面曲线半径（m）	最大坡度
1	钢轮钢轨	B型车	80~120	300，困难250	30‰，困难35‰
2	跨座式单轨	MA型	80	100	60‰
		MB型	80	100，困难50	60‰

（5）从敷设方式分析

当采用高架敷设时，B型车要求的双线高架区间结构一般采用桥面宽9～10m的箱梁，跨座式单轨车要求的双线区间高架结构一般为两条梁轨合一的轨道梁，每条轨道梁宽为0.85m（MA型车）或0.69m（MB型车）。根据分析计算，按照30m作为区间标准跨度时，B型车对应的桥梁上部恒载约为跨座式单轨的3倍，其桥墩基础等下部结构的工程量也大于跨座式单轨。

当采用地下敷设时，由于跨座式单轨的车辆特点，MA型车、MB型车地下区间隧道断面要求大于B型车所要求的隧道断面。以盾构方案为例，采用MA型车时，盾构内径要求为7.0m；采用MB型车时，盾构内径要求5.8m；分别是B型车常用盾构内径（5.4m）的1.296倍和1.074倍。

因此,当采用以高架敷设方式为主时,跨座式单轨区间高架结构工程量远小于 B 型车的高架结构,且具有遮挡光线小、通透性好的明显特点。当采用以地下敷设方式为主时,B 型车优于 MB 型车,MB 型车优于 MA 型车。

(6)从对环境影响分析

跨座式单轨相对于钢轮钢轨制式的环保优势明显,其噪声影响更是轻微,在一般的城市道路环境背景下,昼、夜间的噪声贡献值一般为 0.1~0.3dBA,与钢轮钢轨相比,其城市整体的环境功能区域协调性也更为出色。表 3.1-6 为两种制式的噪声源强和噪声贡献值参考对照表。

两种轨道交通制式噪声影响对比表　　　　　表 3.1-6

制式		噪声源强值 (dBA)	噪声贡献增加值 (背景值在 60~70dBA 之间)	备注
钢轮钢轨	B 型车	地面线,82(车速 70km/h,测点距轨道 7.5m)	昼间 0.1~3.4dBA 夜间 0.5~2.9dBA	地下段较多,风亭、冷却塔噪声影响较大;地面线和高架段噪声影响明显
		高架线,90.5(车速 60km/h,测点距轨道 7.5m)	昼间 1.4~2.9dBA 夜间 0.3~1.8dBA	
跨座式单轨	MA 型	74.8(车速 72km/h,测点距轨道 7.5m)	昼间 0.1~0.3dBA 夜间 0.1~0.3dBA	工程基本以地上线为主,基本无风亭、冷却塔噪声影响
	MB 型	73.0(车速 80km/h,测点距轨道 7.5m)	昼间 0.1~0.2dBA 夜间 0.1~0.2dBA	工程基本以地上线为主,基本无风亭、冷却塔噪声影响

(7)从建设和运营成本分析

城市轨道交通项目总投资与敷设方式、具体的工程条件等关系密切,不能一概而论。一般来说,若均为高架线,跨座式单轨的总投资为轻轨的 80% 左右;若均为地下线,则跨座式单轨的投资较轻轨(B 型车)增加 10% 左右。经分析,1 号线若采用轻轨制式(钢轮钢轨 B 型车),将建设地下线 14.3km,占全线比例为 47.1%,高架线 16.2km,占全线比例为 52.9%,全线工程投资约 136.5 亿元;轻轨制式较跨座式单轨制式新增地下段落长度 14.2km,增加投资约 42.6 亿元;2 号线采用轻轨制式,将建设地下线 9.86km,占全线比例为 60.7%,高架线 6.39km,占全线比例为 39.3%,全线工程投资约 84.68 亿元;轻轨制式较跨座式单轨制式新增地下段落长度 8.56km,增加投资约 25.49 亿元。根据目前拟采用 B 型车的工程方案,对于中心城区之外的部分高架段,也需采用全封闭的声屏障方可达到控制噪声、减少拆迁的目的,既要增加投资,也会严重影响市区景观。

跨座式单轨系统能耗指标略高于钢轮钢轨系统,从统计数据分析,牵引用电在城市轨道交通运营成本中所占比重较小,一般占比 5% 左右。因此,能耗对整体运营成本的影响较小。跨座式单轨由于轮胎更换,维修成本费用较 B 型车略高;跨座式单轨机电设备维护费较钢轮钢轨系统低(主要地下车站和区间环控设备较少),车辆维修费较钢轮钢轨系统高(轮胎已经国产)。跨座式单轨系统精简,生产定员少,牵引能耗、车辆维修费以外的运营成本一般低于轻轨(钢轮钢轨)系统。整体而言,跨座式单轨运营成本较轻轨(钢轮钢轨)系统低。

3)系统制式综合对比

地铁(B型车)以地下线为主,造价高,建设工期长,运营维护费高,虽然国产率高、运营安全,但经济性较差。参选制式主要技术特征对比见表3.1-7。

参选制式主要技术特征对比表　　　表3.1-7

比较指标	交通类型	
	钢轮钢轨(B型车)	跨座式单轨
最高运行速度(km/h)	80~120	80
造价(亿元/km)	4~10	2~3
敷设方式	适合地下线为主	适合高架线为主
工程实施条件	工程量大、拆迁多	工程量适中、拆迁少
最大坡度(‰)	30/35	60
最小曲线半径(m)	250~300	50~100
建设工期	4~5年	2~3年
运能(万人/h)	2.5~5.0	1.0~3.0
综合能耗指标	较低	低
噪声、振动	噪声高、振动大	噪声低、振动小
对路面交通的干扰	无干扰	无干扰
景观效果	高架敷设时视觉影响明显	对城市景观影响小
安全性	高	高

从车辆制造技术及应用范围来看,目前跨座式单轨制式在重庆轨道交通2号、3号线已开通运营,噪声小、环保,且国产率高、系统构建成本低,能较好满足工程需求。

4)芜湖市轨道交通系统制式推荐意见

跨座式单轨具有环保性能优异、地形地貌适应性强、对道路交通影响小、征地拆迁少、运行安全、投资节省、施工简便等优点,高架敷设方式能够有效避开密布的河流水网,显著降低工程风险。同时跨座式单轨本身就是一道亮丽的风景线,内可观市容市貌,外可添城市风光,为芜湖城市增添光彩。因此,芜湖市选择跨座式单轨是非常适宜的。

3.2　总体设计

3.2.1　工程概述

芜湖市轨道交通线网规划总长度约284km。其中,市区线5条、线网长137.7km,市域线4条、线网长146.99km。已经建设的1号线、2号线,线网总长46.9km,形成市区"十"字形轨道交通骨干。其中,1号线全长约30.4km,沿城市南北向敷设,设高架站25座,南端设置白马山车辆基地,北端设置保顺路停车场。2号线全长约16.5km,沿城市东西向敷设,设高架站10座、地下站1座,东端设置梦溪路车辆基地。

3.2.2 线站位与运营组织方案

1) 1号线线站位方案

1号线整体呈南北走向，北起保顺路站，南至白马山站。全线共设车站25座，均为高架站，其中换乘站3座。全线设与2号线联络线1处，设1座停车场（保顺路停车证）、1处车辆基地（白马山车辆基地）。

1号线最大站间距2.176km（衡山路站—龙山路站）最小站间距0.746km（赭山路站—赭山公园站），平均站间距1.247km。车站分布见表3.2-1。

1号线车站分布表　　　　　　　　　　　　　　　表3.2-1

车站名称	中心里程	站间距(m)	车站形式	备注
起点	CK0+000.000			
保顺路站	CK0+275.800		中路高架三层侧式站	起点站
华山路站	CK1+596.800	1321.0	中路高架三层侧式站	
泰山路站	CK2+817.800	1221.0	中路高架三层侧式站	
衡山路站	CK4+219.800	1402.0	中路高架三层侧式站	
龙山路站	CK6+395.800	2176.0	中路高架三层侧式站	
鞍山路站	CK7+357.200	961.4	中路高架三层侧式站	
港湾路站	CK9+321.800	1964.6	中路高架三层侧式站	
裕安路站	CK10+417.200	1095.4	中路高架三层岛式站	
武夷山路站	CK11+610.200	1193.0	中路高架三层侧式站	
港一路站	CK12+436.800	826.6	中路高架三层侧式站	
天柱山路站	CK13+964.800	1528.0	中路高架三层侧式站	
天门山路站	CK14+866.800	902.0	中路高架三层侧式站	
赤铸山路站	CK15+734.800	868.0	中路高架三层侧式站	
赭山路站	CK16+943.800	1209.0	中路高架三层侧式站	
赭山公园站	CK17+689.700	745.9	中路高架三层侧式站	
中山北路站	CK18+461.200	769.7	中路高架三层侧式站	
鸠兹广场站	CK19+348.700	887.5	路侧高架两层一岛两侧站	与2号线换乘
环城北路站	CK20+593.800	1245.1	中路高架三层岛式站	
奥体中心站	CK22+135.000	1541.2	中路高架三层侧式站	
红花山路站	CK23+222.200	1087.2	中路高架三层侧式站	
博览中心站	CK24+075.800	853.6	中路高架三层侧式站	
文津东路站	CK25+297.800	1222.0	中路高架三层侧式站	
珩琅山路站	CK27+357.200	2059.4	中路高架三层侧式站	
芜湖南站	CK29+357.800	2000.6	中路高架三层侧式站	与3号线换乘
白马山站	CK30+203.000		路侧高架两层侧式站	与R2线换乘、终点站
终点	CK30+460.600			

2) 2号线线站位方案

2号线整体呈东西走向,东起万春湖路站,西至鸠兹广场站。全线共设车站11座(高架站10座、地下站1座),其中换乘站3座。全线设与1号线联络线1处,设1座停车场(江北停车场)、1处车辆基地梦溪路车辆基地。

2号线最大站间距2.538km(万春湖路站—梦溪路站);最小站间距0.815km(政务中心站—云从路站),全线平均站间距1.546km。车站分布见表3.2-2。

车站分布表　　　　　　　　　　　　　　　　　　　　表3.2-2

车站名称	中心里程	站间距(m)	车站形式	备注
起点	CK0+000.000			
万春湖路站	CK0+228.000		路侧高架三层侧式站	起点站
		2538.0		
梦溪路站	CK2+766.000		中路高架三层侧式站	
		2115.4		
方特乐园站	CK4+881.400		中路高架三层侧式站	
		1863.0		
海晏路站	CK6+744.400		中路高架三层侧式站	
		946.1		
政务中心站	CK7+690.500		中路高架三层侧式站	与3号线换乘
		815.3		
云从路站	CK8+505.800		中路高架三层侧式站	
		1194.7		
神山公园站	CK9+700.510		中路高架三层侧式站	
		2119.0		
芜湖火车站	CK11+819.540		路中岛式地下站	
		1243.9		
神山口站	CK13+000.000		路侧高架三层侧式站	与R3线换乘
		1246.8		
文化路站	CK13+012.400		中路高架三层侧式站	
		1380.0		
鸠兹广场站	CK15+649.300		路侧高架三层一岛两侧站	与1号线换乘
终点	CK15+732.659			

3) 列车运行交路

1号线初期按照单一交路考虑,近、远期均采用大小交路方案,大交路开行范围为保顺路站—白马山站,小交路开行范围为裕安路站—白马山站。初、近、远期推荐交路如图3.2-1所示。

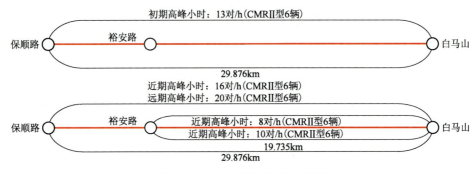

图3.2-1　1号线列车运行交路示意图

2号线初期采用单一交路方案,开行范围为万春湖路—鸠兹广场站;近、远期均采用大小交路方案,大交路开行范围为万春湖路—江北火车站,小交路开行范围为万春湖路—经二路站。初、近、远期推荐交路如图3.2-2所示。

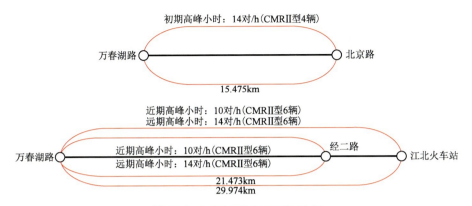

图 3.2-2　2 号线列车运行交路示意图

4）配线设置

1 号线车站配线如图 3.2-3 所示。2 号线车站配线如图 3.2-4 所示。

5）车站管理模式

（1）客运管理模式

两线采用站区管理模式，以某几个客流集散量较大的车站为中心设立站区，每个站区管辖相邻的几个车站。站区实行区长负责制，副区长协助区长管理站区内的所有行车和客运工作。

（2）车站管理模式

车站实行中心站长负责制，每个中心站配备 1 位站长和 2 位副站长（其中一位兼职书记），领导站区的全面工作。

车站采用集中监视和控制。在站厅内设置车站控制室，将车站的行车监控和车站设备监控，全部集中在控制室内管理。

6）调度管理模式

列车运行采用两级控制机制，即中央控制中心集中控制和车站就地控制。在正常情况下由中央控制中心 ATS 系统（列车自动监控系统）自动控制全线的列车运行，控制中心行车调度员和车站值班员只起监视作用。在中心 ATS 系统发生故障可降级为人工集中控制。

在中央集中控制失灵时，可下放为车站控制。车站值班员通过车站 ATS 分机，控制本联锁区域内的列车运行。

7）列车运营模式

列车采用全自动运营技术，整个运营过程无需人工参与操作，包括列车在正线运行、停站、列车停车位置调整、开/关车门/站台门、唤醒、休眠、停车场内运行、洗车等；列车内部的空调、照明、广播等系统都可实现无人操作。

8）票务管理

票务采用分段计程、计时票价制。票务管理采用 ACC（自动线网清分中心）票务中心、线路票务分中心、车站三级管理模式。

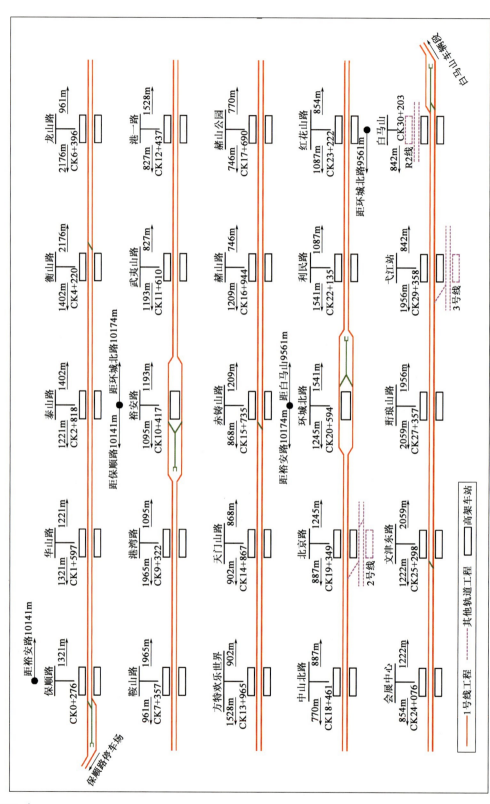

图3.2-3　1号线辅助配线示意图

3 系统选型与总体设计

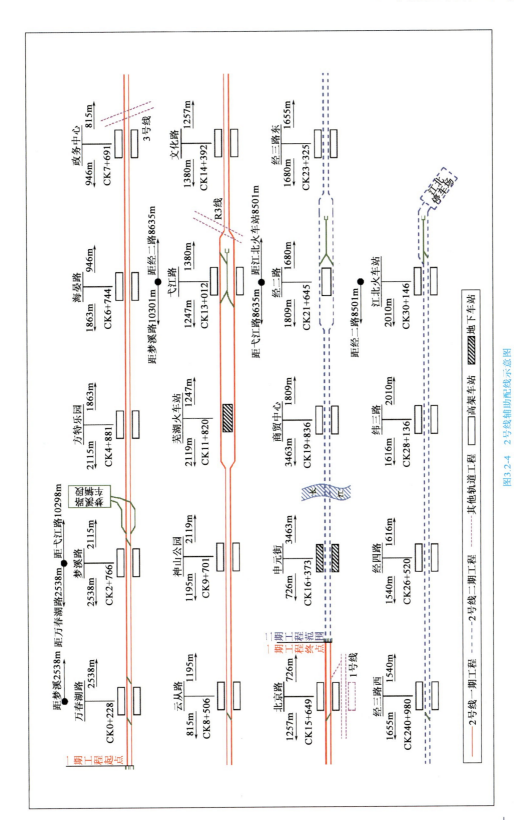

图3.2-4 2号线辅助配线示意图

3.2.3 车型比选

1）车型对比

根据 2.3.2 节可知，MB_1 型车系统能力均可达到 30 对/h 以上，MB_2 型车转向架结构及牵引制动性能与 MA 型车相似，站后折返时采用的道岔类型也相同，MA 和 MB_2 型车折返能力为 26 对/h，而载客量较 MA 型车低，若考虑运能余量要求，在配属车列数相同的情况下，MB_2 型单轨车辆购置数量较 MA 与 MB_1 型车多，投资大，且 MB_2 型车暂无应用实例。因此，本节对 MA 与 MB_1 型车进行比选。

MA 型车有 4 种车型，MB_1 型车有 3 种车型，不同车辆厂生产的车辆，其轨道梁宽度、车体长度和高度、载员、最大轴重等参数均不相同。本节研究选取 MA 和 MB_1 型单轨车辆中运营案例较多的两种典型车型参数进行详细比选。综合比较见表 3.2-3。

跨座式单轨车型综合比较表　　　　表 3.2-3

序号	项目	说明
1	性能	MB_1 型车动力学性能较优；MB_1 型车可避免高冲角，过弯阻力小、能耗小；MB_1 型车自重轻，承载效率高
2	乘坐舒适度	MA 型车轴重、轮压较小，承重均匀，导向轮间距较大，运行平稳，乘坐舒适度较高
3	线路适应性	MB_1 型车能更好地适应较小的平面曲线半径；对于隧道段工程，MB_1 型车要求的隧道断面较小，具有更好的适应性和经济性
4	换向方式	MA_2 型车较差，MB_1 型车较好
5	国产化	MA 型车技术成熟，自主化程度略高于 MB_1 型车
6	运营能耗	从承载角度分析，MB_1 型车较好，MA_2 型车较差，两款车型均采用先进的永磁电机，电机体积小，牵引及制动性能好，能耗的有效利用率更优
7	运营案例	两车型国内外运营案例多，经验丰富
8	运营能耗	MB_1 型车能耗指标低，年耗电量低，运用能耗成本低
9	应急疏散	MB_1 型车应急疏散平台面高度与轨道梁面的高差小，有利于应急疏散
10	全寿命周期成本	从建设、运营全过程而言，本项目两种车型方案全生命周期成本相差不大（在 2% 左右），MB_1 型车略优
11	环保、景观	MB_1 型车轨道梁宽度小，走行轮数量少，单节车重量轻，环保性能和沿线景观效果较优

综上所述，两款车型都能满足城市轨道交通工程需求，MB_1 型车在曲线通过能力、车辆轻量化、承载效率、工程投资、运营能耗、景观及应急疏散等方面相对更优。

2）列车编组

（1）列车编组原则

①满足预测客流量的需要，运输能力有一定的余量。

②工程宜初、近、远期结合，尽量减少投资。

③各年度应保持一定的服务水平，服务水平宜逐年提高。

④尽量降低运营成本，提高运营效益。

⑤尽量考虑线网车辆维修、调配等资源的共享。

⑥尽量降低设备系统因列车编组变化引起的扩容及软硬件更换。

（2）站席标准与舒适度选择

①站席标准

a. 国家行业标准

《城市轨道交通工程项目建设标准》（建标 104—2008）的要求为：车内面积扣除坐席区及相关设施的面积后，按 6 人/m² 计。

《地铁设计规范》（GB 50157—2013）的要求为：车厢空余面积定员数宜按 5~6 人/m² 计。

《跨座式单轨交通设计规范》（GB/T 50458—2022）中未对站席标准予以单独说明，但车辆定员按照 6 人/m² 取值计算。

b. 地方标准

大部分城市的站席标准按照 6 人/m² 取值，但一些超大型城市如北京、上海等开始采用 5 人/m² 的标准。

北京市的地方标准《城市轨道交通工程设计规范》（DB11/995—2013）中，将站席标准定为 4.5~5 人/m²。

上海根据城市特点，制定车内面积扣除坐席区及相关设施的面积后按 5 人/m² 计算。

北京、上海等特大型城市采用较高的站席标准，原因是其线网成熟，新建线路客流预期往往比实际偏低，为应对客流大幅度增长的风险，设计采用相对舒适的站席标准，不仅如此，在系统运能余量方面也比其他城市增加很多，如北京市新建线路的系统运能余量建议为 15%~20%。

②舒适度

根据《城市轨道交通工程项目建设标准》（建标 104—2008），车内乘客站立人员密度评价标准见表 3.2-4。

车内乘客站立人员密度评价标准　　　　表 3.2-4

站立密度（人/m²）	乘客拥挤情况	评价标准
3 以下	乘客可以自由流动，十分宽松	舒适
4	平均每位乘客占有 0.5m×0.5m 的空间，有较大宽松度，乘客可以看书报	良好
5	平均每位乘客占有 0.5m×0.4m 的空间，有一定宽松度，部分乘客可以看书报	良好
6（AW2）	平均每位乘客占有 0.5m×0.33m 的空间，感到不宽松、不拥挤，稍可活动，是舒适度的临界状态	临界状态（定员标准）
7	平均每位乘客占有 0.47m×0.3m 的空间，感到有些拥挤，站席范围有些突破	有些拥挤
8	平均每位乘客占有 0.42m×0.3m 的空间，身体有接触，需错位排列，并突破站席范围，感到比较拥挤	比较拥挤
9（AW3）	平均每人占有的空间非常拥挤，需突破站席范围，挤入座区，此情况偶有可能出现（车辆制造强度必须满足）	非常拥挤（超员标准）
10	乘客突破站席范围，挤入座区，极为拥挤，难以忍受，影响上、下车行为和总时间，属极端情况	难以忍受

③芜湖市轨道交通站席标准与舒适度选择

车厢内站席面积标准是影响列车定员、乘客服务水平和系统规模的重要因素，在进行系统方案设计前,应先合理确定乘客站席标准和对应的服务水平。1号线、2号线作为芜湖市的主(骨)干线,途经主要的客运走廊及主要的客流集散点。其客流量除受节假日、春运等重大活动影响外,也受季节、气候、道路交通等的影响,如周一早上、周五下午、春秋季节客流较日均客流量有较大波动。与北京、上海等特大型城市相比,芜湖市客流相对稳定,客流值波动范围不大,采用5人/m^2虽然可以提高舒适度,但对系统规模将产生较大影响,不仅增加运营期的车辆购置数量,也会增加建设期工程投资。在满足芜湖市需求的情况下,应尽可能减少车辆购置费、减少工程投资,故站席标准按照6人/m^2取值。

(3)列车定员

按6人/m^2标准计算的MB型单轨车辆定员及运能见表3.2-5。

MB型单轨车辆定员及运能表　　　　表3.2-5

编组方案(辆)	5	6	7	8
列车定员(人/列)	710	856	1002	1148
输送能力(人次/h)	21300	25680	30060	34440

(4)列车编组方案

①1号线列车编组

a. 远期列车编组方案

根据客流预测成果,1号线远期单向高峰小时最大断面客流量为2.24万人次/h,客流域值为1.80万~2.33万人次/h。1号线根据远期的运量水平,基于车辆选型,考虑6辆、7辆和8辆3个编组方案,其主要指标见表3.2-6。

1号线远期列车编组方案比选(6人/m^2)　　　　表3.2-6

编组方案	6辆编组	7辆编组	8辆编组
系统设计能力(对/h)		30	
系统能力(人次)	25680	30060	34440
高峰小时单向最大断面客流(人次)		22362	
系统运能余量(%)	12.92	25.61	35.07
远期按需开行列车对数(对/h)	28	24	21
远期设计输送能力(人次/h)	23968	24048	24108
远期设计运能余量(%)	6.70	7.01	7.24

根据表3.2-6可知,1号线远期在开行30对/h的条件下,8辆编组运能余量为35.07%,预留余量过大;6辆编组和7辆编组运能均有一定余量,为可选的编组方案。采用7辆编组能够提供较好的舒适度,但带来的车辆购置费增加较多,考虑6辆编组方案也有12.92%的系统运能余量,对客流增长预留了一定空间,能够适应客流波动阈值,抗客流预测风险能力较强,能较好满足芜湖市未来发展需求。因此,推荐1号线远期采用6辆编组。

b. 初、近期列车编组方案

1号线初、近、远期高峰小时最大断面流量分别为0.98万人次、1.84万人次和2.24万人次,初、近期与远期量级有一定差别,初、近期列车编组采用4辆、5辆编组也是一种可能选择。

基于远期推荐单轨6辆编组方案,同时将7辆编组方案纳入比较,依据各年度预测客流量,本项目研究了以下四个方案比选。

3 系统选型与总体设计

方案一:初、近期 4 辆,远期 6 辆编组。
方案二:初期 4 辆,近、远期 6 辆编组。
方案三:初、近、远期均采用 6 辆编组。
方案四:初、近期 5 辆,远期 7 辆编组。

c. 编组方案比选

各方案分析见表 3.2-7、表 3.2-8。

表 3.2-7　1 号线列车编组方案比选

方案		单向最大断面流量(人/h)									系统能力
		初期 9767			近期 18379			远期 22362			
		交路(km)									
		大交路 29.860	小交路 19.747	合计 —	大交路 29.860	小交路 19.747	合计 —	大交路 29.860	小交路 19.747	合计 —	
方案一	列车编组辆数(辆/列)	4			4			6			6
	列车额定定员(人/列)	564			564			856			856
	高峰小时列车对数(对/h)	14	7	21	20	10	30	20	10	30	30
	最小行车间隔(s)	257	514	171	180	360	120	180	360	120	120
	设计输送能力(人/h)	11844			16920			25680			25680
	运用车(列)	26	9	35	37	13	50	37	13	50	56
	运用车(辆)	104	36	140	148	52	200	222	78	300	336
	运能余量(%)	17.54			−8.62			12.92			12.92
方案二	列车编组辆数(辆/列)	4			6			6			6
	列车额定定员(人/列)	564			856			856			856
	高峰小时列车对数(对/h)	14	7	21	16	8	24	20	10	30	30
	最小行车间隔(s)	257	514	171	225	450	150	180	360	120	120
	设计输送能力(人/h)	11844			20544			25680			25680
	运用车(列)	26	9	35	30	11	41	37	13	50	56
	运用车(辆)	104	36	140	180	66	246	222	78	300	336
	运能余量(%)	17.54			10.54			12.92			12.92
方案三	列车编组辆数(辆/列)	6			6			6			6
	列车额定定员(人/列)	856			856			856			856
	高峰小时列车对数(对/h)	13		13	16	8	24	20	10	30	30
	最小行车间隔(s)	277		277	225	450	150	180	360	120	120
	设计输送能力(人/h)	11128			20544			25680			25680
	运用车(列)	24		24	30	11	41	37	13	50	56
	运用车(辆)	144		144	180	66	246	222	78	300	336
	运能余量(%)	12.23			10.54			12.92			12.92

续上表

方案		单向最大断面流量(人/h)								系统能力
		初期 9767			近期 18379			远期 22362		
		交路(km)								
		大交路 29.860	小交路 19.747	合计 —	大交路 29.860	小交路 19.747	合计 —	大交路 29.860	小交路 19.747	合计 —	
方案四	列车编组辆数(辆/列)	5			5			7			7
	列车额定定员(人/列)	710			710			1002			1002
	高峰小时列车对数(对/h)	10	5	15	20	10	30	18	9	27	30
	最小行车间隔(s)	360	720	240	180	360	120	200	400	133	120
	设计输送能力(人/h)	10650			21300			27054			30060
	运用车(列)	19	7	26	37	13	50	34	12	46	56
	运用车(辆)	95	35	130	185	65	250	238	84	322	392
	运能余量(%)	8.29			13.71			17.34			25.61

注：旅行速度按35km/h计算。

1号线列车编组方案优缺点分析 表3.2-8

方案	方案一	方案二	方案三	方案四
客流适应性	初期运能适中,近期能力不足,予以舍弃	初、近期运能均适中,但初、近期编组不一致	初期采用大小交路需要开行15对,运能余量较大,采用单一交路开行13对更适应客流,但需增加运用车数	初期运能适中,近期开行对数多,运营组织难度大
服务水平	初期服务水平高,近期能力不足	初、近期服务水平高	初、近期服务水平适中	初、近期服务水平高,但实现近期的服务水平有较大难度
运营管理	远期需考虑车辆改编或调配至其他线路(如3号线)	近期就需要考虑车辆改编或调配至其他线路(如3号线)	初、近、远期编组相同,运营管理较简单	远期需考虑车辆调改编或配置其他线路(如3号线)
车辆购置费	初期车辆购置费与方案二相同,购置费较高	初期车辆购置费与方案一相同,购置费较高	初期车辆购置费最高	初期车辆购置费为各方案中购置费最低

综上所述，1号线初期采用4辆编组方案能够满足客流需求并可提高服务水平，有利于培育客流，车辆购置费最省，但存在4辆至6辆的混跑过渡问题；5辆或6辆编组方案的车辆购置费高；近期继续采用4辆编组能力不足，采用5辆时所需开行的行车量大，实现难度较大，6辆编组的开行对数适中。1号线列车编组推荐方案三，即初、近、远期均采用6辆编组。

② 2号线列车编组

a. 远期列车编组方案

根据客流预测成果，2号线远期单向高峰小时最大断面客流量为2.05万人次/h，客流域值为1.79万~2.26万人次/h。2号线根据远期的运量水平，基于车辆选型，考虑单轨5辆、6辆、7辆和8辆4个编组方案，其主要指标见表3.2-9。

3 系统选型与总体设计

2号线远期列车编组方案比选　　　　表3.2-9

列车编组方案	5辆编组	6辆编组	7辆编组	8辆编组
系统设计能力（对/h）	30			
系统能力（人次）	21300	25680	30060	34440
高峰小时单向最大断面客流（人次）	20492			
系统运能余量（%）	3.79	20.20	31.83	40.50
远期按需开行列车对数（对/h）	30	26	22	20
远期设计输送能力（人次/h）	21300	22256	22044	22960
远期设计运能余量（%）	3.79	7.93	7.04	10.75

根据表3.2-9可知，2号线远期在开行30对/h的条件下，5辆编组运能余量仅3.79%，预留余量很小，8辆编组运能余量为40.50%，预留余量过大；6辆编组和7辆编组运能均有一定富余，为可选的编组方案。采用7辆编组能够提供较好的舒适度，但带来的车辆购置费增加较多，考虑6辆编组方案也有20.20%的系统运能余量，对客流增长预留了一定空间，能够适应客流波动阈值，抗客流预测风险能力较强，能较好满足芜湖市未来发展需求。因此，推荐2号线远期采用单轨6辆编组。

b. 初、近期列车编组方案

2号线初、近、远期高峰小时最大断面流量分别为0.69万人次、1.48万人次和2.05万人次，初、近期与远期量级有一定差别，初、近期列车编组采用4辆、5辆编组也是一种可能选择。

基于远期推荐单轨6辆编组方案，同时将7辆编组方案纳入比较，依据各年度预测客流量，本项目研究了以下五个方案比选。

方案一：初、近期4辆，远期6辆编组。
方案二：初期4辆，近、远期6辆编组。
方案三：初、近、远期均采用6辆编组。
方案四：初、近期5辆，远期7辆编组。
方案五：初期4辆，近、远期4/6辆混跑，直至4辆编组车辆全生命周期结束退出运营。

c. 编组方案比选

各方案分析见表3.2-10、表3.2-11。

2号线列车编组方案比选　　　　表3.2-10

方案		单向最大断面流量（人/h）							系统能力
		初期 6941	近期 14791			远期 20492			
		一个交路	交路			交路			
			大交路	小交路	合计	大交路	小交路	合计	
		15.475	29.974	21.473	—	29.974	21.473	—	
方案一	列车编组辆数（辆/列）	4	4			6			6
	列车额定定员（人/列）	564	564			856			856
	高峰小时列车对数（对/h）	14	15	15	30	15	15	30	30

续上表

方案		单向最大断面流量(人/h)							系统能力
		初期 6941	近期 14791			远期 20492			
		交路							
		一个交路	大交路	小交路	合计	大交路	小交路	合计	
		15.475	29.974	21.473	—	29.974	21.473	—	
方案一	最小行车间隔(s)	257	240	240	120	240	240	120	120
	设计输送能力(人/h)	7896	16920			25680			25680
	运用车(列)	15	29	21	50	29	21	50	57
	运用车(辆)	60	116	84	200	174	126	300	342
	运能余量(%)	12.09	12.58			20.20			20.20
方案二	列车编组辆数(辆/列)	4	6			6			6
	列车额定定员(人/列)	564	856			856			856
	高峰小时列车对数(对/h)	14	10	10	20	14	14	28	30
	最小行车间隔(s)	257	360	360	180	257	257	129	120
	设计输送能力(人/h)	7896	17120			23968			25680
	运用车(列)	15	19	14	33	27	19	46	57
	运用车(辆)	60	114	84	198	162	114	276	342
	运能余量(%)	12.09	13.60			14.50			20.20
方案三	列车编组辆数(辆/列)	6	6			6			6
	列车额定定员(人/列)	856	856			856			856
	高峰小时列车对数(对/h)	12	10	10	20	14	14	28	30
	最小行车间隔(s)	300	360	360	180	257	257	129	120
	设计输送能力(人/h)	10272	17120			23968			25680
	运用车(列)	13	19	14	33	27	19	46	57
	运用车(辆)	78	114	84	198	162	114	276	342
	运能余量(%)	32.43	13.60			14.50			20.20
方案四	列车编组辆数(辆/列)	5	5			7			7
	列车额定定员(人/列)	710	710			1002			1002
	高峰小时列车对数(对/h)	12	12	12	24	12	12	24	30
	最小行车间隔(s)	300	300	300	150	300	300	150	120
	设计输送能力(人/h)	8520	17040			24048			30060
	运用车(列)	13	23	17	40	23	17	40	57
	运用车(辆)	65	115	85	200	161	119	280	399
	运能余量(%)	18.53	13.20			14.79			31.83

3 系统选型与总体设计

续上表

方案		单向最大断面流量(人/h)						系统能力
		初期 6941	近期 14791			远期 20492		
		交路						
		一个交路 15.475	大交路 29.974	小交路 21.473	合计 —	大交路 29.974	小交路 21.473	合计 —
方案五	列车编组辆数(模块/辆)	4	6	4		6	4	6
	列车额定定员(人/列)	564	856			856		856
	高峰小时列车对数(对/h)	14	12	12	24	15	15	30	30
	最小行车间隔(s)	4.3	5.0	5.0	2.5	4.0	4.0	2.0	2.0
	设计输送能力(人/h)	7896	17040			21300		25680
	运用车(列)	15	23	16	39	28	20	48	56
	运用车(辆)	60	138	64	202	168	80	248	336
	运能余量(%)	12.09	13.20			3.79		20.20

注：旅行速度暂按 35km/h 计算。

2 号线列车编组方案优缺点分析 表 3.2-11

方案	方案一	方案二	方案三	方案四	方案五
客流适应性	初期运能适中，近期开行对数多，运营组织难度大	初、近期运能均适中，但初、近期编组不一致	初期运能余量较大，服务频率也较方案一、二低	初期运能余量偏大，服务频率也较方案一、二低	初、近期运能适中，但远期运能余量偏低
服务水平	初、近期服务水平高，但实现近期的服务水平有较大难度	初、近期服务水平高	初期服务水平偏低，近期服务水平适中	初期服务水平偏低，近期服务水平适中	初、近、远期服务水平高
运营管理	远期需考虑车辆调配至其他线路（如 3 号线）或改编	近期就需要考虑车辆调配至其他线路（如 3 号线）或改编	初、近、远期编组相同，运营管理较简单	远期需考虑车辆调配至其他线路（如 3 号线）或改编	远期需考虑部分未到时限车辆调配至其他线路（如 3 号线）或改编
车辆购置费	方案一、方案二和方案五车辆购置费相同	方案一、方案二和方案五车辆购置费相同	初期车辆购置费最高	初期车辆购置费较高	方案一、方案二和方案五车辆购置费相同

根据客流预测特征，2 号线初期与近期的客流量差较大，近期若与初期采用相同的 4 辆编组，高峰小时开行对数需增加至 30 对/h，近期就需要按照系统能力来开行；远期采用 6 辆编组时，合理的开行对数为 28 对/h，较近期高峰小时低，降低了服务频率。因此，初、近、远期分别采用 4、4、6 编组方案不能很好地与客流增长趋势吻合。若近、远期按照 4、6 混跑、大交路 6 辆编组、小交路 4 辆编组方案，近期开行对数为 24 对/h；远期按照系统能力 30 对/h 计算，运能余量 3.79%，余量偏低；初期 4 辆编组的运用车数为 15 列，远期小交路运用车需要 20 列，为了保证近、远期小交路的开行数量，需要继续增购 4 辆编组车辆，不能实现全部 4 辆编组列车都在

全生命周期结束后退出;若初期购置 4 辆编组后,近、远期均不再购买 4 辆编组列车,则近、远期存在小交路 4、6 混跑的情况,增加了运营组织难度。

本项目采用方案二时,在线网中 3 号线采用跨座式单轨制式的情况下,可将 2 号线初期 4 辆编组列车转线至 3 号线(3 号线远期高峰小时最大断面 1.56 万人/h,4 辆编组能够适应其能力需要),近期在 2 号线存在 4、6 混跑过渡情况,目前国内已有初期与近期车辆编组不一致、不同编组混跑的先例(如重庆跨座式单轨),运营状态良好,该方案能有效降低初期车辆购置费,提高初期服务频率,但增加近期混跑情况下的运营组织难度。

(5)编组方案的推荐意见

综上所述,方案五虽然运营组织上增加了一定难度,但 4、6 混跑方案是可行的。从运营角度分析,近期 6 辆编组方案更能适应客流出行需要,列车开行对数也更为合理,管理更为便利。因此,本项目推荐采取方案二,即 2 号线初期采用 4 辆编组,近、远期采用 6 辆编组。

3)系统设计规模

(1)1 号线系统设计输送能力

1 号线初期、近期、远期设计输送能力见表 3.2-12。

MB 型单轨系统设计输送能力表(1 号线)　　表 3.2-12

项目	年度			系统能力 (30 对/h)
	初期	近期	远期	
编组辆数(辆)	6	6	6	6
站席标准(人/m²)	6	6	6	6
列车定员(人)	856	856	856	856
高峰小时单向最大断面客流(人次)	9767	18379	22362	—
设计列车对数(对)	13	24	30	30
行车间隔(分)	3.0	2.5	2.0	2.0
运用车列数(列)	24	41	50	56
备用车(列)	3	4	5	
检修车(列)	1	4	5	6
配属车(列/辆)	28/168	49/294	60/360	62/372
高峰小时设计输送能力(人次)	11128	20544	25680	25680
运能余量(%)	12.23	10.54	12.92	—
区间最大站立密度(人/m²)	5.16	5.28	5.12	—

1 号线远期开行 30 对列车时,高峰小时设计最大输送能力为 2.57 万人次/h,能满足远期高峰小时客流量 2.24 万人次/h 的运量需求,且有 12.84% 的余量。

(2)2 号线系统设计输送能力

2 号线初期、近期、远期设计输送能力见表 3.2-13。

MB 型单轨系统设计输送能力表（2号线） 表 3.2-13

项目	年度			系统能力
	初期	近期	远期	(30 对/h)
编组辆数（辆）	4	6	6	6
站席标准（人/m²）	6	6	6	6
列车定员（人）	564	856	856	856
高峰小时单向最大断面客流（人次）	6941	14791	20492	—
设计列车对数（对）	14	20	28	30
行车间隔（分）	4.3	3.0	2.1	2.0
运用车列数（列）	15	33	45	56
备用车（列）	2	4	5	—
检修车（列）	1	3	4	5
配属车（列/辆）	18/72	40/240	54/324	61/366
高峰小时设计输送能力（人次）	7896	17120	23968	25680
运能余量（%）	12.09	13.60	14.20	—
区间最大站立密度（人/m²）	5.17	5.07	5.01	—

2 号线远期开行 28 对列车时,高峰小时设计最大输送能力为 2.40 万人次/h,能满足远期高峰小时客流量 2.05 万人次/h 的运量需求,且有 14.58% 的余量;同时设计系统能力为 30 对/h,具备进一步增加行车量、提高舒适度的条件。

4）限界

（1）设计原则

①跨座式单轨的设备限界是制定建筑限界的基础。设备限界是车辆运行途中弹簧、走行轮、导向轮、稳定轮其一故障情况下的最大动态包络线。建筑限界是在设备限界之外,任何沿线永久性建筑物均不得侵入的限界。

②相邻两线间无墙、柱及设备时,两设备限界之间的安全间隙不小于 100mm。

③站台面不应高于车门处地板面,按车门处地板面高度减 80mm 设计;站台边缘与车辆限界的间隙不小于 10mm;如设有曲线站台,曲线站台边缘与车辆轮廓线的间隙不大于 180mm。

④曲线地段侧面建筑限界应根据由曲线半径、车辆参数计算的曲线设备限界,轨道梁超高引起的附加偏移量等因素计算确定。

⑤单轨交通的建筑限界尺寸不包括施工误差、测量误差、结构沉降、位移变形等因素,结构设计中应充分考虑并严格控制,以保证车辆安全运行及设备管线安装所需要的最小有效净空尺寸。

（2）主要技术标准

①车辆类型:跨座式单轨车辆。

②区间形式:高架区间和部分地下区间。

③车站形式:高架侧式车站、高架岛式车站和地下侧式车站。

④行车速度:80km/h。

⑤区间疏散：正线设置纵向区间疏散平台。

(3) 纵向疏散空间要求

疏散平台设置在行车方向左侧。疏散平台距轨道梁顶面高度 250mm。疏散平台设于单线一侧时，一般情况平台宽度不小于 700mm，困难情况下不小于 550mm；设于两线之间时，一般情况平台宽度不小于 1000mm，困难情况下不小于 800mm。疏散平台上方应保持不小于 2000mm 的疏散空间。

(4) 设备和管线布置原则

①设备限界与建筑限界之间的空间应能满足各种设备、管线安装的要求，设备限界之间的安全间隙不小于 50mm，以确保行车安全。

②一般情况，强、弱电应分开布置，特殊情况下，如电力电缆与通信、信号电缆需在同一侧设置时，应协商确定，并考虑抗干扰距离。

③高架区间的疏散平台布置在两线之间，电力电缆与通信、信号电缆布置在疏散平台下方的空间内。

④各种设备和管线的安装位置，应综合考虑、互不干扰，一经确定不得随意改动，必须变更时，须经多方协商、确认，方可进行调整。

(5) 线间距

①高架直线地段双线间设置 1200mm 宽疏散平台时，线间距为 4600mm。

②高架直线地段双线间无设备时，线间距为 3900mm。

(6) 建筑限界的确定

建筑限界的制定原则具体为：建筑限界的确定应综合考虑车辆动态限界、线路曲线半径以及施工方法等条件，在设备限界基础上，再考虑设备安装位置后确定。

①高架区间建筑限界

高架区间直线地段双线最小线间距采用 4600mm（中间设置疏散平台时）或 3900mm（中间不设置疏散平台时），两线路外侧侧面建筑限界距线路中心线在有信号机等设备布置时为 2250mm，在无设备布置时为 2050mm。轨道梁顶面以上净空建筑限界 3500mm。两线之间设置疏散平台时，平台边缘距线路中心线 1700mm，平台高于轨道梁顶面 250mm。曲线地段高架双线侧面建筑限界应根据平面曲线及轨道梁超高引起的设备限界加宽量进行加宽。

②地下区间建筑限界

a. 矩形隧道建筑限界

直线地段矩形隧道建筑限界的宽度是在设备限界的基础上，考虑设备和管线安装所需的尺寸要求，并预留设备安装误差值和安全间隙来确定。行车方向左侧建筑限界距线路中心 2400mm，行车方向右侧建筑限界距线路中心 2300mm。建筑限界的高度由轨道梁高度及支撑结构高度、设备限界高度、设备限界至建筑限界的安全间隙等因素确定，顶部建筑限界距轨道梁顶面 3500mm。曲线地段矩形隧道建筑限界应根据平面曲线及轨道梁超高引起的设备限界加宽量进行加宽。

b. 马蹄形隧道建筑限界

直线地段马蹄形隧道建筑限界轨道梁顶面以上高度为 3800mm，建筑限界宽度为

5000mm。直线曲线采用同一建筑限界,曲线地段通过移动隧道中心线的方法满足设备限界曲线加宽要求。

c. U 形槽建筑限界

U 形槽建筑限界的宽度是在设备限界的基础上,考虑设备和管线安装所需的尺寸要求,并预留设备安装误差值和安全间隙来确定。两线之间设置疏散平台时,平台边缘距线路中心线 1700mm,线路外侧建筑限界距线路中心线 2300mm。

③车站建筑限界

直线段站台面高于轨道梁顶面 390mm,站台边缘距轨道梁中心线高架车站为 1610mm,地下车站为 1590mm。站台门限界为距轨道梁中心线 1715mm。

车站其他部位建筑限界要求同相同地段区间要求。

④车辆段建筑限界

车辆段库外连续建筑物至设备限界间距不小于 200mm,设人行通道时为 1000mm;库外非连续建筑物(其长度不大于 2m)至设备限界间距不小于 200mm,设人行通道时为 600mm。车库进出车辆大门净宽不小于设备限界两侧各加 100mm。库内作业平台不得侵入车辆限界。

3.2.4 车辆基地

(1)车辆基地、停车场设计应符合城市规划的要求,并尽量节约用地。

(2)车辆基地总平面布置应结合地形、地貌及周围的条件,以车辆基地为主体,统筹考虑物资总库、综合维修中心等设备、设施的工作性质和功能要求,根据有利于生产、确保安全、方便管理、方便生活的基本原则合理布置,并应充分考虑远期的发展条件。

(3)场段内线路布置应根据生产性质、作业要求,充分考虑各方面的要求,力求布置紧凑、整齐美观、经济合理。

(4)车辆基地、停车场的线路布置应根据车辆运用和检修的特点和要求,力求工艺顺畅、作业方便。

(5)由于单轨道岔造价较高,且不同型号之间价格相差不多。因此,车辆基地站场线路布置应尽量使用相适应的道岔,以减少道岔数量,节省投资。

(6)车辆基地、停车场应保证与场外有顺畅的通道,出入口不少于 2 处,并应考虑新采购车辆和大型设备的进入条件。

3.3 交通衔接与一体化设计

3.3.1 各线路交通衔接需求及一体化定位分析

1 号线贯穿芜湖市南北中轴线重要的客流走廊,与城市既有交通走廊适应性好,与芜湖市城市南北的发展轴向相一致,对芜湖市城市总体规划目标的实现具有重要意义。

根据 1 号线的途经地及线位、站点设置,及与其他公共交通线路、站点的衔接关系,1 号线的功能定位主要表现为:

(1) 连接城北综合客运枢纽、城南综合客运枢纽等交通枢纽,是芜湖市对外交通枢纽的主要接驳线路。

(2) 连接城北商业中心、城北文化中心、体育中心、中山路步行街、城南商业中心等公共客流或突发客流大的场所,是城市商业、娱乐等主要客流聚集走廊的重要线路。

(3) 联结城北产业组团、芜湖中心区与科教产业组团,畅通芜湖市南北交通走廊,有力地支持了城市规划的发展格局。

(4) 疏解老城区交通,在芜湖市客运交通中起骨干作用。

2号线是轨道交通网络中的东西向骨干线,连通江北与江南城区,其中一期工程全部位于江南城区。本线将加强江南中心组团与城东产业组团之间的联系,将为新老城区之间提供便捷、安全、舒适、高效的交通服务,同时为引导中心城区的开发以及拓展芜湖市城市空间结构、优化城市功能布局,进而提升芜湖市的区位优势,提供高效便捷的交通保障。

根据2号线的途经地及线位、站点设置,及与其他公共交通线路、站点的衔接关系,2号线的功能定位主要表现为:

(1) 是江南城区东西方向轨道交通的骨干线路。

(2) 主要承担江南中心组团与城东产业组团的骨干交通联系,同时兼顾新城组团内的出行需求。

从轨道交通规划线网来看,2号线近期仅能与1号线直接实现换乘,远期可与3号线、市域R2线、R3线直接换乘,可通过3号线与R4线换乘,且2号线向西延伸至江北城区后,可与4号线、5号线和R1线实现换乘。

3.3.2 综合交通衔接一体化总体方案

(1) 交通衔接一体化类型特征与配置比例分析

本节根据北京、西安、南京等已运营轨道交通车站衔接客流调查数据,对车站衔接方式构成进行聚类分析。

首先,小汽车和公交车同为中远距离出行方式,二者存在竞争关系,由于公交车运输效率要远远高于小汽车,对距离轨道交通车站较远区域的客流应该优先鼓励使用公交方式,加大地面公交的投资、建设力度,提高地面公交的服务水平,这也是对"公交优先"政策的积极响应。但在地面公交发展不够成熟的区域和时期内,小汽车的衔接需求不应受到过分限制,"P+R"(停车+换乘)停车场要起到应有的拦截作用,因此,小汽车的衔接需求和衔接设施的规模不能太小;其次,"P+R"停车场的规模受到土地供给条件,以及小汽车使用者到车站出入口步行距离的限制,因此受供给制约下的小汽车衔接需求不能太高,衔接设施的规模不能太大。

考虑到同一类车站的具体条件不同,每座车站应该进行具体分析,即在各类别方式构成规律基础上,根据相关因素作调整,以进一步估算各车站的方式构成。影响特征分析见表3.3-1。

影响特征分析 表3.3-1

	老城区	外围区
区位	步行比例靠近上限,其他方式靠近下限	步行比例靠近下限,其他方式靠近上限

续上表

用地开发性质与强度	直接吸引范围内开发强度高	间接吸引范围内居住用地比例较高	
	步行比例提高	非机动车比例提高	
道路条件	道路网完善、通达性好	道路尚未实现规划,通行条件差时	周边有快速路或高速路等交通阻隔较大时
	公交、非机动车比例提高,步行相对降低	公交比例降低,非机动车比例提高	非机动车比例降低
是否为换乘站	换乘站较一般车站步行比例较高,非机动车比例降低		

(2)1号线综合交通衔接一体化总体方案

1号线站点分布鸠江区、镜湖区和弋江区,是一条南北向轨道交通线路,将串联城北产业组团、江南中心组团、城南科教组团,与芜湖市南北发展主轴基本一致。结合线路穿越不同的区域的土地开发情况、道路条件、出行特性、轨道网密度的分析,各站接驳设施设备的配置如下:

在老城区,车站吸引范围较小,尤其是鸠兹广场站和芜湖南站两个换乘站,以中短距离的衔接为主,配置了集散广场及衔接市政路的跨路设施。在外围区,城市轨道交通车站吸引范围逐步增大,外围车站在做好短距离接驳的同时,着重加强自行车、公交车、出租车等接驳距离由近到远衔接需求,通过设置多处非机动车停车场、公交站点、机动车停车场,完善、增加接驳设施,为多方式衔接创造良好条件,方便沿线居民轨道交通出行。

(3)2号线综合交通衔接一体化总体方案

2号线位于芜湖市江南城区,线路基本贯穿城区东西方向,用地性质种类多样,用地权属相对复杂。结合线路穿越不同的区域的土地开发情况、道路条件、出行特性、轨道网密度的分析,各站接驳设施设置的配置如下:

在老城区,车站吸引范围较小,以鸠兹广场站为例,站场周边以中短距离的衔接为主,配置了集散广场及衔接市政路的跨路设施。芜湖火车站作为综合交通枢纽站,衔接芜湖火车站与芜湖站公交枢纽,主要客流以步行换乘客流及为主,同时兼顾与考虑自行车、公交车、出租车等方式的衔接。

在外围区,城市轨道交通车站吸引范围逐步增大,衔接距离也进一步增长。梦溪路站位于线路北侧端头,地处芜湖城镇交界,设置1处"P+R"停车场,主要服务于城市外围包括芜湖周边区域往来芜湖市区的小汽车客流换乘接驳。通过设置符合站位所在区域特征的设施,为多方式接驳创造良好条件,方便沿线居民轨道交通出行。

4 土建工程设计与创新

4.1 高架车站

跨座式单轨高架车站选型的合理性、平面布局的便捷性、建筑形态的美观性直接影响城市轨道交通的运行效率和城市形象。本节对高站车站的选型、平面布局、立面设计、结构设计、抗震设计及节点设计进行了系统地介绍,对其关键技术进行了总结,为跨坐式单轨高架车站设计提供了较为全面的技术参考。

4.1.1 车站选型

车站站台形式有岛式站台车站、侧式站台车站和混合式站台车站三种基本类型。一般情况下,岛式站台车站较侧式站台车站使用便捷,也便于运营管理,但区间与车站过渡段的喇叭口对城市景观有一定影响。岛式站台车站与侧式站台车站的选择受线路走向、道路条件、配线、运营管理、舒适度、结构安全、防火、拆迁、投资、城市景观等多方面因素限制,芜湖市跨座式单轨设计中充分考虑上述因素,得出如下结论。

(1)从客流数据计算站台宽度结果来看,无论岛式站台车站还是侧式站台车站均可满足乘客乘降要求。

(2)岛式站台车站虽然具备站台面积利用率高、便于调剂客流的优点,但进出站乘车舒适度稍差。

(3)本线车站大部分是靠近路口的岛式站台车站,车站两端区间喇叭口过长桥梁需特殊设计,投资增加,区间景观效果稍差。

(4)侧式站台车站墩柱宽度为 2.0m,路中设置 3m 宽绿化带即可满足道路限界要求。岛式站台车站墩柱宽度为 2.4m,路中绿化带宽度最小需要 3.4m。

通过以上分析,侧式站台车站较岛式站台车站而言,更能体现跨座式单轨的景观优势和其高度的适应性,故两线选用路中高架三层侧式站台车站作为标准车站。

4.1.2 车站平面设计

1 号线列车为 6 辆编组,车辆长度为 74.164m,结合牵引降压混合变电所和信号集中站的设置,确定标准车站尺寸共有4种(90.10m×3.68m、90.10m×22.98m、76.6m×23.68m、76.6m×22.98m)。车站两端分别设置公共区及设备管理区,功能分区明确,进出站流线简洁,方便车站使用管理。

车站公共区由非付费区和付费区两部分组成,其中付费区位于车站中部,站厅与站台之间的公共楼扶梯呈倒"八"字形布置,无障碍电梯设在楼扶梯中间,付费区内紧邻设备管理区布置卫生间。在公共区一端布置非付费区,车站出入口布置在非付费区中部与车站天桥连通,见图4.1-1。为避免因设置过多过街设施影响城市景观效果,给城市景观带来负面影响,车站设备区直通室外的出入口设在车站设备区下方(直接连接路中绿化带)。

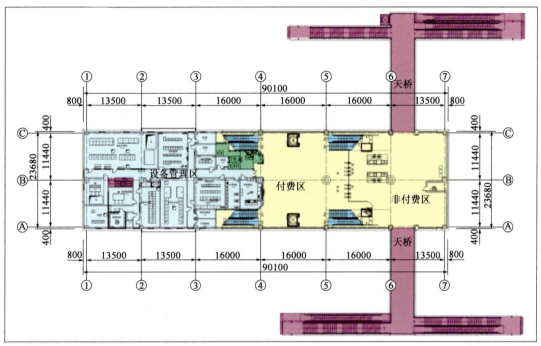

图4.1-1　标准站车站站厅平面(尺寸单位:mm)

站台层靠近两端设置站厅-站台间的楼扶梯,将垂直电梯、空调候车室、照明配电室、弱电管井集中布置在站台中部,其余区域为乘客上下车的公共空间,见图4.1-2。

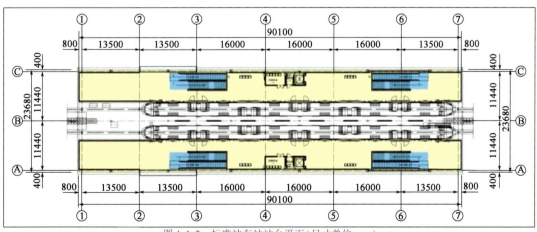

图4.1-2　标准站车站站台平面(尺寸单位:mm)

4.1.3 车站立面设计

1号线从南至北贯穿整个老城区,沿线站点经过芜湖城市重要节点。1号线车站设计遵循历史文化主题定位,车站外立面设计采用白色横向格栅和穿孔铝板进行穿插组合,形成富有韵律的动感,并在转角处增加圆弧处理,尽量避免直角交接。穿孔铝板上通过孔隙的大小变化,巧妙地将芜湖沿江的城市风貌、城市重要的地标建(构)筑物,通过剪影形式纳入到立面设计中,见图4.1-3。雨棚形式取意于江南雨伞,结构轻巧,突出1号线历史文化的主题,最终形成"稳、轻、透、巧、柔、简、淡"的立面景观,打造具有芜湖特色的专属车站形象,见图4.1-4。

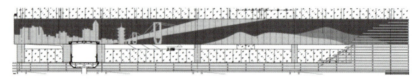

图4.1-3 1号线车站立面

图4.1-4 1号线车站效果图

2号线作为城市东西轨道交通大动脉,一期工程穿越芜湖新区,沿途城市风貌简洁现代,自然景观宜人,设计风格定义为绿色科技,展示城市新区风貌。车站雨棚、立面幕墙选用"三角形"为基本原型。三角形元素为现代建筑的重要代表性符号,方案通过精细的钢结构骨架和金属幕墙与现代科技的主题定位相呼应,立面摒弃多余装饰材料,展现结构自身美感,充分表达城市新区的发展方向,见图4.1-5。

图4.1-5 2号线车站效果图

4.1.4 车站结构设计原则

1号线、2号线共35座高架车站,按站位、绿化带宽度、站位限制条件,分为表4.1-1中的5种结构类型,其中独柱钢混组合结构侧式站台车站28座,为本节重点论述站型。

1号线、2号线高架车站结构类型表　　　　　　　　　　　　表4.1-1

车站结构形式	站数	设站环境
独柱钢混组合结构侧式站台车站	28	路中绿化带3m
独柱钢混组合结构岛式站台车站	2	路中绿化带3m
双柱钢混组合结构侧式站台车站	1	路中绿化带5.5m
双柱预应力钢筋混凝土结构侧式站台车站	2	路中公路桥间/路侧河边
三柱钢筋混凝土结构侧式站台车站	2	路侧

高架车站结构总体设计原则如下。

(1)高架车站结构应满足车站的建筑功能及使用要求,保证结构安全可靠、经济合理、构造简洁、技术先进,并应具有良好的整体性、延性和耐久性。

(2)路中高架车站应考虑结构构件对景观的影响,应对外露柱梁进行适当的艺术设计,使其造型美观。

(3)路中高架车站应符合国家产业政策,宜采用具有"工厂制作、现场组装"特点的结构体系,以减少施工对道路交通和环境的影响。

(4)车站结构应分别按施工阶段和使用阶段进行强度、刚度和稳定性计算,并保证有足够的承载力、刚度和稳定性。

(5)高架结构作为城市建筑物,其结构应尽可能减少振动、噪声对周边环境的影响,同时满足乘客舒适度要求。

(6)结构设计应满足防火、防水、防雷等要求。结构净空尺寸满足建筑限界、设备安装、使用以及施工工艺的要求,并考虑施工误差、结构变形及沉降的影响。其参数可根据地质条件、荷载、结构类型、施工工序等条件并参照类似工程的实测值加以确定。

(7)车站采用"站桥合一"结构体系,除按现行建筑结构设计规范进行结构设计外,轨道梁、支承轨道梁的横梁、支承横梁的柱等构件及基础,尚应按《铁路桥涵设计规范》(TB 10002—2017)进行结构验算。

(8)基础设计应综合考虑上部结构型式、工程水文地质条件、环境要求、使用要求等选择合理的基础形式和持力层。车站基础的设计,必须同时满足地基承载力以及变形要求。

(9)高架车站柱距的选择应结合建筑布置,并与桥梁标准跨径的选择相匹配,车站高架结构中长悬臂结构,应验算端部竖向位移值,并按《地铁设计规范》(GB 50157—2013)的规定进行控制。

(10)高架车站墩柱的布置,既要顾及道路交通现状,又要考虑远期道路按规划红线实施的可能,并采取防撞措施。

(11)组合构件尺寸较小,站厅层净空和使用空间大大增加,结构形式轻盈美观,对城市景观影响小。

(12)组合构件由于截面减小,结构自重减轻,抗地震风险能力增强,更有利于实现轻量化设计的目标。

（13）组合结构构造简洁、节省支模工序和模板，用于城市桥梁在施工时可以不中断下部交通，同时大大缩短施工周期，可尽快恢复道路交通，对城市交通的影响周期大为缩短。

（14）组合结构在工程造价上较混凝土结构高，且需要涂刷防火涂料及防腐蚀材料。

（15）基坑开挖采用钢板桩或灌注桩加内支撑体系，开挖时应加强监控量测，确保周边道路及建（构）筑物安全。降水方案采用坑内降水。

（16）车站位于改造道路或规划道路路中时，车站施工以不中断交通为原则，尽量减少现场的工作量，可结合道路改造同期进行；车站位于路侧时，施工期间不影响交通，需占用路侧空地和部分人行道，车站施工一般不占行车道，路面车辆交通可维持原状。

（17）高架车站的施工，原则上尽量减少对周边环境的干扰，车站主体为现浇混凝土框架结构。轨道梁可根据现场情况采用现浇或预制吊装。

4.1.5　独柱钢混组合结构高架车站结构设计要点

（1）独柱钢混组合结构高架车站属于"站桥合一"结构，需要满足建筑和桥梁两种规范对沉降、周期、位移、变形等指标的要求。

（2）由于独柱钢混组合结构抗震性能独特，冗余度较小，横向荷载完全由底部独柱抵抗，竖向荷载由横向大悬挑传递，当关键构件进入弹塑性工作阶段之后很可能引起结构的连续破坏，直至整体倒塌，在设计时应当避免这类构件进入弹塑性工作阶段。因此，本结构在地震作用下应有更加严格的变形与内力要求，需要对车站设定抗震设防目标，进而进行罕遇地震下的弹塑性分析。

（3）干字形独柱钢混组合结构梁、柱节点受力复杂，必须优化节点的传力，强化节点受力能力。

（4）路中车站进出站天桥长度一般从10~30m，其在水平力作用下形成对车站的作用力，一般被当作荷载简化作用于车站，但天桥与车站联动抗震设计更能真实反映二者的相互影响。

4.1.6　独柱钢混组合结构高架车站基础设计

一般的车站结构在抗震分析时将柱脚固支在模型中建模计算，对于多柱结构，其柱底主要承受轴力，侧向水平力主要引起柱脚的轴力，因此对于基础部分的设计，验算基础的竖向极限承载力和水平剪力即可。但是对于独柱车站而言，其抗侧体系只有底部独柱，除了承受巨大的轴向荷载之外，在大震时还要承受极大的弯矩，这部分弯矩和轴力将通过承台和底部桩基础传递到周围土体中。此时，土体对于基础的竖向约束和侧向约束对结构的抗震性能表现都非常重要，需要考虑基础并模拟基础与周围土体之间的相互作用的结构在地震下的整体响应，以确保结构在大震作用下不会发生基础一起整体拔出的失效模式。在考虑基础与结构整体的建模中，基础与周围土体的相互作用可以根据地勘报告，依照规范中的等效非线性土弹簧的模型建模，并施加在基础的边界条件上。

计算指标是考虑了土体约束作用的非线性土弹簧之后，结构在小震作用下的变形和结构内力分布，保证结构的刚度和在小震之后的可恢复性和使用性。以及在大震作用下结构的变形和基础极限承载力的验算，保证结构在大震时的安全性和大震之后的可修复性。地基基础的参数均按照地勘报告和《城市轨道交通结构抗震设计规范》(GB 50909—2014)取值计算,建模时保守起见,土体性能按照各个车站中地质条件较差的车站土层建模,桩长按平均桩长40m计算,同时不考虑土体的自重对基础稳定的有利作用,作为安全储备。

结构下部土与桩基础静力相互作用建模的集中参数法模型如图4.1-6~图4.1-8所示。

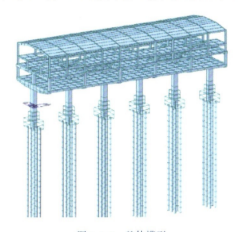
图4.1-6 整体模型

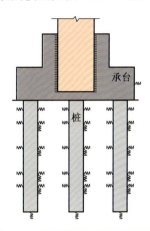
图4.1-7 桩基础集中参数模型示意图

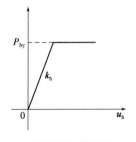
a)桩侧水平地基弹簧

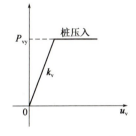
b)桩尖竖向地基弹簧

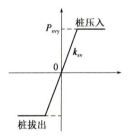
c)桩周竖向地基弹簧

图4.1-8 桩土相互作用地基弹簧模型

k_h-桩侧水平地基弹簧初始刚度;k_v-桩尖竖向地震弹簧初始刚度;k_{sv}-桩周竖向地基弹簧初始刚度

各地基反力上限值可按表4.1-2规定确定。

地基反力的上限值　　　　　　　　　　　表4.1-2

地基反力的种类	地基反力的上限值
桩尖竖向地基反力	单桩桩尖地基竖向极限承载力
桩周竖向地基反力	桩周地基极限摩阻力
桩侧水平地基反力	桩侧地基水平极限承载力

各土弹簧初始刚度与其对应的基床系数、计算范围长度等因素有关。本节选择地基承载力较弱且较为典型的土层进行计算,按照土层分布,每一米布置土弹簧。上部结构模型中考虑桩基承台及土弹簧刚度系数,完成结构-基础-土体共同工作模型构建,分析基础与土体相互作用影响后结构自振周期与柱底固接时的对比、小震下内力与变形验算结果、大震下的极限承载

力与变形验算结果,得到以下结论。

结构-基础-土体三者的相互作用后,结构的刚度减弱,振型形态未发生改变但是周期增大,因此在地震作用下的响应减小,地震引起的内力减小,提升了结构的安全性。但是,在建模时,土体的变形用弹簧的形变进行等效,基础的变形通过建立承台和桩的杆系单元模拟,结构柔度的增加使得在考虑基础和土体变形后的结果变形增加。

在小震作用下,由于基础和土体的变形,结构的竖向变形变化并不明显,变形差均控制在特征长度的1/1000内,不会对结构的使用性造成影响;结构的侧向变形略有增加但是幅度不大,均满足普通建筑结构弹性层间位移角的限值。承台在小震作用下还处于弹性状态,截面还未达到弹性承载力极限。桩基础全部受压,未出现受拉,且受压桩内力还处于弹性极限以内。

在大震作用下,基础的竖向变形达到了小震下的3~4倍,但变形差仍然很小,不会引起结构的内力;结构的层间位移和位移角增大很多,但均在1/100以下,完全满足大震下结构塑性层间位移角1/50的限值要求。承台发生了一定的变形,但是变形很小,因此也不会引起结构变形导致的二阶效应,在大震后基础承台处于修复范围之内。部分桩基础在地震力的作用下受拉,但受拉力很小,按照桩基础截面最小1.2%的配筋时计算截面抗拉承载力,安全系数达1.5,桩基础在大震下不会出现拔断的情况。

实际上,土体对于承台和桩基础的约束作用比等效弹簧更大,而且在建模计算中未考虑土体的自重对于结构稳定性的贡献,此时计算结果是偏于安全和保守的。所以在实际情况下,结构-基础-土体三者构成的整体的抗震性能会更好。

4.1.7 独柱钢混组合结构高架车站主体结构设计

结构整体计算分析采用 Midas Gen 软件进行三维受力分析。本节以独柱钢混组合结构侧式站台车站为例,提取各工况内力后采用自编工具软件进行组合构件的截面验算,并输出弹性状态的变形与位移。

整体模型的标准断面框架内力图如图4.1-9所示。

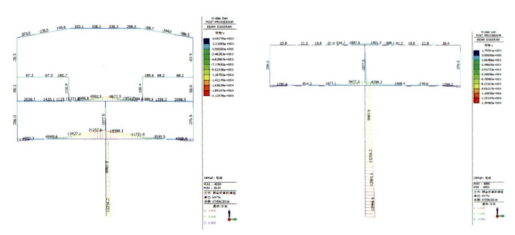

a)标准断面框架弯矩图(钢结构构件)(单位:kN·m)　　b)标准断面框架弯矩图(混凝土构件)(单位:kN·m)

图 4.1-9

4 土建工程设计与创新

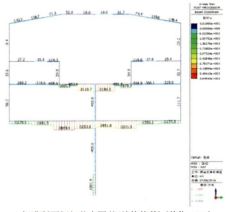

c) 标准断面框架剪力图（钢结构构件）（单位：kN）　　d) 标准断面框架剪力图（混凝土构件）（单位：kN）

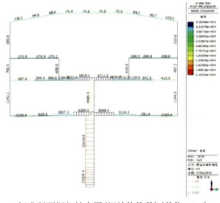
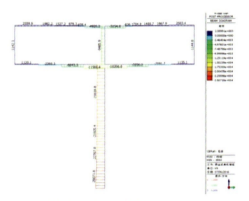

e) 标准断面框架轴力图（钢结构构件）（单位：kN）　　f) 标准断面框架轴力图（混凝土构件）（单位：kN）

图 4.1-9　标准断面框架内力图

整体模型的振型模态如图 4.1-10 所示。

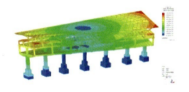

a) 第一振型模态　　　　　　b) 第二振型模态　　　　　　c) 第三振型模态

图 4.1-10　前三阶振型模态

周期及位移计算结果分别见表 4.1-3、表 4.1-4。

周期计算结果　　　　　　　　　　　　　　表 4.1-3

项目	周期(s)	类型
第一振型周期 T_1	1.783	第一平动振型
第二振型周期 T_2	1.492	第二平动振型
第三振型周期 T_3	1.424	第一扭转振型
T_3/T_1	0.80	

位移计算结果 表4.1-4

	层数	层高(m)	层间位移角	限值	验算
层间位移	1层	8.30	1/686	1/300	满足要求
	2层	5.30	1/532	1/300	
	3层	2.450	1/526	1/300	
轨道梁支座Z向位移(变形)			11.3mm		
桥墩顶端位移	方向	跨长(m)	顶端位移(mm)	限值	满足要求
	顺桥向X	16	7.0	25	
	横桥向Y	16	17.7	20	
扭转位移比	层数	位移(mm)	比值	限值	满足要求
	1层	14.505	1.053	1.5	
	2层	9.457	1.036	1.5	
	3层	4.655	1.028	1.5	
剪重比	层数	方向	比值	限值	满足
	1层	X	0.024	0.008	
		Y	0.025		
	2层	X	0.027		
		Y	0.028		
	3层	X	0.008		
		Y	0.014		

根据车站整体模型内力计算结果和抗震性能计算结果,对组合结构钢管混凝土柱、组合梁、钢梁等进行截面计算,确定构件尺寸,其结果如下。

(1)柱

底层墩柱采用矩形钢混组合独柱结构,站厅层的立柱为三柱两跨形式,中柱与底层墩柱为变截面形式,采用矩形钢混组合独柱。各构件截面具体尺寸见表4.1-5。

柱截面尺寸参数表(单位:mm) 表4.1-5

构件名称	B	H	t_w	t_f	截面示意
底层柱(Z_4)	1600	2000	40	40	
站厅层中柱(Z_5)	1000	1200	35	35	
站厅层边柱(Z_3)	800	800	25	25	
下夹层立柱(Z_2)	550	550	18	18	
站台层钢管柱(Z_1)	550	550	18	18	

注:B 通常表示柱截面的宽度,也可以代表直径(在圆形截面柱中)。对于矩形或工字形截面柱,H 通常表示截面的整体高度(从截面的顶到底的距离)。t_w 表示腹板厚度。t_f 表示翼板厚度。

(2)横梁

站台的横向主梁均采用变截面箱形组合梁结构,沿梁长度方向在底部浇筑混凝土,高度为600mm,在梁柱节点区满灌混凝土,以增加组合梁负弯矩区的刚度以及截面承载能力,同时还能防止轨道梁支座处的局部屈曲,站厅层底梁和顶梁在支座区的混凝土浇筑长度分别为5.7m和7.0m,具体结构形式和截面尺寸见图4.1-11~图4.1-16及表4.1-6。

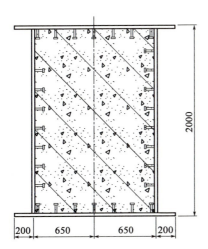

图4.1-11 站厅层底梁支座处截面(尺寸单位:mm)

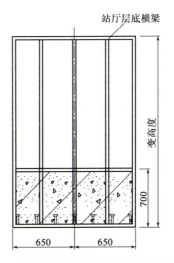

图4.1-12 站厅层底梁悬臂处梁截面(尺寸单位:mm)

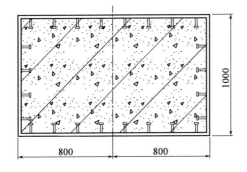

图4.1-13 站厅层顶梁支座处梁截面(尺寸单位:mm)

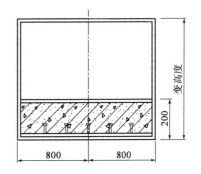

图4.1-14 站厅层顶梁悬臂处梁截面(尺寸单位:mm)

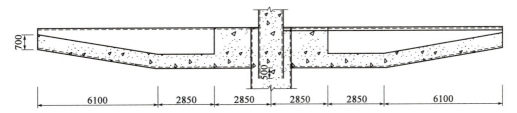

图4.1-15 站厅层底梁(尺寸单位:mm)

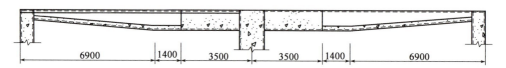

图 4.1-16 站厅层顶梁(尺寸单位:mm)

横向主梁组合截面尺寸表(单位:mm)　　　　　　表 4.1-6

优化方案	截面高度	上翼缘宽度	上翼缘厚度	下翼缘宽度	下翼缘厚度	腹板厚度
底部横梁(支座)	2000	1300	35	1300	14	28
底部横梁(悬臂)	1000	1300	35	1300	14	24
顶部横梁(支座)	1000	1600	35	1300	14	28
顶部横梁(悬臂)	600	1600	35	1300	14	28

(3)纵梁及纵横向次梁

纵梁及横向次梁均采用实腹钢结构,为增加框架纵梁刚度,在梁支座区满灌混凝土。其尺寸见表 4.1-7。

组合梁截面尺寸参数(单位:mm)　　　　　　表 4.1-7

优化方案	构件截面类型	钢梁截面高度	上翼缘宽度	上翼缘厚度	下翼缘宽度	下翼缘厚度	腹板厚度	楼板厚度
站厅层纵向框架梁	箱形	950	400	30	400	30	20	150
站厅层纵向主梁	工字形	950	500	30	500	30	20	150
	箱形	700	350	25	350	25	16	150
站厅层横次梁	工字形	350	200	14	200	14	10	150
下夹层纵向框架梁	箱形	850	400	30	400	30	20	150
下夹层纵向主梁	工字形	400	250	14	250	14	12	150
	箱形	650	400	20	400	20	16	15
下夹层横次梁	工字形	300	200	14	200	14	10	150
站台层纵梁	工字形	650	250	25	250	25	16	150
站台层横梁	工字形	500	250	20	250	20	16	150
	工字形	300	200	14	200	14	10	150

4.1.8 独柱钢混组合高架车站抗震性能化设计

1)抗震设防目标

(1)《城市轨道交通结构抗震设计规范》(GB 50909—2014)要求

根据《城市轨道交通结构抗震设计规范》(GB 50909—2014)要求,城市轨道交通结构的抗震性能要求分为下列三个等级,抗震设防目标见表 4.1-8。

①性能要求Ⅰ:地震后不破坏或轻微破坏,应能保持其正常使用功能;结构处于弹性工作阶段;不应因结构的变形导致轨道的过大变形而影响行车安全。

② 性能要求Ⅱ：地震后可能破坏，经修补，短期内应能恢复其正常使用功能；结构局部进入弹塑性工作阶段。

③ 性能要求Ⅲ：地震后可能产生较大破坏，但不应出现局部或整体倒毁，结构处于弹塑性工作阶段。

城市轨道交通结构抗震设防目标　　　　　表4.1-8

地震动水准		抗震设防类别	结构抗震性能要求	
等级	重现期(年)		地上结构	地下结构
E1 地震作用	100	特殊设防类	Ⅰ	Ⅰ
		重点设防类	Ⅰ	Ⅰ
		标准设防类	Ⅰ	Ⅰ
E2 地震作用	475	特殊设防类	Ⅰ	Ⅰ
		重点设防类	Ⅱ	Ⅰ
		标准设防类	Ⅱ	Ⅰ
E3 地震作用	2450	特殊设防类	Ⅱ	Ⅰ
		重点设防类	Ⅲ	Ⅱ
		标准设防类	Ⅲ	Ⅱ

高架车站为地上结构，根据表4.1-8可知：当经受重现期100年的多遇地震(E1小震)时，需满足性能要求Ⅰ的规定；当经受重现期475年的设防地震(E2中震)时，至少需满足性能要求Ⅱ的规定；当经受重现期2450年的罕遇地震(E3大震)时，至少需满足性能要求Ⅲ的规定。

由于独柱钢混组合结构横轨向为独柱悬挑结构，在地震作用下应有更加严格的变形与内力设计要求，在设计时所有构件应达到多遇地震作用下满足性能要求Ⅰ的规定；在设防地震作用下，关键构件及普通竖向构件(普通柱)应满足性能要求Ⅰ的规定，耗能构件如普通框架梁可满足性能要求Ⅱ的规定；在罕遇地震作用下，关键构件及普通竖向构件(普通柱)应满足性能要求Ⅱ的规定，耗能构件如普通框架梁可满足性能要求Ⅲ的规定，见表4.1-9。

不同等级地震作用下结构构件性能设计指标　　　　　表4.1-9

抗震烈度	多遇地震(小震)	设防地震(中震)	罕遇地震(大震)
底层墩柱、底层悬挑横梁、桩基	性能要求Ⅰ	性能要求Ⅰ	性能要求Ⅱ
站厅层中边柱、盖梁	性能要求Ⅰ	性能要求Ⅰ	性能要求Ⅱ
普通框架柱	性能要求Ⅰ	性能要求Ⅰ	性能要求Ⅱ
普通框架梁	性能要求Ⅰ	性能要求Ⅱ	性能要求Ⅲ

(2)《建筑抗震设计规范》要求

本工程依据《建筑抗震设计规范》(GB/T 50011—2010)中的附录M中"结构抗震性能设计"的要求进行结构抗震性能设计。

各抗震性能目标在各地震水准条件下的抗震性能水准要求见表4.1-10和表4.1-11。

结构构件实现抗震性能要求的承载力参考指标　　　　　　　表 4.1-10

性能要求	结构抗震性能水准		
	多遇地震	设防地震	罕遇地震
性能 1	完好,按常规设计	完好,承载力按抗震等级调整地震效应的设计值复核	基本完好,承载力按不计抗震等级调整地震效应的设计值复核
性能 2	完好,按常规设计	基本完好,承载力按不计抗震等级调整地震效应的设计值复核	轻~中等破坏,承载力按极限值复核
性能 3	完好,按常规设计	轻微损坏,承载力按标准值复核	中等破坏,承载力达到极限值后能维持稳定,降低少于 5%
性能 4	完好,按常规设计	轻~中等破坏,承载力按极限值复核	不严重破坏,承载力达到极限值后能维持稳定,降低少于 10%

结构构件实现抗震性能要求的变形参考指标　　　　　　　表 4.1-11

性能要求	结构抗震性能水准		
	多遇地震	设防地震	罕遇地震
性能 1	完好,变形远小于弹性位移限值	完好,变形小于弹性位移限值	基本完好,变形略大于弹性位移限值
性能 2	完好,变形远小于弹性位移限值	基本完好,变形略大于弹性位移限值	有轻微塑性变形,变形小于 2 倍弹性位移限值
性能 3	完好,变形明显小于弹性位移限值	轻微损坏,变形小于 2 倍弹性位移限值	有明显塑性变形,变形约 4 倍弹性位移限值
性能 4	完好,变形小于弹性位移限值	轻~中等破坏,变形小于 3 倍弹性位移限值	不严重破坏,变形不大于 0.9 倍塑性变形限值

本工程属于重点设防类建筑,且结构形式独特,对结构性能要求应更加严格,因此整体结构按照性能 2 要求设计。由于主体属于钢混组合结构体系,对各水准值的验算可参考对框架混凝土结构的和钢结构限值。对于关键层或者及不规则区域,可适当提高各水准中限值。

综上所述,结构各构件在不同等级地震作用下的性能标准应满足表 4.1-12 中的设计指标。

不同等级地震作用下结构构件性能设计指标　　　　　　　表 4.1-12

项目		地震水准		
		多遇地震(E1 多遇地震)	设防地震(E2 中震)	罕遇地震(E3 大震)
车站构件	底层组合柱、底层悬挑横梁、桩基	弹性	弹性	压弯、抗剪不屈服
	站厅层中边柱、盖梁	弹性	弹性	压弯、抗剪不屈服
	普通框架柱	弹性	弹性	压弯、抗剪不屈服
	普通框架梁	弹性	压弯、抗剪不屈服	允许进入屈服阶段,但不允许发生破坏

续上表

项目		地震水准		
		多遇地震 (E1 多遇地震)	设防地震 (E2 中震)	罕遇地震 (E3 大震)
层间最大位移	一层	1/1000	1/550	1/250
	二层	1/550	1/250	1/120
	三层	1/300	1/200	1/100
性能水平定性描述		完好、无损伤	基本完好、轻微损伤	轻度损伤
结构工作特性		弹性	关键构件弹性,允许部分次要构件屈服	关键构件不屈服,允许部分次要构件进入塑性,控制楼层位移

2)车站结构抗震性能化设计方法

高架车站抗震设计中地震效应的计算方法有线性反应谱法、弹塑性反应谱法、非线性时程分析法等。根据《城市轨道交通结构抗震设计规范》(GB 50909—2014),车站抗震设防类别为重点设防类,在小震作用时,需满足性能要求Ⅰ的规定,可采用线性反应谱方法进行抗震效应计算;本工程高架车站采用独柱式的结构体系,就结构体系而言,与传统的梁式结构相似,在地震作用下,结构塑性铰发生的位移也比较明显,一般发生在墩顶或者墩底,按照规范的建议,可以采用弹塑性反应谱法进行中震和大震下的抗震设计计算。

但本工程高架车站结构类型新颖,水平面内两个方向震动特性差异很大,且在低阶振型中存在明显的扭转振型,第一阶平动振型在地震响应中并不完全占据主导地位。在中震和大震作用下,抗震性能要求为Ⅱ级,为了更好地了解结构在地震作用下的响应,保证结构的使用性能和安全性能,应采取非线性时程分析法对结构的抗震性能进行详细分析与计算。

高架车站结构的抗震设计分两步:在小震作用下用线性反应谱法进行分析计算;在中震和大震情况下用弹塑性反应谱法分析计算,同时对结构进行动力弹塑性时程分析计算,对大震情况下结构的抗震性能进行补充,分析设计时对两种方法得出的结果取包络,从而充分保证车站结构在小震下的可使用性、中震作用下的可恢复性和大震作用下的安全性。

3)小结

在小震作用下,结构构件承载力的安全系数均达到了2以上,足以保证结构在小震下仍然处于弹性工作阶段,且结构的层间位移、墩顶位移和悬挑挠度均满足规范设计要求,本工程高架车站结构在小震作用下抗震性能良好。

在罕遇地震下,结构的主要抗侧构件底层独柱和站厅层的柱子均没有发生明显的破坏,只有少部分截面区域发生了塑性变形,而顶层的钢结构构件基本都处于弹性阶段,满足正常使用状态的需求。

车站结构对竖向地震同样敏感,在罕遇地震作用下,站厅层上下的两大转换横梁的内力均没有达到极限承载力,除内部混凝土部分开裂外,钢材未发生屈服,保证了结构的安全,横向悬挑的挠度满足正常使用时要求,说明结构在竖直方向同样拥有很好的抗震性能。

整体结构在罕遇地震波的输入过程中,其弹塑性发展的历程可以描述为:在罕遇地震作用下,结构底层独柱底部先出现塑性铰,然后独柱顶端出现塑性铰,随着地震波的往复作用,站厅层的柱子和连接独柱的纵梁端部发生部分屈服,钢管内部填充的混凝土在往复作用下均发生了开裂,顶层钢结构部分延性更好,在往复地震作用下基本没有进入弹塑性阶段的构件。当地震波结束时,出现了塑性铰的构件塑性铰区材料弹塑性变形并不明显,截面上只有小部分进入屈服阶段。

从结构的整体变形来看,在大震条件下,结构的层间位移明显小于规范要求的弹塑性层间位移,部分层的层间位移甚至接近弹性层间位移的要求,说明结构此时刚刚进入弹塑性阶段,并且基本满足正常使用状态的需求,所有构件在震后都处于可修复的状态,满足预期的抗震性能目标。

4.1.9 独柱钢混组合高架车站重要构件和关键节点设计

本工程标准站采用"干"字形独柱车站,其架空层的墩柱和长悬挑梁、站厅层的中柱和托轨梁是车站的基本骨架,通过整体模型计算和性能化设计,最终得到钢管混凝土柱、梁的合理尺寸。

独柱结构冗余度低,结构体系复杂,关键节点设计的安全性成为重点环节。通过对整体结构的研究分析,本结构体系有两处关键节点,具体如下。

关键节点一:高架层墩柱与站厅层悬挑梁和站厅层中柱的连接节点(图4.1-17)。

关键节点二:轨道层盖梁与站台层中柱的连接节点(图4.1-18)。

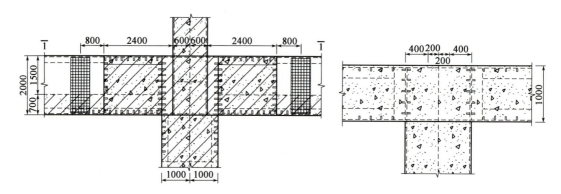

图4.1-17 关键节点一(尺寸单位:mm)　　　图4.1-18 关键节点二(尺寸单位:mm)

为提高独柱钢混组合结构高架车站结构体系的可靠性,本工程设计了一种"上翼缘贯通-柱内插式钢混组合连接节点",这样的设计具有两个优点:一是将站厅层中柱内插入底层墩柱2m,加强对站厅层中柱的锚固作用,并将站厅层悬挑梁上翼缘在节点处贯通,受拉上翼缘传力途径变得更为直接;二是将站厅层中柱向上贯通轨道层盖梁,轨道层盖梁上翼缘贯通,提高了节点的刚度。

4.1.10 独柱钢混组合高架车站与天桥的连接设计

独柱车站转换梁悬挑的长度达到11.7m(图4.1-19),在地震时,承受着上部传来的全部荷载以及竖向地震引起的附加弯矩。同时,在运营状态下,转换梁也应有足够的刚度保证人行荷载下结构的舒适度。为了保证转换梁的承载力与舒适度,一方面应采取更加经济合理的结构形式,另一方面应尽量减少转换梁所承担的上部荷载。其中,天桥端荷载即转换梁端部的主要集中荷载,需要合理的连接设计,以降低天桥对车站的影响。

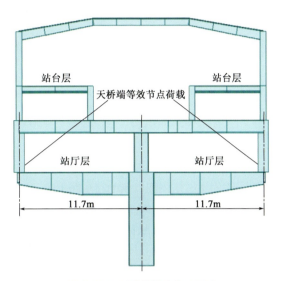

图 4.1-19　站房结构建筑立面图

目前,天桥与主体的连接方式主要分为三种:刚性连接、脱开和搭接,如图 4.1-20 所示。

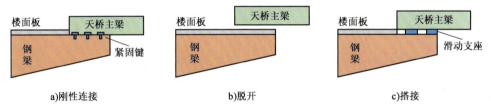

图 4.1-20　天桥搭接方式

刚性连接使得天桥与主体结构连为一体、协同受力,计算分析时需建立整体的模型反应两者之间的相互影响,此种方式能将天桥作为侧向支撑构件,一定程度上提高结构抵抗水平地震的能力。但相应的是,天桥路侧墩柱参与受力,使得墩柱的受力更加复杂,设计截面也会增大。另外,天桥与主体的刚性连接施工成本更高。

脱开的做法是天桥在结构模型上完全独立于主体结构,天桥可简化为一悬挑构件设计,这样虽然极大地简化了计算,降低了设计成本,但是由于天桥悬挑跨度太大,天桥自身和固接端构件尺寸均会太大,极大地提升了建设成本。同时,天桥处于悬挑状态时,自振周期增大,在人行荷载下的舒适度更难控制。

搭接的做法介于刚性连接与脱开之间,天桥一端受路侧墩柱的支撑,另一端则受到主体结构悬挑端的竖向约束和水平约束。考虑到减弱天桥与整体之间的相互作用,一般释放天桥与主体之间垂直于行车方向的自由度,在另一方向则完全约束,防止天桥在水平面内的扭转对另一侧墩柱造成过大的损伤。

三类连接方式各有利弊,对比情况见表 4.1-13,综合考量施工成本和设计成本,并考虑结构在使用状态下的舒适度,本工程采用搭接的连接方式。

三类连接方式对比 表4.1-13

连接方式	分析计算	连接施工	舒适度	构件数目	构件截面
刚性连接	复杂	困难	较好	较少	较小
脱开	简单	简单	较差	较多	很大
搭接	较复杂	一般	较好	较少	较小

4.2 地下车站及区间

4.2.1 概述

2号线芜湖火车站站位于国铁芜湖站东广场以东的站东路下方,车站呈南北向布置(图4.2-1)。车站东西两侧各设一组出入口通向地面,其中1A、1B号出入口位于站东路东侧地块内,先期实施1B号出入口,1A号出入口预留接口条件,同时1A、1B号出入口预留与站东路东侧地块商业开发衔接的接口条件;2A、2B号出入口位于站东路西侧与国铁芜湖站站东下沉广场东侧(图4.2-2)。车站两端各设置1组风亭组,站东路下方已建成地下过街通道,人行过街通道基本位于车站有效站台中心附近并占用站厅层相应空间,需对既有地下通道进行改造与车站主体结合设计。

图4.2-1 芜湖火车站　　　　　图4.2-2 出入口设置

车站有效站台中心里程YDK11+841.195,设计起点里程为YDK11+742.145,设计终点里程为YDK11+908.145,车站结构外包总长166m,为地下二层双柱三跨岛式站台车站。车站标准段宽22.28m,高14.33m,车站中心覆土厚度约1.7m。车站两端接明挖区间,车站采用明挖法施工,主体设全外包防水层。

神山公园—芜湖火车站区间下穿弋江路采用暗挖法施工,暗挖长度约126m,其余地下段区间均采用明挖法施工。

4.2.2 深基坑围护设计

芜湖火车站主体基坑和区间明挖基坑均为一级基坑,采用明挖法施工,基坑埋深16~18m,宽13.4~28.8m。在"安全、经济、方便施工"的方针要求下,并综合本站的特点、周边环境、水文地质条件和工程造价等情况,围护结构采用灌注桩+内支撑体系,灌注桩 $\phi1000mm@1200mm$,嵌固段位于硬塑状粉质黏土层,嵌固深度取7m,勘察期间地下水位埋深 $0\sim5.8m$,桩间设旋喷桩咬合止水。内支撑系统竖向设置三道内支撑:第一道采用钢筋混凝土撑 $800mm\times1000mm$,水平间距9.0m;第二、三道采用 $\phi800mm$、$t=16mm$ 钢管支撑,水平间距3.0m。

根据工程环境、地质条件和水文情况,本工程在设计阶段具有以下几个方面的特点。

(1)软土地层深大基坑变形控制

本基坑标准段长约23m,深约17.7m,坑深范围内存在较厚软土,淤泥质粉质黏土厚度9.4m,地质条件较差(图4.2-3、图4.2-4)。站址周边环境湖泊池塘星罗棋布,地下水丰富,2号线地下段范围内大面积分布淤泥质粉质黏土层,厚度 $7\sim10m$,地质条件较差。淤泥质粉质黏土呈灰黑色,流塑~软塑,部分夹有机质,无摇振反应,稍有光滑,干强度低,韧性低,有腐味,场地内弋江北路东侧、站北路南侧及站东路东侧广泛分布,层顶埋深 $0\sim10.8m$,层顶高程 $-3.51\sim7m$,层底埋深 $0.3\sim17m$,层底高程 $-7.25\sim6.44m$,层厚 $0.3\sim10.6m$,天然孔隙比0.93,天然含水率33.5%,有机质含量1.5%,灵敏度为3.0,压缩模量3.53MPa,静力触探 P_s 值0.58MPa。软土强度低,压缩性高。针对上述工程特点,基坑采用围护桩+内支撑系统支护体系,灌注桩尺寸为 $\phi1000mm@1200mm$,嵌固段位于硬塑状粉质黏土层,嵌固深度取7m,钢支撑采用 $\phi800mm(t=16mm)$ 规格(图4.2-5、图4.2-6)。本工程可提高钢支撑抗弯刚度,加强围护桩和内支撑体系整体刚度控制软土地层基坑变形稳定性。

图 4.2-3 基坑地层揭露情况 1

图 4.2-4 基坑地层揭露情况 2

图 4.2-5 钢支撑

图 4.2-6 基坑围护结构体系

本工程对地质条件最不利的钻孔 M2Z3-207-D33 进行基坑围护结构变形、地面沉降及稳定性验算。基坑变形控制保护等级为一级,地面最大沉降量不大于基坑开挖深度的 0.15%,基坑支护结构最大水平位移不大于基坑开挖深度的 0.15%,且不大于 25mm。计算模型和计算结果分别见图 4.2-7、图 4.2-8。

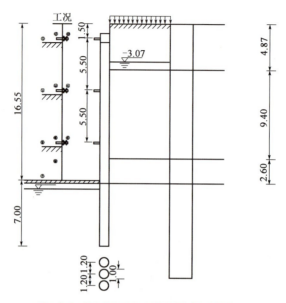

图 4.2-7 基坑围护结构计算模型(尺寸单位:m)

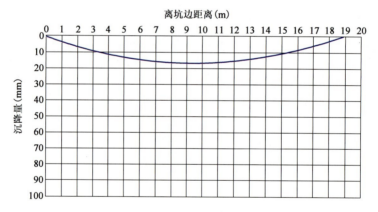

图 4.2-8 地面沉降计算

围护桩采用 φ1000mm@1200mm 规格,纵向受力筋配置 24E28,计算内力及配筋见表 4.2-1。

表 4.2-1 围护桩钢筋配置情况

选筋类型	级别	钢筋实配值(mm)	实配[计算]面积(mm²)
纵筋	HRB400	24E28	14778[12935]
箍筋	HPB300	d10@100	1571[1228]
加强箍筋	HRB400	E16@2000	201

（2）基坑监测验证

由于本工程设计所用土压力计算采用郎肯主动土压力公式，与现场实际情况相比较有一定的差异，为了验证支护结构设计效果，指导基坑开挖和支护结构的施工，在施工过程中需要了解现场实际应力和变形情况，并与设计值进行比较，必要时对设计方案或施工过程进行修正，从而实现动态设计及信息化施工。

监测范围：基坑监测等级为一级，基坑开挖深度大，结合基坑周边环境特点，确定施工监测范围为$2H$（H为基坑开挖深度），范围内的建（构）筑物均需进行监测。

监测对象：监测对象为支护结构与周边环境。周围环境监测对象主要为工程周围地表土体、地下水、建（构）筑物、地下管线、城市道路及其他市政基础设施。

监测方法：基坑监测以获得定量数据的专门仪器测量或专用测试元件监测为主，以现场目测检查为辅。观测点的布置应能满足监测要求。各监测项目在基坑施工影响前应测得稳定的初始值，且不少于两次。当变形超过有关标准或场地条件变化较大时，应加密观测；当大雨、暴雨或基坑边载条件改变时应及时监测；当有危险事故征兆时，应连续观测。

根据监测内容，车站选用围护结构水平位移及钢支撑轴力两项设定预警值，作为施工安全判别标准，其安全性判别标准如下：标准段围护结构水平位移容许值：$0.15\% \times H$。安全判别：支撑轴力容许值＝设计轴力。既有建（构）筑物的沉降、倾斜容许值见规范的有关规定。当实测值$<0.7 \times$［容许值］，表明结构安全；当实测值＝$(0.7 \sim 1.0) \times$［容许值］，表明需要注意（报警）；当实测值$>1.0 \times$［容许值］，表明结构处在危险状态。

监测结果如图4.2-9～图4.2-11所示。地表沉降最大值18.5mm；桩顶沉降变形最大值8.3mm；桩身测斜变形位移最大值11.9mm，位于埋深10.5m位置。

测点编号	沉降变化量(mm) 本次变量	沉降变化量(mm) 累计变量	沉降速率(mm/d)	初始高程(m)	上次高程(m)	本次高程(m)	备注	测点编号	沉降变化量(mm) 本次变量	沉降变化量(mm) 累计变量	沉降速率(mm/d)	初始高程(m)	上次高程(m)	本次高程(m)	备注
L3011	/	-5.58	/	8.5608	/	/	覆盖	L3033	/	-3.32	/	8.7794	/	/	覆盖
L3012	0.21	2.93	0.21	8.8039	8.80605	8.80626		L3034	/	8.51	/	8.8704	/	/	覆盖
L3013	/	2.60	/	8.8710	8.87091		覆盖	L3051	/	-18.05	/	8.4087	8.39091	/	
L3014	-0.33	-4.28	-0.33	8.9192	8.91594	8.91561	破坏预设	L3052	/	-30.87	/	8.5043	8.47336	/	异常数据
L3021	-0.12	-6.97	-0.12	8.4282	8.42136	8.42124		L3053	/	-19.44	/	9.4649	9.44573	/	
L3022	-0.15	-10.04	-0.15	8.4441	8.43421	8.43406		L3054	/	-10.25	/	9.3813	/	/	3月23日覆盖
L3023	-0.23	-6.80	-0.23	8.3009	8.29433	8.29410		L3061	/	-21.89	/	8.2910	8.26958	/	异常数据
L3024	0.27	-1.99	0.27	8.4857	8.48344	8.48371		L3062	/	-27.85	/	8.3616	8.33401	/	异常数据
L3031	/	-14.67	/	8.3143	8.29928			L3063	/	-15.11	/	8.1049	8.09004	/	
L3032	/	-10.33	/	8.70497	8.70722		破坏预设	L3064	/	-11.87	/	8.1299	8.11808	/	

图4.2-9　地表沉降

基坑开挖过程中，变形沉降数据与理论计算基本一致，能够满足基坑安全稳定性要求。

（3）无临时立柱基坑

根据施工现场进度情况，为了提高施工效率，提供充足的施工作业空间，基坑采用无临时立柱的设计方案,通过提高钢支撑的刚度保证了支撑稳定性,现场效果显著。围护桩采用 $\phi1000mm@1200mm$ 规格,内支撑采用一道混凝土支撑和两道钢支撑($\phi800mm, t=16mm$),基坑强度、变形及稳定性均能够满足规范要求。

测点编号	沉降变化量(mm) 本次变量	沉降变化量(mm) 累计变量	沉降速率 (mm/d)	初始高程 (m)	上次高程 (m)	本次高程 (m)	备注	测点编号	沉降变化量(mm) 本次变量	沉降变化量(mm) 累计变量	沉降速率 (mm/d)	初始高程 (m)	上次高程 (m)	本次高程 (m)	备注
S301	-0.07	-1.18	-0.07	6.9903	6.98919	6.98912		S311	/	-4.44	/	6.9753	/	/	覆盖
S302	0.26	-4.26	0.26	6.9766	6.97208	6.97234		S312	/	-2.71	/	6.9569	/	/	覆盖
S303	/	-4.06	/	7.0373	7.03297	/		S313	0.15	-2.73	0.15	6.9567	6.95382	6.96397	
S304	/	-0.21	/	7.0043	7.00391	/		S314	-0.23	-5.69	-0.23	6.9782	6.97274	6.97251	
S305	/	-6.51	/	7.0066	7.00017	/		S315	0.16	-8.34	0.16	6.9339	6.92540	6.92566	
S306	/	-6.46	/	6.9738	6.96777	/		S316	-0.25	-1.66	-0.25	6.9394	9.93799	9.93774	
S307	/	-5.78	/	7.0120	7.00592	/		S317	-0.06	-2.80	-0.06	6.9646	6.96186	6.96180	
S308	/	-2.52	/	6.9936	6.99150	/		S318	0.05	-3.53	0.05	6.9414	6.93782	6.93787	
S309	/	-1.22	/	6.9950	/	/	覆盖	S319	0.13	-2.15	0.13	6.9619	6.95965	6.95978	
S310	/	1.16	/	6.9838	/	/	覆盖	S320	0.01	-2.80	0.01	6.9580	6.95516	6.95517	

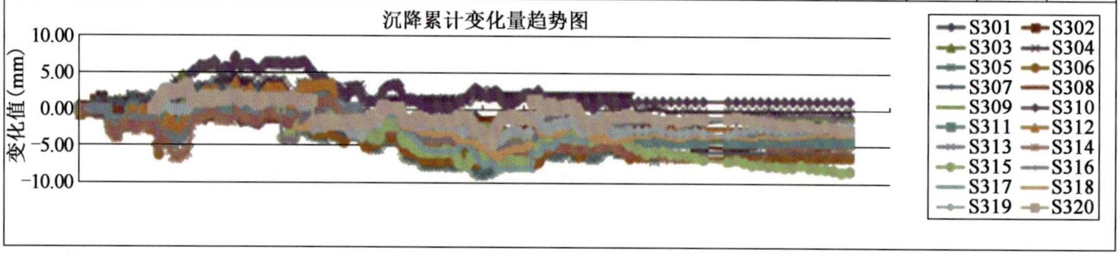

图 4.2-10 桩顶沉降

深度(m)	位移量(mm) 初始值	位移量(mm) 上次读数	位移量(mm) 本次读数	本次变化(mm)	累计变化(mm)	深度(m)	位移量(mm) 初始值	位移量(mm) 上次读数	位移量(mm) 本次读数	本次变化(mm)	累计变化(mm)
0.5	567.76	563.86	564.21	0.35	-3.65	14.5	279.24	265.90	265.96	0.06	-13.28
1	560.94	557.05	557.41	0.36	-3.53	15	270.75	258.29	258.37	0.08	-12.38
1.5	554.92	550.72	551.06	0.34	-3.86	15.5	261.12	249.75	249.81	0.06	-11.31
2	548.55	544.09	544.40	0.31	-4.15	16	250.02	239.68	239.71	0.03	-10.31
2.5	541.51	536.65	536.97	0.32	-4.54	16.5	238.87	229.77	229.79	0.02	-9.08
3	533.28	528.32	528.63	0.31	-4.65	17	228.70	220.95	220.98	0.03	-7.72
3.5	524.58	519.49	519.78	0.20	-4.80	17.5	216.63	210.19	210.21	0.02	-6.42
4	516.61	510.95	511.23	0.28	-5.38	18	202.58	197.40	197.42	0.02	-5.46
4.5	509.50	502.90	503.16	0.26	-6.34	18.5	185.39	181.77	181.80	0.03	-3.59
5	502.81	494.99	496.26	0.27	-7.65	19	164.82	162.59	162.60	0.01	-2.22
5.5	494.74	485.31	485.56	0.25	-9.18	19.5	144.27	142.87	142.88	0.01	-1.39
6	484.89	473.96	474.20	0.25	-10.69	20	124.06	123.18	123.18	0.00	-0.88
6.5	473.96	461.85	462.09	0.24	-11.87	20.5	103.83	103.38	103.37	-0.01	-0.46
7	462.31	449.24	449.45	0.21	-12.86	21	83.18	83.06	83.07	0.01	-0.11
7.5	452.31	438.04	438.27	0.23	-14.04	21.5	65.64	65.69	65.70	0.01	0.06
8	444.46	429.31	420.50	0.19	-14.96	22	50.25	50.62	50.62	0.00	0.37
8.5	438.49	423.61	423.71	0.20	-14.78	2.5	36.5	36.78	36.78	0.01	0.28
9	434.42	419.73	419.94	0.21	-14.48	23	23.36	23.45	23.45	0.00	0.09
9.5	430.85	416.31	416.48	0.17	-14.37	23.5	10.61	10.66	10.66	0.00	0.05
10	425.46	409.91	410.08	0.17	-15.38						
10.5	416.31	400.46	400.62	0.16	-15.69						
11	403.49	388.16	388.32	0.16	-15.17						
11.5	386.26	371.80	371.92	0.12	-14.34						
12	365.48	351.41	351.56	0.15	-13.92						
12.5	343.24	329.59	329.72	0.13	-13.52						
13	321.02	306.93	307.04	0.11	-13.98						
13.5	304.04	289.36	289.44	0.08	-14.60						
14	290.12	275.92	276.99	0.07	-14.13						

"+"向坑内 "-"向坑外

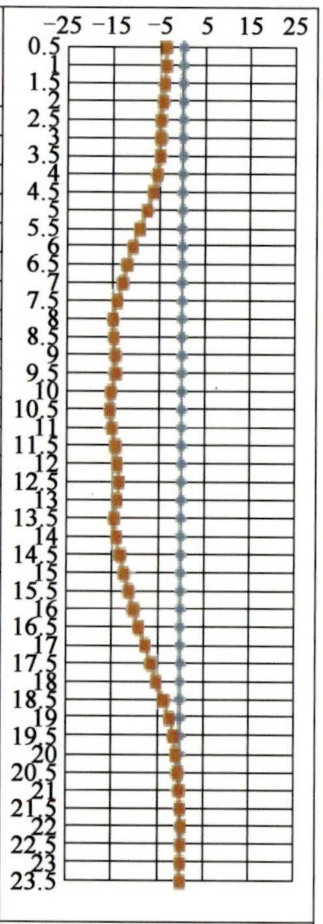

图 4.2-11 桩身测斜变形位移

4 土建工程设计与创新

对钢支撑局部稳定性、刚度、强度及稳定性进行验算,均满足规范要求,钢支撑最大支撑轴力设计值4288kN,计算结果见表4.2-2。

基坑验算结果   表4.2-2

钢管外径 d(mm)	800	支撑轴心压力 N(kN)	4288.00
管壁厚度 t(mm)	16.0	最大弯矩 M_x(kN·m)	304.92
钢材抗压强度设计值 f(N/mm²)	215	计算长度 l_{0x}(mm)	21380
钢材屈服强度值 f_y(N/mm²)	235	计算长度 l_{0y}(mm)	21380
钢材弹性模量 E(N/mm²)	206000.00	等效弯矩系数 β_m	1.0
自重 w(kN/m)	2.34	支撑面集中荷载 p(kN)	4
钢管内径 $d_1 = d - 2t$(mm)	768	截面面积 $A = \pi \times (d^2 - d_1^2)/4$(mm²)	39408.14
截面惯性矩 $I = \pi \times (d^4 - d_1^4)/64$(mm⁴)	3029067138.19	截面抵抗矩 $W = 2I/d$(mm³)	7572667.85
截面回转半径 $i = (I/A)^{1/2}$(mm)	277.24	构件长细比 $\lambda_x = l_{0x}/i$	77.1
塑性发展系数 γ	1.15	构件长细比 $\lambda_y = l_{0y}/i$	77.1
M_e(偏心矩)(kN·m)	91.67744	$l \times \sqrt{f_y/235}$	77.1
M(计入偏心矩)(kN·m)	304.9166159		
M_0(未计入偏心矩)(kN·m)	213.2391759		
局部稳定性验算			
径厚比		验算 $d/t \leq 100 \times (235/f_y)$	满足要求
刚度验算			
构件容许长细比[λ]	150	刚度验算 $Max[\lambda_x, \lambda_y] < [\lambda]$	满足要求
强度验算			
$N/A + M/\gamma W$(N/mm²)	143.82	验算 $N/A + M/(\gamma \cdot W) \leq f$	满足要求
稳定性验算			
$\lambda'_x = (f_y/E)^{1/2} \times \lambda_x/\pi$	0.829	构件所属的截面类型	b类
系数 α_1	0.650	系数 α_2	0.965
系数 α_3	0.300	欧拉临界力 $N_{Ex} = \pi^2 EA/(1.1 \times \lambda_x'^2)$(kN)	12000
当 $\lambda'_x > 0.215$ 时,稳定系数 $\psi_x = \{(\alpha_2 + \alpha_3\lambda'_x + \lambda'^2_x) - [(\alpha_2 + \alpha_3\lambda'_x + \lambda'^2_x)^2 - 4\lambda'^2_x]^{1/2}\}/2\lambda'^2_x$			0.706
当 $\lambda'_x \leq 0.215$ 时,稳定系数 $\psi_x = 1 - \alpha_1\lambda'^2_x$			
局部稳定系数 $\phi = 1(d/t \leq 60$ 时);$\phi = 1.64 - 0.23 \times (d/t)^{1/4}(d/t > 60$ 时)			1.0000
$N/\psi_x A + \beta_m M_x/\gamma W(1 - 0.8N/N_{Ex})$(N/mm²)			202.65
验算 $N/\psi_x A + \beta_m M_x/\gamma W(1 - 0.8N/N_{Ex}) \leq \phi f$			满足

通过调查统计,国内车站明挖基坑围护结构设计方案对于设置临时立柱的原则是以基坑宽度22m作为分界,一般基坑宽度小于22m基本不设置临时立柱,钢支撑尺寸采用ϕ609mm(t=16mm)。基坑宽度大于22m时钢支撑稳定性不满足要求,通常设置临时立柱,减小钢支撑的计算长度,尤其在软土地层往往内支撑轴力较大,地层变形大,为提高基坑稳定性而设置临时立柱的作用更加突显。但是设置临时立柱的同时也产生相应的矛盾,一方面施工作业面的减

小,施工工效降低;另一方面施工过程中临时立柱也存在安全隐患。结合 2 号线神芜区间明挖基坑的特点,考虑到工期紧迫的问题,本工程尝试通过提高钢支撑和围护桩抗弯刚度的方法,钢支撑替换为 $\phi 800 \mathrm{mm}(t=16 \mathrm{mm})$,取消临时立柱。本工程通过设计计算和施工过程监测验证了该方法的可行性,为以后在软土地层地区进行 23 m 宽深基坑开挖无临时立柱的设计施工方案提供了可靠的案例经验。

4.2.3 主体结构

地下结构设计以"结构为功能服务"为原则,满足城市规划、行车运营、环境保护、抗震、防水、防火、防腐、人防及施工等要求,并应做到结构安全、耐久、技术先进、经济合理。根据沿线不同地段的工程地质和水文地质条件及城市规划要求,结合周围地面既有建(构)筑物、管线及道路交通状况,通过对技术、经济、工期、环境影响、使用效果、风险分析等综合评价,选择合理的结构形式。2 号线芜湖火车站站采用钢筋混凝土两层双柱三跨箱形框架结构(图 4.2-12),框架柱距一般为纵向 8.4m,主体结构和围护结构采用复合墙结构,采用弹性有限元法进行结构计算,结构受力状态明确清晰,断面形式科学合理。

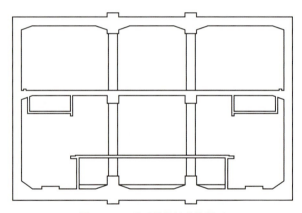

图 4.2-12 地下结构标准横断面

2 号线芜湖火车站站位紧邻国铁站房,优化交通接驳节点,便利乘客出行,将国铁站房站前广场通道与车站出入口连接(图 4.2-13),运营使用阶段车站空间通透大方(图 4.2-14)。

图 4.2-13 芜湖火车站连接通道　　　　　图 4.2-14 芜湖火车站站厅层

跨座式单轨因独特的轨行特点,轨行区内底板上需设置690mm(宽)×2160mm(高)轨道梁,轨道梁为简支梁,两端通过支座连接至结构底板内(图4.2-15、图4.2-16)。

图4.2-15　底板上设置轨道梁

图4.2-16　轨道梁支座垫块

地下车站及区间根据轨道梁的支承形式确定其作用在地下结构上的荷载,地下结构的沉降应满足轨道梁的变形控制要求。轨道梁两端支座采用可靠的机械锚箱锚入底板钢筋笼内(图4.2-17)确保受压和受拉的安全稳定。基底为软土地层时,应考虑支座的集中荷载影响,在支座位置设置桩基础。

图4.2-17　机械锚箱锚入底板钢筋笼

4.2.4　暗挖隧道

(1)暗挖隧道地质条件及工程环境

神山公园—芜湖火车站区间下穿弋江路段(YDK11+186.983~YDK11+312.926)采用暗挖法施工,长度约126m。暗挖隧道侧穿进站匝道桥桩基础,近距离下穿DN1000污水管,风险等级均为Ⅱ级。隧道洞身体范围内主要为硬塑状粉质黏土层,进洞段洞顶具有较厚的杂填土地层,厚度约10m,地下水位埋深1.3m。

(2)暗挖隧道设计方案

暗挖隧道长126m,隧道顶覆土7.5~10m,采用单洞单线马蹄形断面形式,复合式衬砌结构,洞身尺寸6.5m×8.18m,二次衬砌厚350mm,初期支护厚300mm。

暗挖段采用双台阶预留核心土法施工,施工应遵循"管超前、严注浆、短开挖、强支护、快封闭、再注浆、勤量测"的原则。矿山法隧道超前支护采用 $\phi 42mm \times 3.5mm$ 小导管预注浆,管壁每隔100~200mm交错钻眼,眼孔直径6~8mm。当遇到砂层时,小导管每榀设置并注浆,小导管长2m,打设范围为拱部120°范围。小导管浆液材料选用水泥-水玻璃双液浆,注浆压力控制在0.3~0.5MPa,注浆量、配比根据现场试验确定,要求注浆扩散半径不小于0.25m。为防止浆液外漏,必要时可在孔口处设置止浆塞,注浆导管与钢格栅焊接牢固。

(3)隧道顶部松散土层处理

隧道进洞段长约55m范围内,隧道顶部覆土分布较厚的松散杂填土。杂填土主要成分为黏性土、碎石及砂类土,道路范围经分层压实,上部为柏油路面,车站东侧范围及拆迁未建地块大部分未经压实,广泛分布于市政道路表层及拆迁未建地块,最大层厚约10.8m,地下水位埋深约1.3m,水量丰富,该范围地质条件较差。

为保证隧道进洞和开挖安全稳定,本工程对进洞段松散地层进行地面注浆加固处理。暗挖段进洞端采用 $\phi 76mm@700mm$ 袖阀管注浆加固,加固宽度为隧道结构外边线每侧3m,竖向自地面加固至隧道结构顶部以下3.15m,如图4.2-18所示。袖阀管注浆单液浆建议水灰比为水:水泥=1:0.75~1:1。高压旋喷桩的水泥用量建议值为350kg/m³,注浆压力建议值应大于20MPa,采用42.5级普通硅酸盐水泥,加固体龄期为30d。强加固区加固强度指标为:土的28d无侧限抗压强度不应小于1MPa,渗透系数不应大于 $1 \times 10^{-7}/cm/s$,同时确保加固土体的均匀性、密封性和自立性。

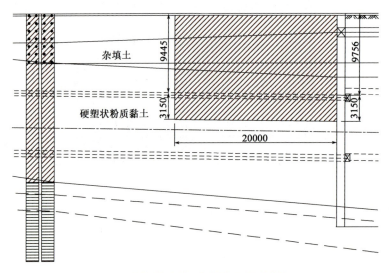

图4.2-18 隧道顶部杂填土加固处理(尺寸单位:mm)

(4)隧道下穿重要市政管线和进站匝道桥

弋江路下方敷设污水管DN1000,管底埋深5.67m,距隧道顶距离1.56m。进站匝道桥西端与站北路相接,东段在弋江北路辅道落地,自东向西采用3联桥垮布置,第1、3联均为4×25m等高度钢筋混凝土连续梁桥;第2联为2×40m等高度钢箱连续梁桥。匝道桥桥墩为有承台的花瓶式实体墩,钻孔灌注桩基础,桩基长26m。暗挖区间从第2联桥孔中间穿过,暗挖隧道侧穿匝道桥桥墩,桥墩距暗挖结构外侧最近约4.57m,穿越段地层主要为〈3-24〉硬塑状粉质黏土。

隧道下穿污水管线段,为减少开挖进尺,及时进行格栅钢架和初期支护网喷施工,超前小导管进行注浆加固,控制注浆压力0.2~0.3MPa,避免注浆压力过大引起管道开裂。为了保证工作面稳定,应及时喷射混凝土封闭工作面。掌子面封闭采用C25喷射混凝土,80mm厚,设置$\phi 8mm@150mm \times 150mm$钢筋网,封闭间距与小导管纵向间距相同。

对于区间掌子面穿越弋江路匝道桥的情况,当喷射混凝土封闭掌子面仍未保证土体稳定时,可采用掌子面全断面超前小导管$\phi 42mm \times 3.5mm$注浆加固地层措施,超前导管单根长度3m,搭接1m,相邻导管间距600mm×600mm,梅花形布置,最外圈的超前导管距离初期支护内轮廓200mm,注浆浆液为改性水玻璃浆液。注浆压力控制在0.3~0.5MPa,注浆量、配比根据现场试验确定,要求注浆扩散半径不小于0.25m,单根导管每延米注浆量不小于$0.075m^3$。为防止浆液外漏,必要时应在孔口处设置止浆塞。进站匝道桥桥桩基础周围设$\phi 76mm@1700mm$双排袖阀管注浆加固,加固桩侧土体,提高桩基侧阻力标准值。

(5)隧道变形监测

监测结果如图4.2-19~图4.2-21所示。地表沉降最大值23mm;污水管累计最大沉降23mm;桥墩差异沉降0.58mm。一般地面沉降量不大于30mm,最大隆起量不大于10mm,监测结果均满足设计和规范要求。

测点编号	变化量(mm) 本次变量	变化量(mm) 累计变量	变化速率(mm/d)	初始高程(m)	上次高程(m)	本次高程(m)	备注	测点编号	变化量(mm) 本次变量	变化量(mm) 累计变量	变化速率(mm/d)	初始高程(m)	上次高程(m)	本次高程(m)	备注
B031	-0.03	-1.96	-0.02	8.17197	8.17004	8.17001		B046	0.11	-2.90	0.06	8.48186	8.47885	8.47896	
B032	0.28	-4.49	0.14	8.19513	0.19036	8.19061		B047	-0.24	-7.21	0.12	8.46421	8.45721	8.46700	
B033	-0.06	-14.30	-0.03	8.65156	8.53732	8.53726		B048	0.35	-11.14	0.17	8.41176	8.40027	8.40062	
B034	0.08	-21.17	0.04	8.47387	8.45262	8.45270		B049	0.15	-20.85	0.08	8.38687	8.36587	8.36602	
B035	-0.21	-22.51	-0.11	8.48349	8.46119	8.46098		B050	0.27	-23.10	0.14	8.35175	8.32838	8.32865	
B036	-0.09	-23.28	-0.05	8.56665	8.53346	8.53337		B051	-0.24	-23.45	0.12	8.34312	8.31991	8.31967	
B037	0.11	-22.78	0.05	8.60081	8.57792	8.67803		B052	-0.24	-23.23	0.12	8.31085	8.28786	8.28762	
B038	0.08	-22.18	0.04	8.63761	8.63761	8.63769		B053	0.34	-22.65	0.17	8.29802	8.27603	8.27537	
B039	-0.02	-23.00	-0.01	8.83009	8.80710	8.80708		B054	-0.23	-23.28	0.12	8.60695	8.58390	8.58367	
B040	-0.25	-21.17	-0.12	8.85713	8.83621	8.83596		B055	-0.26	-17.65	0.13	8.73360	8.71621	8.71595	
B041	-0.18	-15.73	-0.09	9.05401	9.03846	9.03928		B056	0.16	-11.11	0.08	8.71901	8.70782	8.70798	
B042	-0.09	-11.27	-0.06	9.13993	9.12875	9.12866		B057	-0.14	-6.17	0.07	8.79865	8.79262	8.79248	
B043	0.17	-7.00	0.09	9.37504	9.36787	9.36904		B058	0.19	-5.18	0.09	8.91790	8.91253	8.91272	
B044	0.02	-23.01	0.01	8.52818	8.50515	8.50517		B059	0.16	-22.64	0.08	8.98819	8.9639	8.96565	
B045	0.20	-23.44	0.10	8.56739	8.54375	8.54395		B060	0.30	-22.84	0.15	8.50958	8.48644	8.48674	

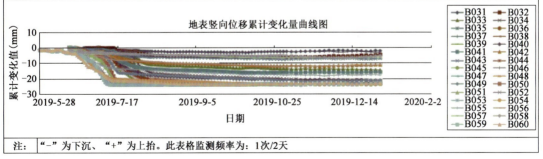

注: "-"为下沉、"+"为上抬。此表格监测频率为:1次/2天

图4.2-19 地表沉降

测点编号	变化量(mm) 本次变量	累计变量	变化速率(mm/d)	差异沉降(%)	初始高程(m)	上次高程(m)	本次高程(m)	备注	测点编号	变化量(mm) 本次变量	累计变量	变化速率(mm/d)	差异沉降(%)	初始高程(m)	上次高程(m)	本次高程(m)	备注
DL201	−0.09	−15.61	−0.04	/	8.36863	8.35310	8.35302	电力管线1	YS203	0.24	−7.59	0.12	/	8.24120	8.23337	8.23361	雨水管线2
DL202	0.10	−20.57	0.05	−0.02	8.50695	8.48628	8.48638		YS204	−0.24	−23.41	−0.12	−0.14	8.20485	8.18168	8.18144	
DL203	−0.25	−8.73	−0.12	0.05	8.56127	8.55279	8.55254		YS205	−0.25	−17.63	−0.12	0.03	8.35743	8.34005	8.33950	
DL202-1	−0.09	−3.47	−0.06	/	8.47630	8.47292	8.47283	加密点	YS206	−0.18	−6.83	−0.09	0.07	8.40147	8.29682	8.39564	
DL202-2	0.09	−3.37	0.05	/	8.52125	8.51779	8.51788		YS207	−0.06	−7.57	−0.03	/	8.19341	8.16590	8.18584	
DL204	0.00	−19.55	0.00	/	8.68413	8.66458	8.66458	电力管线2	YS208	−0.08	−18.95	−0.04	−0.10	8.22989	8.21102	8.21094	雨水管线3
DL205	−0.10	−19.27	−0.05	0.00	8.75076	8.73159	8.73149		YS209	−0.01	−22.42	0.00	−0.02	8.29696	8.27455	8.27454	
DL206	0.04	−10.26	0.02	0.04	8.92748	8.81718	8.81722		YS210	−0.20	−12.64	−0.10	0.08	8.36436	8.31201	8.36181	
DL207	−0.26	−11.19	−0.13	−0.01	8.83404	8.82311	8.82285		YS211	−0.05	−19.76	−0.02	/	8.47041	8.45070	8.45065	
WS201	−0.21	−8.41	−0.10	/	8.40944	8.49124	8.49103	污水管线1	YS212	0.28	−15.10	0.14	0.02	8.57409	8.55871	8.55899	雨水管线4
WS202	−0.07	−23.05	−0.04	−0.07	8.55145	8.62846	8.52539		YS213	−0.08	−4.00	−0.04	0.07	8.63106	8.62714	8.62706	
WS203	0.05	−11.80	0.02	0.06	8.75300	8.74115	8.74120										

图 4.2-20 污水管沉降

测点编号	变化量(mm) 本次变量	累计变量	变化速率(mm/d)	差异沉降(mm)	初始高程(m)	上次高程(m)	本次高程(m)	备注
D201	−0.01	−2.11	0.00	−0.51	9.35680	9.35470	9.35469	
D202	−0.02	−1.60	0.01		9.35935	9.35777	9.35775	
D203	−0.06	−3.00	0.03	−0.58	9.69008	9.68705	9.68699	
D204	0.06	−2.51	0.03		9.65281	9.65024	9.65030	
D205	0.08	−1.60	0.04	−0.47	9.36364	9.36196	9.36204	
D206	0.10	−2.07	0.05		9.40272	9.40055	9.40065	

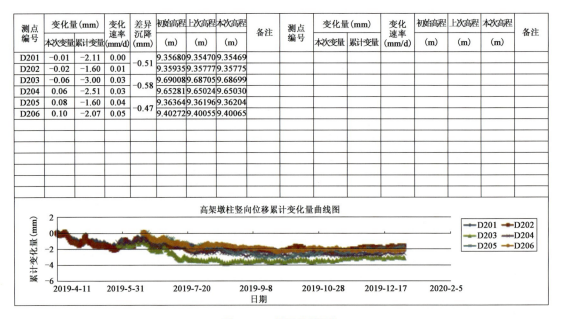

图 4.2-21 桥梁差异沉降

(6) 小结

南方富水地区城市选用暗挖工法的工程案例较少,勘察报告显示芜湖市广泛分布黏土地层,地下水丰富,神山公园—芜湖火车站区间暗挖隧道根据施工过程中揭露的地层情况可见,黏土抗剪强度较好(图4.2-22),透水性差,地下水水量在该地层较少,掌子面自稳性较好。本工程通过采取一定的超前支护和加固措施能够顺利进洞,并下穿重要风险源,整个施工过程中变形稳定,未出现严重的坍塌和渗漏水情况,工法可靠。该工程为在芜湖地区黏土层中修建地下工程提供了可靠的暗挖法开挖成功案例,在管线密集和交通繁忙的地段进行地下工程修筑提供了更多的工法选择和实施经验。

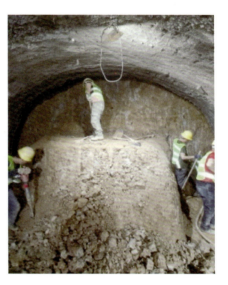

图4.2-22 隧道开挖掌子面

4.2.5 防水设计

(1)防水设计原则

地下结构防水应遵循"以防为主、刚柔结合、多道防线、因地制宜、综合治理"的原则,采取与其相适应的防水措施。本工程采用钢筋混凝土结构自防水体系,即以结构自防水为根本,以施工缝、变形缝等接缝防水为重点,确保结构整体防水。

(2)防水等级

地下结构的防水等级应满足以下要求:车站主体结构、出入口以及机电设备集中区段的防水等级应为一级,不允许渗水,结构表面无湿渍。车站风道(风井)、区间隧道及联络通道等附属结构、高架站地下室防水等级为二级。结构不允许漏水,结构表面可有少量湿渍;总湿渍面积不应大于总防水面积的2/1000;任意100m^2防水面积上的湿渍不超过3处,单个湿渍的最大面积不大于0.2m^2;其中,区间隧道及联络通道等附属结构工程平均渗水量不大于0.05L/(m^2·d),任意100m^2防水面积上的渗水量不大于0.15L/(m^2·d)。

(3)混凝土结构自防水

地下结构的外包防水无法做到万无一失,地下结构应尽可能应用高性能防水混凝土。防水混凝土的设计抗渗等级应满足表4.2-3的规定,防水混凝土在满足抗渗等级要求的同时,还应满足抗压、抗裂、抗冻和抗侵蚀性等耐久性要求。

明挖结构防水措施表　　　　　　　　　　　　　　　　表 4.2-3

工程埋置深度 $H(m)$	设计抗渗等级
$H<20$	≥P8
$20 \leqslant H<30$	≥P10
$H \geqslant 30$	≥P12

(4)附加防水层

为确保防水的严密性,主体结构迎水面或复合结构之间设置附加防水层,附加防水层有卷材防水层、涂料防水层等。其中,卷材防水层应根据施工环境条件、结构构造形式、工程防水等级要求等因素选择材料品种和设置方式,并应符合下列要求。

①卷材防水层宜为 1~2 层。高聚物改性沥青防水卷材单层使用时,厚度不应小于 4mm,双层使用时,总厚度不应小于 7mm;高聚物改性沥青自黏卷材和合成高分子防水卷材单层使用时,厚度不应小于 1.5mm,双层使用时,总厚度不应小于 2.4mm;塑料防水板厚度不宜小于 1.5mm。卷材及其胶黏剂应具有良好的耐水性、耐久性、耐穿刺性、耐腐蚀性和耐菌性。阴阳角应做成圆弧或 45°折角,其尺寸依据卷材品种和强度确定,一般情况下在转角处、阴阳角和特殊部位,宜增贴 1~2 层相同的卷材,宽度宜不小于 500mm。

②涂料防水层应根据工程所在地区环境、气候条件、施工方法、结构构造形式、工程防水等级要求选择防水涂料品种。潮湿基层宜选用与潮湿基面黏结力大的水泥基渗透结晶型防水材料、聚合物改性水泥基等无机涂料或有机防水涂料,或采用先涂水泥基类无机涂料而后涂有机涂料的复合涂层。有腐蚀性的地下环境宜选用耐腐蚀性较好的聚合物水泥涂料,涂料防水层的保护层应根据结构具体部位的情况确定。防水涂层所选用的涂料应具有良好的耐水性、耐久性、耐腐蚀性,并且是无毒、难燃、低污染;无机防水涂料应具有较好的湿干黏结性、耐磨性;有机防水涂料应具有较好的延伸性及适应基层变形能力。无机防水涂料厚度宜为 0.8~3mm,有机防水涂料厚度宜为 1~2mm,其中反应型涂料宜不小于 1.5mm。

(5)车站结构防水

车站结构防水以结构自防水为根本,设置柔性外包防水层。其中顶板设置 2.5mm 厚单组分聚氨酯防水涂料。侧墙、底板设置 1.5mm 厚高分子自黏胶膜预铺防水卷材,施工缝为钢边橡胶止水带,根据需要可全部或部分增设附加防水层。

4.3 轨道梁

1 号线全线高架敷设,正线双线轨道梁长约 27.883km;2 号线正线双线轨道梁长约 12.629km,轨道梁铺轨双线长 15.787km。两线轨道梁采用的结构类型有简支体系 PC 轨道梁、连续刚构体系 PC 轨道梁、简支钢混结合轨道梁、连续钢混结合轨道梁、连续钢桁轨道梁、T 构组合梁等。本节对两线轨道梁采用的多种结构形式和设计概况逐项进行简述。

4.3.1 简支体系 PC 轨道梁

1)概述

简支梁桥是梁式桥中应用最早、最广泛的一种桥型。简支梁桥具有构造简单、施工方便、能适应地基较大沉降的优点,因而在中小型跨径梁桥中得以普遍应用。目前,世界上已运营和在建的跨座式单轨中,轨道梁普遍采用简支体系的预应力混凝土(PC)轨道梁。

在简支情况下,PC 轨道梁的标准跨度采用 20～30m 比较合适。简支体系 PC 轨道梁一般采用中空矩形截面,宽度尺寸直接受机车走行面和转向架宽度控制。梁体高度由跨度、车辆荷载和构造确定,设计时应确保梁体结构具有足够的竖向、横向和抗扭刚度,并保证结构的整体性和稳定性。

简支体系 PC 轨道梁为空间受力结构,不仅需要承受竖向荷载,而且需要承受较大的水平荷载,如横向风荷载、列车水平荷载等,曲线轨道梁还要承受离心荷载,为满足受力需要,轨道梁端部设置铸钢拉力支座或能承受拉力的构造。

2)方案设计

轨道梁结构应构造简洁,力求标准化并满足耐久性要求,因此简支体系 PC 轨道梁一般采用等截面。采用等截面简支体系 PC 轨道梁,具有以下优点。

(1)轨道梁截面尺寸统一,方便轨道梁的设计和施工。

(2)轨道梁模板具有通用性,可采用可调式钢模板生产全线的轨道梁。

(3)轨道梁全部在预制场进行生产,减少了城市高架桥现场施工对交通的影响。

(4)结构形式统一,整洁美观。

轨道梁截面形式宜采用中空矩形截面,以减少结构自重和节省材料用量,为确保施工质量和线形精度,结构类型优先采用整孔预制结构。轨道梁不仅是承重的桥梁结构,同时还是牵引供电、通信信号系统等的载体,因而在轨道梁内部有较多的预埋构件,轨道梁的构造既要考虑结构本身受力和构造方面的要求,又要考虑布置各种机电设备系统预埋件的需要。

受轨道梁宽度限制,梁体一端只能设置单个支座,在横向风力、摇摆力等荷载作用下,支座会单侧受拉或受压。为满足列车安全可靠、平稳及低噪声的运行要求,简支体系 PC 轨道梁支座应具有足够的强度、刚度以及良好的抗疲劳性能与耐久性要求。因此,无论在材料选用、制造精度以及结构形式上,轨道梁支座相较一般桥梁承压支座的要求高得多,因此可选用铸钢拉力支座。

3)结构设计

(1)结构构造

本工程部分正线轨道梁结构为后张法预应力混凝土简支梁,采用整孔预制架设。梁体采用空心矩形等截面,两端和跨中设横隔板,当跨度变化时,增减跨中可调整区段的长度。轨道梁标准梁缝的设置考虑制造和安装误差,25m 以下跨度的梁缝取 30mm,25m 及以上跨度的梁缝取 50mm,正线简支体系 PC 轨道梁的构造如图 4.3-1 和图 4.3-2 所示。正线简支体系 PC 轨道梁采用铸钢拉力支座,支座距梁端的距离为 0.385m,每榀轨道梁设固定支座和活动支座各一个。

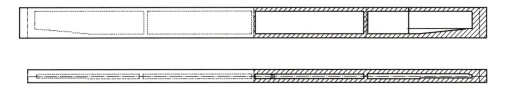

图 4.3-1　简支体系 PC 轨道梁立面布置图

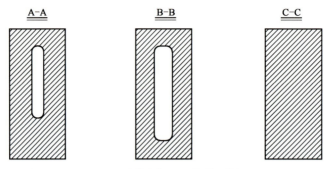

图 4.3-2　正线简支体系 PC 轨道梁横断面图

列车在车辆基地一般为空车行驶,且速度较低,轨道梁受力较正线大大减少,对舒适性要求也相应地降低。铸钢拉力支座在轨道梁桥总造价中占比较高,为降低工程造价,车辆基地范围的轨道梁可采用普通承压支座代替铸钢拉力支座。在梁端设置横梁,横向设置两个普通承压支座,两个普通承压支座在横向应具有足够的中心距,来满足受力要求。

端部后浇横梁为矩形截面,横梁下设凸台作为防落梁的装置。每孔梁设四个支座,固定、活动支座各两个。支座采用普通承压支座,位于横梁两侧,支座横向中心距根据受力计算确定,保证支座不受拉,并具有足够的横向稳定性。端部横梁在梁部架设后现场浇筑。

（2）主要材料

梁体采用强度等级为 C60 的混凝土,梁体混凝土弹性模量应达到 3.75×10^4 MPa。封端采用强度等级为 C50 的干硬性补偿收缩混凝土。纵向预应力筋按照《预应力混凝土用钢绞线》（GB/T 5224—2014）采用低松弛预应力钢绞线,预应力孔道成形可采用 $\phi50$mm 金属波纹管或抽拔管进行成孔。普通钢筋采用 HPB300 及 HRB400 钢筋。

（3）支座

铸钢拉力支座采用铰轴式结构,其力学传递机理如下:通过上摆与下摆双肢销孔与辊轴之间的承压作用传递轨道梁的竖向压力及上拔拉力;借助铰接节点转动机制适应轨道交通车辆荷载引起的梁端转角变形;利用辊轴与上摆双肢销孔承压板之间的滚动接触实现轨道梁纵向位移的释放。铸钢拉力支座构造如图 4.3-3 所示。

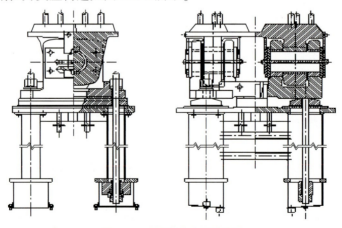

图 4.3-3　铸钢拉力支座构造图

4）施工方法

为确保线形精度,简支体系 PC 轨道梁通常采用工厂化预制施工。为适应各种复杂的线形,预制施工使用专用的高精度三维可调式定型钢模板。同一模板既能生产直线梁,又能生产曲线梁或组合曲线梁。采用工厂预制的轨道梁可以保证质量和工期、降低成本,实现轨道梁制作的标准化和规模化。轨道梁制梁模板系统如图 4.3-4 所示。

图 4.3-4　简支体系 PC 轨道梁制梁模板系统

5）应用情况

日本的跨座式单轨基本上都采用简支体系 PC 轨道梁。这也与其位于多地震区有关。由于简支梁受基础结构变形比连续梁小,同时梁柱通过拉力支座又具有一定的联系,地震时可以减轻震害,受损害也易于修复。日本跨座式单轨简支体系轨道梁的常用跨径一般为 20m 和 22m。

重庆轨道交通 2 号线、3 号线也都是采用简支体系 PC 轨道梁,常用跨径为 24m、22m 和 20m。韩国大邱都市铁道 3 号线轨道梁的主要跨径是 30m 和 25m 简支体系 PC 轨道梁。

芜湖轨道交通 1 号线、2 号线采用了大量简支体系 PC 轨道梁,约占全线轨道梁总数的 45%,主要跨径是 30m、25m、20m。正线及试车线、出入段线采用带铸钢拉力支座的简支体系 PC 轨道梁 1390 榀,车辆基地、停车场采用普通支座的简支体系 PC 轨道梁 750 榀。

4.3.2　连续刚构体系 PC 轨道梁

1）概述

刚构体系 PC 轨道梁是主梁连续、墩梁固结的连续结构,一般以多跨一联作为标准形式。对于轻型跨座式单轨而言,刚构体系 PC 轨道梁能避免设置昂贵的桥梁支座及免除后期支座养护上的麻烦,且保持了连续梁伸缩缝少、行车平顺的优点;同时又能有效地将主梁跨中正弯矩部分转移到支点负弯矩,分担梁部受力,降低结构高度,满足低净空要求,符合视觉上通透、纤细的美感。变截面刚构体系 PC 轨道梁符合结构受力需求,能实现更大的跨度和联长,同时具有富有韵律的梁底曲线造型和纤细的桥墩造型,改善了混凝土结构粗重的视觉形象,较等高的简支梁桥跨体系在城市景观中更具适用性,是轻型跨座式单轨的发展趋势。

1号线和2号线高架区间标准桥式大量采用了墩梁固结、先简支后连续的变截面连续刚构体系PC轨道梁。

2)方案设计

(1)总体布置

根据轨道梁对结构强度、刚度、稳定性、抗震性能及结构线形、超高、构造尺寸精度等方面的特殊要求,本工程采用变截面连续刚构体系PC轨道梁是较合理的方案。多跨不等跨连续梁使用时的景观效果较差,考虑到标准化需要,宜设计各跨的跨径相同。为避免过大的收缩徐变、温度、沉降等附加内力对结构受力和变形的不利影响,避免预应力损失增加,连续孔数不宜太多,结合国外实践经验,一般采用三跨一联或五跨一联。

变截面连续刚构体系PC轨道梁符合受力要求,且变截面使结构轻盈、流畅,景观效果好。梁底曲线沿纵向可采用圆曲线、抛物线等,梁底抛物线方次越小,越能避免$L/4 \sim L/8$附近底板应力紧张的情况,但有被崩裂的可能性。从制造方便和景观角度考虑,梁底曲线宜采用圆曲线。梁部除中、边墩顶段为现浇段外,其余均为预制节段。中墩顶预制节段间设置120cm后浇段,边墩顶设置70cm后浇段。

(2)截面形式

截面采用四角设置倒角的矩形实心截面,保证了振捣空间,从而确保轨道梁混凝土浇筑质量,减少了内模使用,提高了施工效率,有较好的经济性。结合车体转向架情况,本工程梁宽取0.69m。每跨跨中设可调整直线梁段,以适应不同跨度调整的需求。主梁两端设实体刚性横隔板段,与盖梁连接,实现墩梁结合的刚构体系,并作为各向预应力钢束分散锚固端部的构造。轨道梁的承载力主要受梁高及截面上配置的预应力钢束影响。当梁高较高时,截面高度大,所提供的承载力也大。当降低截面高度时,虽然截面提供的承载力有所减少,但可通过多配置预应力钢束,来增加结构的承载力,预应力钢束的布置因受到截面尺寸的限制而不能随意地增加,钢束的布置也需满足构造要求。因此,需考虑两者的影响,综合比选后确定梁高及截面各部位的尺寸。

3)结构设计

(1)轨道梁设计

刚构体系PC轨道梁跨度为20~30m,一般采用三跨一联或两跨一联的布置形式。为满足跨座式单轨列车运行的基本高度要求,结合荷载和运量要求,3×30m刚构体系PC轨道梁跨中梁高采用1.6m,梁墩固结处高度为2.2m。

(2)下部结构设计

结合芜湖当地特点,景观设计结合"鸠兹展翅"造型,桥墩整体采用花瓶形独柱墩,在T形墩基础上将预应力盖梁展开,适应上部双线轨道梁的横向布置。

盖梁采用部分预应力混凝土结构,盖梁横向宽度需要满足构造要求,同时横向通过配置预应力钢束来改善局部应力,通过配置普通钢筋来限制裂缝开展。盖梁下接矩形钢筋混凝土实心桥墩,为改善桥墩外观、增加桥墩柔性,桥墩截面横向尺寸取1.8m,纵向尺寸结合受力计算确定,以3×30m刚构体系PC轨道梁为例,墩身构造尺寸见表4.3-1。边墩与中墩均采用钻孔桩基础,边墩共用同一基础。

墩身构造参数表　　　　　　　　　　表 4.3-1

序号	墩高 H	边墩(纵向×横向)	中墩(纵向×横向)
1	9.5m < H ≤ 15m	0.8m × 1.8m	1.2m × 1.8m
2	15m < H ≤ 20m	0.8m × 1.8m	1.4m × 1.8m
3	20m < H ≤ 25m	0.9m × 1.8m	1.6m × 1.8m
4	25m < H ≤ 30m	1.0m × 1.8m	1.8m × 1.8m

(3) 主要材料

预制梁体采用 C60 混凝土，混凝土弹性模量要求达到 3.75×10^4 MPa。现浇部分及封锚混凝土采用强度等级为 C50 的补偿收缩混凝土，轨道梁混凝土所用的粗集料应采用强度不小于 2 倍混凝土强度的石灰石。轨道梁纵向预应力筋采用公称直径为 15.2mm 的钢绞线，预应力采用强度等级为 1860MPa 低松弛钢绞线。

4) 施工方法

刚构体系 PC 轨道梁采用先简支后连续的施工工艺。两个桥墩之间的轨道梁段采用工厂预制施工，然后将预制轨道梁段运输至现场，随后吊装至已竣工的盖梁上，继而通过浇筑盖梁和预制轨道梁间的现浇段混凝土，并张拉一联轨道梁内通长二期预应力束实现体系转换并形成刚构体系。

先简支后连续体系的施工方式将简支梁的批量预制生产和连续梁的优越性能有机地结合起来，其特点是先按简支梁规模化预制和架设施工，再通过浇筑连续段、张拉二期预应力束及拆除临时支座，完成由简支体系到连续体系的转换，实现了批量预制生产的方式来加快连续梁的建设速度。这种施工方式可省去繁琐的支模工序，并兼顾了简支体系和连续体系的优点，同时也避免了它们的缺点。

5) 应用情况

已运营的马来西亚吉隆坡单轨、新加坡圣陶沙单轨、迪拜棕榈岛单轨、美国拉斯维加斯单轨及巴西圣保罗 15 号线均采用了连续刚构体系 PC 轨道梁结构。

芜湖轨道交通 1 号线、2 号线高架区间采用连续刚构体系 PC 轨道梁结构作为主型桥式，全线共采用约 470 联双线连续刚构体系 PC 轨道梁。

4.3.3 简支钢混结合轨道梁

1) 概述

从经济、合理方面考虑，轨道梁一般采用 20 ~ 25m 的预应力混凝土结构作为标准桥跨。但由于城市轨道交通复杂的线路条件，在一些路口等位置处经常需要增大跨度以提高桥梁的跨越能力。根据以往的工程经验，该种情况下多采用传统的混凝土 T 形纵向悬臂墩上托 PC 轨道梁方案或简支钢混结合轨道梁桥型方案。

T 形纵向悬臂墩方案构造简单，上托 PC 轨道梁可在一定程度上提升桥梁结构的跨越能力。但 T 形纵向悬臂墩结构存在结构笨重、自重大等问题，将导致结构整体建筑高度增加，一些具有高程控制的跨越点在使用上受到受限，且景观效果较差。

简支钢混结合轨道梁结构受力简单明确，跨越能力大，结构自重轻，总体经济性好；钢结构在工厂预制,现场吊装拼接,施工较为简单,对现状交通影响较小。其缺点是用钢量较大、走行面防滑性能差、振动噪声较大。

简支钢混结合轨道梁具有承载能力较大、自重相对较轻、材料受力合理,且具有较大的跨越能力的优点,既克服了T形纵向悬臂墩上托PC轨道梁方案结构厚重、施工工序复杂的缺点,又改善了钢轨道梁方案用钢量较大、振动噪声较高、车轮与梁体之间容易打滑的问题,这是跨座式单轨交通工程设计的优选梁型,见图4.3-5。

图4.3-5 简支钢混结合轨道梁实景

2)方案设计

(1)主梁结构方案

针对跨度范围为30~48m的节点桥,本工程采用简支钢混结合轨道梁,双线总体结构布置结合线间距,每线设置一榀轨道梁,两线轨道梁之间采用横梁和下平联连接,形成整体"U"形结构,线间距范围一般为4.2~5.3m,轨道梁段三维示意如图4.3-6所示。

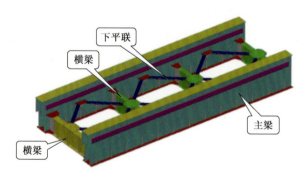

图4.3-6 轨道梁段三维示意图

(2)桥面混凝土厚度的选用

桥面混凝土厚度的选用应综合考虑结构受力和构造要求两方面的因素。混凝土厚度过大,势必引起结构重量的增加,造成结构承担不必要的荷载,对结构自振频率也造成不利的影响,同时也加大了抗剪连接件的设计难度;混凝土厚度过小,钢混材料协调变形效果差,容易造成混凝土的破坏,同时导向面宽度不足,需要设置导向面钢结构补充构件,增加钢结构制造工艺的同时,也使结构变得较为复杂。

本工程简支钢混结合轨道梁设计考虑上述因素,桥面混凝土厚度的选择主要以导向轮轮迹线的分布范围为依据。桥面混凝土厚度设计采用36cm,使其既可覆盖导向轮轮迹线的分布范围,使导向轮始终作用于混凝土表面,同时也可取消钢制导向面的设置,简化了结构构造,桥面混凝土横断面布置如图4.3-7所示。

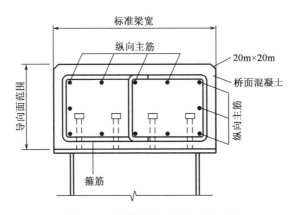

图4.3-7　桥面混凝土断面布置示意图

(3)支座方案研究

普通球形支座为承压支座,不具备水平调整能力。本工程通过设置抗拉板,将支座的上、下座板进行连接,提高其抗拉能力,抗拉板上粘贴改性超高分子聚乙烯滑板,满足支座转动及水平滑动的要求;通过设置底座板,底座板与支座主体之间可固定于不同的位置,实现支座的水平调整功能;通过在上支座板与轨道梁底之间填塞钢垫板,实现支座的竖向调整功能。

3)结构设计

(1)双线简支钢混结合轨道梁

主梁采用钢混组合结构,上部导向面范围设计为混凝土结构,下部钢结构采用大高宽比钢箱梁,箱宽0.55m,混凝土与钢结构之间采用剪力钉进行连接。主梁梁高随跨度不同梁高范围为2.0~3.2m,双线简支钢混结合轨道梁的平面、立面及断面如图4.3-8~图4.3-10所示。

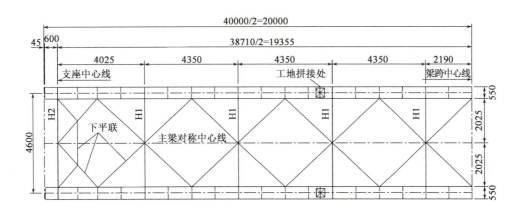

图4.3-8　轨道梁平面示意图(尺寸单位:mm)

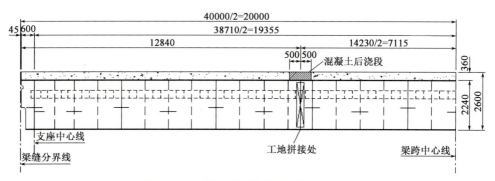

图 4.3-9 轨道梁立面示意图(尺寸单位:mm)

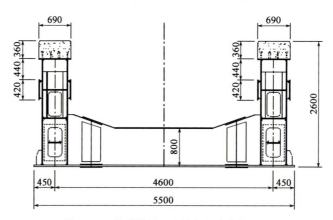

图 4.3-10 轨道梁断面示意图(尺寸单位:mm)

稳定面结构由面板、水平支承板和竖向支承板组成,布置于腹板外侧面相应位置处。直线梁主梁垂直布置,与横梁轴线垂直;曲线梁设置超高,主梁倾斜,与横梁轴线形成一定的斜交角度。主梁沿顺桥向分段设置,节段间采用顶板焊接、腹板和底板栓接的混合连接方式。

为了保证箱梁抵抗畸变、翘曲及结构的横向传力,主梁箱内设置隔板,主梁每间隔 4 个隔板间距在两线梁之间设置横梁,为增加梁体的抗弯和抗扭刚度,在两线主梁之间下部设置下平联,采用焊接 T 字形截面或焊接工字形截面。双线简支钢混结合轨道梁下平联示意如图 4.3-11 所示。

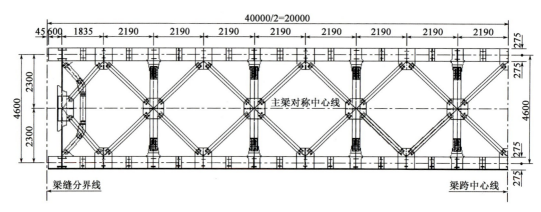

图 4.3-11 轨道梁下平联示意图(尺寸单位:mm)

混凝土桥面宽 0.69m、高 0.36m，顶面两侧各设置 20mm×20mm 的倒角，桥面采用 C60 混凝土。桥面钢筋整体绑扎，桥面顶面考虑磨耗钢筋净保护层厚度为 45mm，侧面考虑磨耗钢筋净保护层厚度为 40mm，其余部位钢筋净保护层厚度为 35mm。

（2）单线简支钢混结合轨道梁

当跨度超过 25m 时，单线 PC 轨道梁不再适用，需布设单线简支钢混结合轨道梁，而单线简支钢混结合轨道梁横向刚度一般小于 PC 轨道梁。为解决该问题，单线简支钢混结合轨道梁采用倒 T 形截面方案，中间及上部箱体同双线梁，主梁底板加宽，在主梁钢箱两侧设置敞口的钢槽结构，不设置上盖板。单线简支钢混结合轨道梁设计跨度范围为 25~40m，梁高范围为 2.0~2.4m，单线简支钢混结合轨道梁平面、立面及断面示意如图 4.3-12~图 4.3-14 所示。

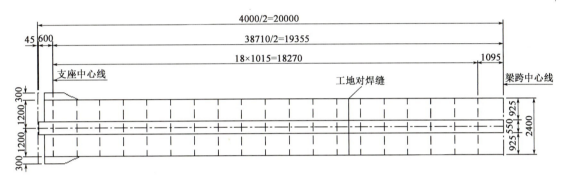

图 4.3-12　轨道梁平面示意图（尺寸单位：mm）

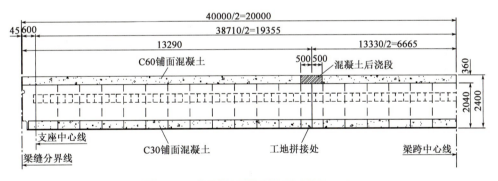

图 4.3-13　轨道梁立面示意图（尺寸单位：mm）

为防止梁跨结构，特别是曲线梁梁跨结构支座出现负反力，轨道梁采用 C30 混凝土对两侧钢槽全范围进行压重。钢槽范围内底板按构造要求布置剪力钉，并在压重混凝土中布置上、下层钢筋网片。为加强侧隔板与压重混凝土的连接，在侧隔板预留圆孔中设置短钢筋，形成抗剪连接件。

（3）抗拉球形支座设计

单线简支钢混结合轨道梁采用倒 T 形截面，支座布置于梁端侧腹板的下方，每个梁端布置 2 套支座，每榀轨道梁共计布置 4 套支座，支座采用抗拉球形钢支座。支座上板与结合梁底板的连接采用箱外螺栓、箱内套筒的连接方式，箱内套筒需在轨道梁制造厂预先安装在轨道梁底板上。支座侧面挡条端部增加抗拉板,抗拉板一端通过螺栓与下座板挡条连接,另一端勾住上座板盆凸,在拉力出现时保持支座的整体性。

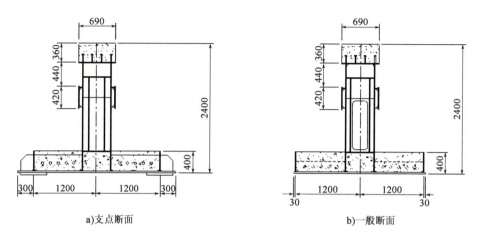

a)支点断面　　　　　　　　　　　　b)一般断面

图 4.3-14　轨道梁断面示意图(尺寸单位:mm)

抗拉球形支座构造如图 4.3-15 和图 4.3-16 所示。

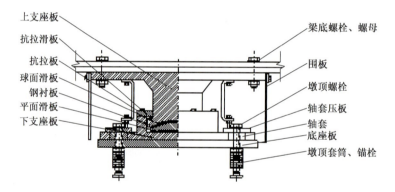

图 4.3-15　抗拉球形支座构造图(顺桥向)

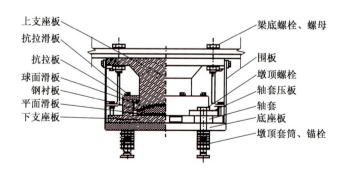

图 4.3-16　抗拉球形支座构造图(横桥向)

4)施工方法

简支钢混结合轨道梁采用节段工厂预制,运输至现场后利用临时支墩、汽车式起重机架设

的安装方法,安装步骤如下:

(1)永久墩的桩基、承台及墩身施工。

(2)在组合梁节段拼接位置施工临时墩桩基、承台、墩柱及墩顶构造。

(3)预制部分混凝土在制梁台座上预制完成以后,运输组合梁节段至桥下,利用汽车式起重机起吊安装组合梁节段,组合梁安装从一端向另一端进行,并栓焊连接。

(4)拼装横梁及下平联杆件(针对双线简支钢混结合轨道梁)。

(5)绑扎后浇段钢筋,清除该范围内钢轨道梁上翼缘和剪力钉的锈蚀和污垢,浇筑后浇段混凝土桥面。

(6)对钢结构表面进行清扫,涂装最后一道面漆,拆除临时墩。

(7)施工附属及线路设施等。

5)应用情况

为满足线路跨越河流、路口及特殊障碍物的需要,1号线、2号线布设了多孔简支钢混结合轨道梁结构。从跨度使用频率和整体覆盖范围两方面考虑,选取30m、35m、40m、45m、48m共五个跨度为标准跨度,标准线间距为4.6m。两线共布设双线简支钢混结合轨道梁67孔,单线简支钢混结合轨道梁8孔。

芜湖跨座式单轨交通简支钢混结合轨道梁在的设计应用和技术创新,为今后类似结构的设计与应用积累了一定的经验,为进一步推动简支钢混结合轨道梁在跨座式单轨交通中广泛应用,对于推进单轨交通轻量化具有重要意义。

4.3.4 连续钢混结合轨道梁

1)概述

为满足线路跨越河流、高等级公路及特殊障碍物的需要,轨道梁结构需要具有更大的跨度,当跨度超50m时,在综合比选不同方案的基础上,本工程选取连续钢混结合轨道梁方案作为大跨度节点桥设计方案。

2)方案设计

对于大跨度节点桥,国外单轨一般多采用梁上托梁的结构形式或连续钢结构轨道梁的结构形式。托梁结构根据跨越点的跨度,结合景观及经济性等因素,采用连续梁、刚构、连续梁拱桥、斜拉桥等桥型方案,轨道梁通过支座和承轨台与托梁桥面进行连接。国外单轨大跨度节点桥如图4.3-17所示。

在国内,为了解决PC轨道梁跨越能力不足的问题,实际工程大多采用双层复合结构来应对线路的节点跨越问题。对于超过40m的大跨节点桥,一般采用梁上托梁的形式。重庆跨座式单轨大跨度节点桥如图4.3-18所示。

梁上托梁的桥型结构方案简单实用,既可以有效发挥跨越能力又保证了轨道交通列车的顺利运行,受力形式较为明确。但缺点是轨道梁需单独设置承轨台、支座进行架设,导致整体结构建筑高度的增加,对一些高程受限的跨越点使用受限,景观效果较差。同时其结构较复杂,施工难度大,施工周期长。此外,轨道梁仅作为非结构构件作用于主体梁部,其自重及运营荷载需全部由主体梁承担,导致结构尺寸及材料用量增加,从而推高整体工程造价。

图 4.3-17　日本大阪单轨大跨度节点桥　　　　图 4.3-18　国内重庆单轨大跨度节点桥

连续钢结构轨道梁结构受力简单明确,跨越能力大,结构自重轻。梁高采用变截面,曲线优美,结构简洁。钢结构工厂预制,现场吊装拼接,施工较简单,对现状交通影响较小。缺点是用钢量较大、走行面防滑性能差、振动噪声大。

连续钢混结合轨道梁承载能力大,自重相对轻,能够发挥钢、混凝土材料各自的优点,且具有较大的跨越能力。既克服了梁上托梁方案结构厚重、通透性差、景观效果差、施工工期长的缺点,同时又改善了连续钢轨道梁方案用钢量大、走行面防滑性能差、振动噪声大等问题,是大跨度轨道梁未来的发展方向。

3) 结构设计

本工程共设计了(38.5+48+38.5)m、(40+60+40)m、(40+65+40)m、(45+60+45)m 共 4 种连续钢混结合轨道梁结构。

本节以(40+60+40)m 连续钢混结合轨道梁为例进行介绍,梁缝中心间距离为 140m,计算跨度(39.355+60+39.355)m,全长 139.83m,轨道梁采用单箱梁,两榀轨道梁之间采用横梁和下平联进行连接,主梁截面支点处总高度为 3.2m,边支点和跨中截面总高度为 2.6m,混凝土板厚度为 0.36m,钢结构采用外宽为 0.55m 的箱形截面。主桥立面如图 4.3-19 所示,中跨跨中/边支点横截面和中支点横截面如图 4.3-20 和图 4.3-21 所示。

图 4.3-19　主桥立面布置图(尺寸单位:mm)

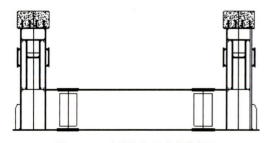
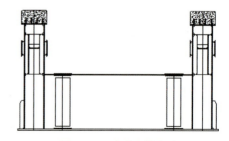

图 4.3-20　中跨跨中/边支点横截面　　　　图 4.3-21　中支点横截面

为了保证箱梁抵抗畸变、翘曲及结构的横向传力,主梁每间隔0.925m、1.0675m、1.11m、1.25m或1.3m在箱内设置隔板。每个梁段两端设封闭隔板,中部采用气密防腐,其余非封闭隔板均设有过人孔。在主梁中支点处设置三道横梁间距为1.3m,其余每隔3.7m、4.355m或5.0m在两箱梁之间设置横梁。横梁在工厂单独制造,运至工地后再与箱梁连成整体。横梁顶板、腹板、底板与主梁均采用M24高强度螺栓进行连接。为增加梁体的抗弯和抗扭刚度,在两片主梁下侧之间设置下平联。下平联杆件为工字形截面,截面高度为300mm,翼缘宽度为220mm。

混凝土桥面分为预制部分和后浇部分,主梁梁段范围内及主梁梁段拼接口上方1.0m范围内的混凝土为后浇部分,其余为预制部分。桥面宽度为0.69m,高度为0.36m,顶面两侧各设置20mm×20mm的倒角。

中支点两侧各12m的范围内采用抗拔不抗剪的剪力钉,其余范围采用普通剪力钉。

4) 施工方法

连续钢混结合轨道梁采用组合梁节段工厂预制、运至现场吊装至临时支墩后,浇筑中支点附近的桥面混凝土及梁段拼接口上方1.0m范围内混凝土,具体施工步骤如下。

(1) 永久墩的桩基、承台及墩身施工。

(2) 在钢梁拼接位置处施工临时墩桩基、承台、墩柱及墩顶。

(3) 运输梁体至桥下,利用汽车式起重机起吊安装结合梁,梁体安装从一端向另一端进行,并栓焊连接,然后拼装横梁及下平联杆件。

(4) 拆除临时墩,在两中间支点位置起顶钢轨道梁,起顶高度为20cm。

(5) 绑扎钢筋,清除钢轨道梁上翼缘和剪力钉的锈蚀和污垢。浇注所有剩余的混凝土桥面,浇注前应对接缝位置处的混凝土表面进行凿毛处理。待混凝土达到100%设计强度后落梁20cm。

(6) 施工附属及线路设施等。

5) 应用情况

根据需要,1号线、2号线共布设7榀连续钢混结合轨道梁结构,主跨跨度范围48~65m。

4.3.5 连续钢桁轨道梁

1) 概述

2号线上跨芜宣高速公路节点采用(52+80+52)m连续钢桁轨道梁(直线、线间距4.6m),"梁轨合一"钢桁梁上弦杆兼做轨道梁。桥位处线路以42°上跨扁担河及芜宣高速公路,芜宣高速公路桥面现状宽度为25m,双向四车道,结合拓宽规划预留双向八车道,桥面宽度为42m。本工程采用(52+80+52)m连续钢桁梁跨越,受桥位处条件限制为减少施工期间对高速公路行车的影响,采用墩底转体施工,转体长度(51.9+63.5)m,为全国首例不等跨转体施工的轻型跨座式单轨轨道梁桥,主桥立面布置如图4.3-22所示。

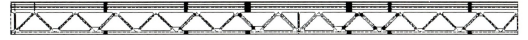

图4.3-22 主桥立面布置图

2)结构设计

连续钢桁轨道梁计算跨度为(51.35+80+51.35)m,梁全长183.8m,桁高为5.7m,桁宽为4.6m,节间长度为3.575m、3.675m 和 3.250m。中支点处横断面和一般横断面如图4.3-23 和图4.3-24 所示。

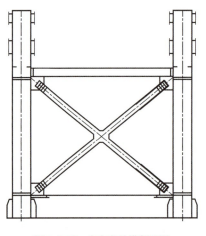

图4.3-23　中支点处横断面图　　　　　图4.3-24　一般横断面图

主桁弦杆均采用箱形截面,板件根据需要设置隔板。上弦杆外高1880mm,顶板与底板之间外高为1860mm,腹板外宽为550mm,腹板外侧各设置稳定轨和导向轨。下弦杆外高为650mm,外宽为550mm,斜腹杆采用H形截面和箱形截面,竖杆采用H形截面,主桁上、下弦杆节点均采用整体节点。

联结系包含上平联、下平联和横向联结系。上、下平联斜杆为工字形截面,截面高度为260mm,上、下平联横撑和横向联结系杆件为工字形截面,除支点处横撑截面外高度为630mm外,其余截面高度为260mm。

3)施工方法

本工程采用两侧不等跨墩底转体施工,转体长度(63.49+51.9)m。施工流程为:施工准备→施工桩基、承台、转体墩及其他永久墩→搭设临时拼装平台和临时墩→在大里程侧的拼装平台上架设转体部分钢轨道梁、在小里程侧的临时墩上架设剩余部分钢轨道梁→转体、称重、配重→逆时针转体42°后就位→拼装合龙段钢轨道梁→拆除转体墩顶临时固结→拆除梁、墩斜撑→安装支座等附属设施。施工过程平面布置示意如图4.3-25 所示。

4.3.6　T构组合梁

1)概述

2号线自东向西与宁安高铁、宁芜铁路、商合杭高铁形成立体交叉。全桥孔跨布置为2-70mT构组合梁,全长140m。平面位于直线上,立面位于半径3000m 的竖曲线上,前后中墩对称,设5‰的人字坡。2-70mT构组合梁立面如图4.3-26 所示。

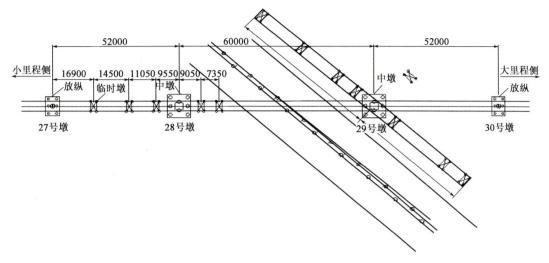

图 4.3-25 施工平面布置图(尺寸单位:mm)

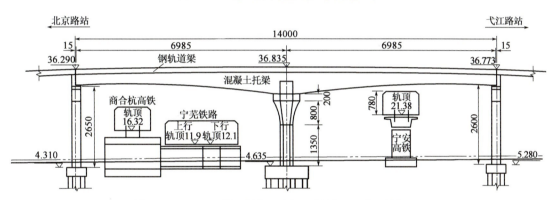

图 4.3-26 2-70mT 构组合梁立面图(尺寸单位:cm,高程单位:m)

2)方案设计

(1)桥跨布置方案

交叉点地处市政道路和铁路夹心地带,周边存在芜湖站客车整备所、市政泵站、海军干休所、小区高层住宅等多个建(构)筑物,周边环境复杂。该交叉点如采用地下方案需下穿既有铁路框架桥,工程风险较大,同时需对既有市政道路进行拓宽,大规模增加拆迁,结合两侧线路坡度还需增加较长的地下区间,工程经济性差,从安全、技术、经济性等方面综合考虑推荐采用上跨方案。

该桥地处多条铁路和市政道路的夹心地带,施工空间狭小,经对比顶推施工、悬浇施工、转体施工等多个施工方案,本工程从施工周期、对铁路干扰、要点次数、经济性等方面进行比选,推荐采用转体施工,跨越点位置关系图见图 4.3-27。

考虑该处桥墩较高,若采用墩底转体,则转体重量较大,转体系统所需基坑尺寸较大,直到转体完成前此基坑无法回填,对铁路的影响一直存在,施工风险较大。相比墩底转体,此处采用墩顶转体在结构尺寸、转体重量、施工难度、风险、经济效益等方面具有更好的适应性。最终本工程确定选用墩顶转体的施工方案。

图 4.3-27　跨越点位置关系图

(2) 结构体系方案

2 号线上跨宁安高铁后,线路沿北京路继续向东敷设,以 $R=100\mathrm{m}$ 的小半径转向,在路侧设置神山口站,由于距离车站较近,需采用大坡度降低轨面高程,但同时半径较小,小半径叠加大坡度极大地影响了旅客的舒适性,为避免该问题,线路坡度需降至 3‰ 以内,设计时需严格控制梁体结构高度。常规的梁上梁体系如图 4.3-28 所示,托梁顶面以上由 PC 轨道梁、支座、垫块等构成,轨面到梁顶面总高度约为 3.2m,不利于减小线路坡度,须从结构高度上考虑优化。

本工程设计方案最初构思是将轨道梁与托梁采用全固结形式,结构断面如图 4.3-29 所示。但经过初步试算后发现,由于混凝土轨道梁与托梁采用全固结形式,轨道梁参与了结构的整体受力。因轨道梁顶面很窄,梁顶混凝土的压应力较大,且顶面需设置较多断缝,不利于行车舒适度的提高,不推荐采用该方案。

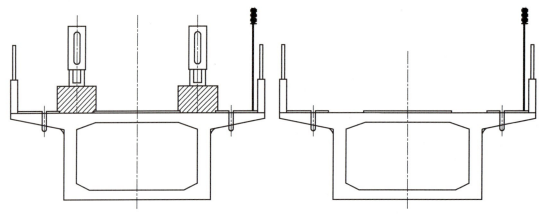

图 4.3-28　常规梁上梁体系结构　　图 4.3-29　轨道梁与托梁采用全固结形式

在混凝土轨道梁固结方案不可行的情况下,本工程考虑采用钢轨道梁来代替混凝土轨道梁,其可承受的荷载将大大增加,两者结合方式成为设计难点,初期考虑采用将钢轨道梁插入混凝土托梁的方案,如图 4.3-30 所示,基本可实现降低结构高度的设计意图,但是施工托梁时需预埋钢轨道梁,施工难度较大,如采用钢轨道与预埋段分开再焊接的方式,后期调整轨道梁的线形困难。针对上述问题,需对该方案进行优化。

经多次优化设计后,本工程确定采用通过混凝土承轨台连接钢轨道梁和混凝土托梁的结构形式,兼顾了材料、结构、施工可行性等多方面的因素,如图 4.3-31 所示。上部轨道梁为钢轨道梁,下部为混凝土托梁,两者之间通过承轨台进行后期连接,钢轨道梁和混凝土托梁相对独立,在混凝土托梁施工时,可同步加工制造钢轨道梁,通过调整两者直接结合的时间,来减小二者之间收缩徐变引起的外力,以及调整两种结构对恒载分担的比例。

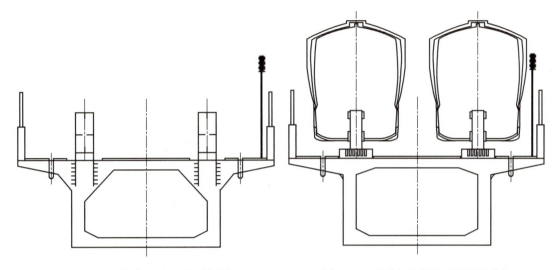

图 4.3-30　钢轨道梁与托梁全固结形式　　　　图 4.3-31　最终钢轨道梁与托梁固结形式

3)结构设计

(1)主梁:T 构组合梁主梁采用变高度单箱单室直腹板预应力混凝土箱梁结构,梁高 3.2～6.9m,箱梁板顶宽 9.6m,底板宽 5.6m。顶板厚 35～85cm,底板厚 35～180cm,腹板厚分两次过渡(50～75～100cm)。共划分为 17 个梁段,0 号梁段长 11.0m,其余梁段最长为 4m。钢轨道梁截面总高 1.5m,外宽 0.55m,单箱单室截面,顶板厚 24mm,底板厚 24mm,腹板厚 16mm,为了保证箱梁抵抗畸变、翘曲的能力及结构的横向传力,每隔 1.25m 设置隔板,箱内隔板与箱梁顶板及腹板焊连。钢轨道梁通过承轨台和 T 构主梁连接,承轨台截面为矩形截面,宽 1.3m,高 0.35m。

(2)墩身及基础:中墩由转盘底以圆曲线渐变至边长 2.136m 的正六边形结构,墩身曲线段高 8m,等截面段高 15.3m。边墩采用高低墩形式与 T 构两侧简支梁相接,边墩盖梁和墩身纵向长均为 2.8m,盖梁顶横向宽 6.7m,T 构侧盖梁等宽段高 1m,从盖梁底以圆曲线过渡至墩身。为避让桥墩边缘的既有挡墙,中墩承台顺桥向长 14.5m,横桥向长 10.5m,厚 3.8m,采用 12 根 $\phi1.5m$ 钻孔摩擦桩;边墩承台顺桥向长 6.5m,横桥向长 10.5m,厚 3.0m,采用 6 根 $\phi1.5m$ 钻孔摩擦桩。

4)施工方法

为减小对跨越铁路的运营影响,确保施工安全,混凝土托梁采用沿铁路方向悬臂浇筑后转体就位的施工的方法,转体完成后,将梁端起顶至设计高程,安装支座,完成托梁施工,钢轨道梁运输就位后,再分段吊装为整体,调整线形后,浇筑承轨台,将钢轨道梁与混凝土托梁结合为整体。

5）应用情况

2号线与既有宁安高铁、宁芜铁路、商合杭高铁交叉，建设条件复杂，设计、施工控制因素多。综合考虑安全性、施工难度、经济性等因素，本工程选择桥梁上跨方案，将邻近既有铁路的三个转体墩合并为一个转体墩，同时取消边跨现浇段，节省投资的同时极大地降低了施工安全风险。上跨既有铁路单轨组合桥采用墩顶转体法，减轻了转体重量，降低了施工难度，可有效降低施工过程对既有铁路运营安全的影响，为国内跨座式单轨"第一转"。该桥于2019年4月开工，于2020年10月29日精准转体就位，其工程实践可为同类跨座式单轨建设积累了宝贵经验。转体完成后的组合桥见图4.3-32。

图4.3-32　转体完成后的组合桥

5 道岔设计与创新

5.1 道岔选型

5.1.1 道岔主要类型及特点

跨座式单轨道岔按结构形式划分可分为关节型道岔、关节可挠型道岔、换梁型道岔、枢轴型道岔和平移型道岔;按功能划分可分为单开道岔、对开道岔、多开(三开、四开、五开)道岔、渡线(单渡线、交叉渡线、双渡线等)道岔。

关节型道岔、关节可挠型道岔主要应用在采用日立单轨或斯科米单轨技术的跨座式单轨项目中,例如重庆跨座式单轨。换梁型道岔、枢轴型道岔主要应用在采用庞巴迪单轨技术的跨座式单轨项目中。平移型道岔在我国重庆跨座式单轨有少量应用。

(1)关节型、关节可挠型道岔

关节型道岔主要由道岔梁、台车、驱动装置、锁定装置、梁间连接装置、底板及轨道、控制装置等部分组成,主要结构组成见图5.1-1。

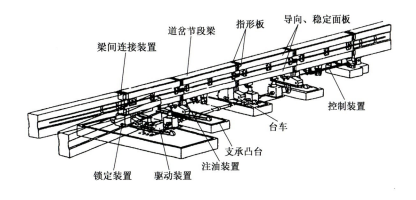

图 5.1-1　关节型道岔结构组成示意图

关节型道岔的主要特点是道岔梁由数节梁组成,导向面、稳定面固定在道岔梁上,相邻梁由梁间连接装置连接在一起。道岔转辙时各节道岔梁在水平面内转动不同距离,形成的侧面线形为多段折线形。这种多段折线线形使得列车通过时的平稳性不高,主要用于车场线、停车线等不载客且侧向过岔速度及平稳性要求不高、使用不太频繁的地段。

与关节型道岔相比,关节可挠型道岔的特点主要体现在两个方面:一是侧面导向面板、稳定面板与道岔节段梁之间不固结,为可动连接;二是在关节型道岔的基础上,增加一套能使道岔导向板、稳定板弯曲的挠曲机构。当道岔梁转辙时,道岔梁本体及走行面不变形,挠曲机构使道岔转辙后导向面和稳定面板形成近似圆曲线线形。这种线形较平缓,列车通过时的平稳性和乘客舒适度较好,主要用于正线、折返线等载客或使用较为频繁及对侧向过岔速度要求较高的地段。

关节型道岔通常有单开道岔、对开道岔、三开道岔、五开道岔等类型;关节可挠型道岔通常有单开道岔、对开道岔等类型;通过组合,关节型和关节可挠型道岔可形成单渡线道岔、双渡线道岔及交叉渡线道岔等类型。

(2)换梁型道岔

换梁型道岔由道岔梁、走行台车、驱动装置、锁定装置、固定段、尾轴、底板以及控制装置等部分组成。

换梁型道岔的主要特点是道岔梁为整体式梁,换梁型道岔通常有单开道岔、对开道岔及单渡线道岔等类型。单开道岔包括1根直梁和1根曲梁。对开道岔包括2根曲梁,道岔转辙时2根道岔梁可分别绕着各自转轴在水平面内转动,当其中1根道岔梁的活动端与轨道梁对齐时可实现列车转线。换梁型道岔侧股线形可设计为圆曲线或缓圆缓曲线,道岔的曲线半径也可根据需要进行设计。换梁型道岔通常用于正线、折返线等载客或使用较为频繁及对侧向过岔速度要求较高的地段。

换梁型单渡线道岔实景见图5.1-2。

a)侧股接通状态　　　　　　　　　b)直股接通状态

图5.1-2　换梁型单渡线道岔

(3)枢轴型道岔

枢轴型道岔由道岔梁、走行台车、驱动装置、锁定装置、固定段、尾轴、底板以及控制装置等部分组成。

枢轴型道岔的主要特点是道岔梁为1根整体式直梁,道岔转辙时道岔梁绕着梁枢轴端的转轴转动,形成的侧股线形为单段折线形。列车通过道岔时的平稳性较差,但这种道岔的结构简单、造价低,通常用于车场线或其他不载客且侧向过岔速度及平稳性要求低、使用不频繁的地段。

枢轴型道岔通常有单开道岔、对开道岔、三开道岔、四开道岔及渡线道岔等类型。枢轴型四开道岔见图5.1-3。

图5.1-3　枢轴型四开道岔

（4）平移式道岔

平移式道岔由道岔梁、台车(含驱动装置)、导向机构、定位机构、底板及轨道、电控系统等部分组成。平移式道岔的主要特点是道岔梁为整体式梁,包括直梁和曲梁,道岔的转换股道功能通过道岔梁的整体平移实现。平移式单开道岔示意图见图5.1-4。

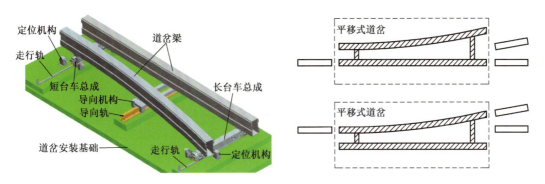

图5.1-4　平移式单开道岔示意图

平移式道岔的侧股线形为曲线,平顺性较好,目前仅在重庆跨座式单轨上有少量应用。平移式道岔有单开道岔和单渡线道岔等类型。

5.1.2　各类型道岔对比分析

根据工程需求及各类型道岔特点,可从规格种类、道岔梁宽度、侧向线形、侧向容许通过速度、适用范围、占地面积、结构复杂性、购置安装费、运维成本、成熟可靠性等方面进行道岔选型对比。

跨座式单轨主要类型道岔对比分析见表 5.1-1。

跨座式单轨主要类型道岔对比　　　　　表 5.1-1

对比项目	道岔类型				
	枢轴型	关节型	换梁型	关节可挠型	平移型
主要规格种类	单开、对开、三开、四开、渡线	单开、对开、三开、五开单渡线、双渡线	单开、对开、渡线	单开、对开单渡线、双渡线、交叉渡线	双梁、多梁、单体式、渡线式
道岔梁数量(根)	1	1(4 或 5 节)	2	1(4 节)	2
道岔梁宽度(mm)	690	850、800、700	690	850、800	850
侧向线形	单段折线	多段折线	圆曲线或缓圆曲线	近似曲线	曲线
侧向容许通过速度(km/h)	5 或 9	15	20~40	25	30
结构复杂性	简单	较复杂	较简单	复杂	较复杂
转辙时间(s)	15~35	15~45	15	15	18~30
占地面积	小	小	较大	小	大
购置及安装费	低	较高	较低	高	较高
运维成本	低	较高	较低	高	较高
适用范围	车场线及其他对侧向过岔速度或平稳性要求较低的地段		正线及其他对侧向过岔速度或平稳性要求较高的地段		对转辙时间要求不高的地段
应用广泛性	国外有应用	国内外有应用	国外有应用	国内外有应用	国内有少量应用

注：1. 表格中道岔梁数量指单开、对开、三开、四开或五开道岔，不包括渡线道岔。
　　2. 表格中的关节型及关节可挠型道岔依据日立单轨及我国重庆单轨产品。

通过表 5.1-1 的对比，可以看出：

关节型道岔侧向线形为多段折线，侧向容许通过速度较低、平稳性较差，可实现"一对多"分岔，结构比较复杂，占地面积小，工程投资及运维成本较高，主要适用于不载客、对侧向过岔速度和平稳性要求较低的车场线、停车线等。

因挠曲机构需布置在道岔梁内，关节可挠型道岔适用于梁宽 800mm 及以上的跨座式单轨项目。

枢轴型道岔侧线线形可实现"一对多"分岔，结构简单，占地面积小，工程投资及运维成本低。

换梁型道岔平稳性好，可根据工程需要设计不同半径曲线或缓圆缓线形，工程投资及运维成本适中，主要适用于折返线、出入段线等。

平移型道岔侧向线形为曲线，侧向容许通过速度较高、平稳性好，占地面积大，转辙时间较长，重量大，对基础要求高，工程投资及运维成本较高，可用于对转辙时间、占地面积要求不高的正线、配线及车场线。

5.1.3　道岔选型建议

不同地段道岔需求大体可分为两类：一类对道岔侧向过岔速度及过岔平稳性要求较高，如正线、折返线等；另一类对道岔侧向过岔速度及过岔平稳性要求较低，如车场线、停车线等，车场线更重视集约化布置和节约投资。

从表 5.1-1 各类型道岔对比分析可以看出，对侧向过岔速度、平稳性等要求较高的正线、

5 道岔设计与创新

折返线以及对作业能力要求较高的出入线、联络线可选用换梁型道岔、关节可挠型道岔,当经济性要求较高时宜优先选用换梁型道岔,当占地面积要求较小时宜优先选用关节可挠型道岔,当转辙时间及占地面积要求不高时可选择平移型道岔;关节型道岔、枢轴型道岔可用于对侧向过岔速度、平稳性及使用频率要求较低的车场线、试车线、停车线等地段。

遵循适用、经济及安全可靠的原则,综合考虑轻型跨座式单轨轻量化、简约化的要求,借鉴国外庞巴迪单轨正线及配线采用换梁型道岔、车场采用枢轴型道岔的经验,考虑关节型道岔侧向容许通过速度及平稳性不高、结构较复杂、造价较高等情况,本工程推荐道岔选型方案为:正线及配线重点考虑满足侧向过岔速度和平稳性要求,推荐以换梁型道岔为主;侧向过岔速度及平稳性要求较低、占地面积受限、使用不太频繁的地段选用枢轴型道岔。车场线对道岔性能要求不高,道岔选型重点考虑有利于车场的集约化布置及节省投资,推荐以占地面积小、造价低的枢轴型道岔为主;早晚高峰收发车能力要求较高时车场咽喉区出入段道岔选用换梁型道岔。

5.2 道岔主要技术参数

道岔的技术参数及线形直接影响道岔的性能及体量,本节基于工程研究实践,提出了道岔主要技术参数的计算方法和取值建议、道岔线形设计方法以及适应工程需求的道岔系列规格及参数。

1)道岔梁尺寸

道岔梁是可转动的轨道梁,其尺寸与车辆走行轮、导向轮和稳定轮的走行要求以及道岔其他部件、接触轨等相关系统的安装要求和限界要求都有关系。因此,道岔梁的宽度需要根据车辆的选型来确定。根据芜湖轨道交通项目车辆选型结果,对应的道岔梁的宽度设计为690mm。

2)容许通过速度

车场咽喉区出入段线道岔应满足早晚高峰收发车的需要。1号线、2号线的系统设计能力均为30对/h。根据行车配线方案、车场布置方案及行车专业测算结果,结合国内外其他跨座式单轨线路实际运营情况和选型道岔技术特点,确定各地段道岔侧向容许通过速度如下。

(1)正常折返线道岔:不低于28km/h;备用折返线道岔:不低于20km/h。

(2)出入段线(含正线侧及车场咽喉区)、联络线、停车线道岔:不低于20km/h。

(3)使用频率低且占地面积受限的停车线、临时折返线道岔:不低于5km/h。

(4)车场内牵出线、试车线及出入库线道岔:不低于5km/h。

3)换梁型道岔侧平面曲线半径

平面曲线半径的选取要考虑车辆通过安全性、平稳性和舒适度等要求。在满足上述要求的基础上,进一步考虑工程体量和造价。

(1)安全性和平稳性对曲线半径的要求

为满足车辆通过安全性、平稳性要求,平面曲线半径可按不小于50m进行控制。

(2)舒适度对曲线半径的要求

换梁型道岔应满足下列公式的要求:

$$R = \frac{V^2}{3.6^2 a} \tag{5.2-1}$$

式中，R——道岔侧股曲线半径（m）；

V——道岔侧向容许通过速度（km/h）；

a——列车通过曲线时产生的未被平衡的横向加速度（m/s²）。

4）换梁型道岔侧线曲线及夹直线长度

（1）道岔侧线最小圆曲线长度及夹直线长度

依据《地铁设计规范》(GB 50157—2013)及《跨座式单轨设计规范》(GB 50517—2022)，基于安全性及舒适性，一般线路最小圆曲线长度及夹直线长度原则上不小于一节车长，困难时不小于车辆全轴距或车辆定距，车场线可按不小于一个转向架固定轴距。考虑到道岔侧向容许通过速度较低且作为机电设备宜尽量简化，可参照要求最低的车场线，道岔侧线最小圆曲线长度及夹直线长度不小于车辆转向架固定轴距。

1号线、2号线选型车辆为单轴车，即转向架固定轴距可视为0。因此，道岔的侧线最小圆曲线及夹直线长度可不受限制。

（2）道岔侧线缓和曲线长度

道岔区由于不设超高，所以道岔侧线缓和曲线长度计算中不用考虑与超高相关的因素。

按《跨座式单轨交通设计标准》(GB/T 50458—2022)6.2.3条及其条文说明，缓和曲线长度计算公式为：

$$L_s = \frac{V^3}{3.6^3 \beta R} \approx \frac{V^3}{14R} \tag{5.2-2}$$

式中：L_s——缓和曲线计算长度（m），按三次抛物线考虑；

V——列车运行速度（km/h）；

R——曲线半径（m）；

β——离心加速度变化率，取 $\beta = 0.03g/s = 0.3\text{m/s}^3$。

根据车辆接口资料，缓和曲线长度计算公式为：

$$L_s = \frac{V^3}{27.5R} \tag{5.2-3}$$

式中，β 取值为 $0.06g/s$。

为减小道岔长度、设计及制造难度并降低造价，道岔侧线设缓和曲线时，离心加速度变化率可按较低要求取值。

缓和曲线最小长度可按不小于车辆转向架固定轴距。由于两线选型车辆为单轴车，因此道岔侧线缓和曲线长度满足式5.2-3的需求即可。

（3）道岔转辙角

道岔转辙角应满足以下要求：

$$\omega = V^2 \sin^2 \beta \leq 0.65 \tag{5.2-4}$$

式中，ω——列车动能损失（km²/h²）；

β——道岔侧股转辙角（°）；

V——道岔侧向通过速度（km/h）。

5.3 道岔产品研发

为开发出适合需求的道岔产品,本工程深入研究道岔产品关键技术,形成了换梁型道岔和枢轴型道岔总体技术要求、道岔结构组成及各部件(驱动、锁定、道岔梁、固定段、台车、尾轴等)设计要点及技术方案,以及道岔主体结构仿真计算及关键零部件选型计算方法。在此基础上,完成了换梁型道岔和枢轴型道岔系列产品的全套设计、产品制造和试验,并达到了预期目标。

5.3.1 道岔产品设计

1)道岔总体设计
(1)设计要点
①道岔设计应符合各项设计原则。
②根据工作原理及功能需要,换梁型道岔和枢轴型道岔应设置能对车辆起稳固支撑、导向、稳定作用的道岔梁及固定段;转辙量或转辙角满足限界要求,转辙动作灵活平稳、转辙精度和转辙时间满足行车要求;转辙驱动装置及固定端转动装置能将道岔梁牢固可靠固定、在锁定状态下能承受车辆运行荷载反复作用的锁定装置;能稳固支撑道岔梁、承受车辆各种荷载、具有抗倾覆能力及能够减小道岔梁转辙阻力的台车;平整稳固、能够承受道岔及车辆载荷的道岔底板及防止台车超程运行的车挡;当道岔梁与固定段之间间隙较大时,能使车辆平稳通行的接缝板;能满足正常运行、应急运行、人工手动运行及检修等各种工况下对道岔进行可靠控制的控制装置;宜设置可靠的监控系统,满足正常运行、故障处理及日常维护要求。
③做好道岔各部件间及其与车辆、限界、桥梁、接触轨等专业间的接口设计。
(2)换梁型道岔总体设计方案

换梁型道岔的特点可归纳为:在结构组成方面,单开道岔与单渡线道岔采用直梁-曲梁组合梁系,而对开道岔则配置双曲梁耦合体系;在转辙机制方面,通过电动推杆驱动主动梁,经联动连杆牵引从动梁,实现各道岔梁绕尾部转轴的同步旋转运动,从而完成轨道线路的切换功能。

通过对不同地段道岔过岔速度和平稳性、舒适度的需求分析,本工程研究了侧股线形为单圆曲线和缓圆缓曲线、曲线半径为50m~140m的系列规格道岔,包括单开道岔、对开道岔和单渡线道岔。

换梁型单开道岔由1根直梁和1根曲梁组成。每根梁的下部各设3个走行台车,每根梁的枢轴端各设1个梁回转用尾轴,两根梁的中部设1套梁转辙用驱动及连杆装置,梁的两端分别设置枢轴端固定段和活动端固定段。其中枢轴端固定段共设2个,分别与两根梁的枢轴端相衔接;活动端固定段设1个,内部设锁定机构1套,供2根梁共用。此外,还设1套底板及1套控制装置。换梁型单开道岔的结构组成见图5.3-1。

换梁型对开道岔结构组成见图5.3-2,换梁型单渡线道岔结构组成见图5.3-3。

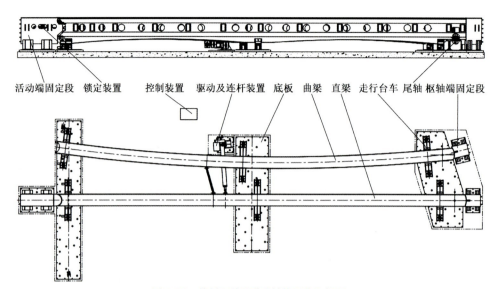

图 5.3-1 换梁型单开道岔结构组成示意图

图 5.3-2 换梁型对开道岔结构组成示意图

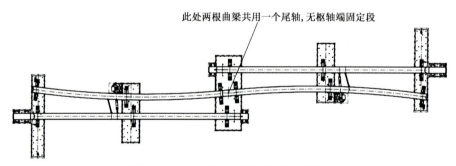

图 5.3-3 换梁型单渡线道岔结构组成示意图

(3) 枢轴型道岔总体设计方案

枢轴型道岔由1根整体直梁组成。道岔转辙时，电动推杆驱动道岔直梁围绕尾轴转动，实现道岔换线功能，根据需要，可分别与2~4根轨道梁对接，形成单开道岔、对开道岔、三开道岔、四开道岔及渡线道岔。

枢轴型道岔的道岔梁为1根直梁。梁的下部设3~4个走行台车，梁的枢轴端设1个梁回转用尾轴，梁的中部设1套梁转辙用驱动装置。梁的两端分别设置1个枢轴端固定段和2~4个活动端固定段，道岔梁活动端内部设锁定机构1套。此外，设1块底板及1套控制装置。枢轴型四开道岔的结构组成见图5.3-4，其中活动端固定段及台车的数量均为4个。

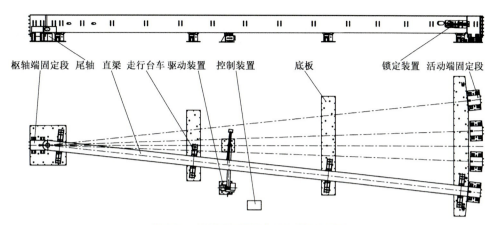

图 5.3-4　枢轴型四开道岔结构组成示意图

枢轴型单开、对开、三开道岔的台车数量为 3 个,活动端固定段数量分别为 2 个、2 个、3 个,其余结构组成与枢轴型四开道岔相同。枢轴型单渡线道岔可认为是由 2 组单开道岔反向对接而成,不同之处在于侧股接通位置 2 片梁共用一个活动端固定段。枢轴型单开、对开、三开、四开道岔结构组成分别见图 5.3-5 ~ 图 5.3-8。

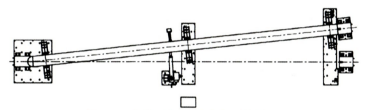

图 5.3-5　枢轴型单开道岔结构组成示意图

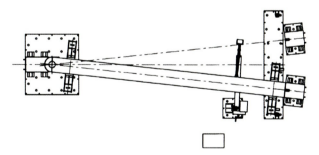

图 5.3-6　枢轴型对开道岔结构组成示意图

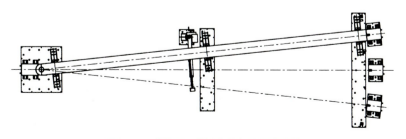

图 5.3-7　枢轴型三开道岔结构组成示意图

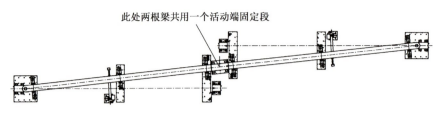

图 5.3-8　枢轴型四开道岔结构组成示意图

2）道岔主要部件设计

（1）道岔梁及固定段

道岔梁及固定段为车辆的走行轨道，应具有车辆走行、导向、稳定和支撑功能，同时应满足相关部件、系统的安装要求。

①设计要点

a. 道岔梁及固定段的结构尺寸应根据车辆运行的轨道截面进行设计，满足车辆走行轮、导向轮和稳定轮的走行要求，满足道岔驱动装置、锁定装置、台车、尾轴、交通灯以及接触轨槽道等的安装要求。

b. 道岔结构应能承受道岔自重、转辙运动以及车辆、风等外部载荷的作用，除应满足规定的强度外，尚应具有足够的竖向、横向和抗扭刚度，并应保证结构的整体性和稳定性。道岔结构强度、刚度要求，承受的载荷及其计算方法等应符合《跨座式单轨交通设计标准》（GB/T 50458—2022）或《轻型跨座式单轨交通设计导则》（T/CAMET 04001—2018）中"轨道梁桥"章节的规定。对于基本风压值而言，无车时应不低于使用地区基本风压，有车时可按项目要求不能停运时的最大风压取值，且不应低于 9 级风的风压。

c. 在满足使用要求的基础上，道岔结构的材料选择和结构设计可适当考虑轻量化及简约化，并考虑便于加工制造和运用过程中的检查及维护。

d. 主要受力部位所使用螺栓的强度级别不应低于 8.8 级，预紧力强度等级应满足规范或设计要求，并应采取防松动和防腐蚀措施。

②设计方案

为降低结构重量、增强耐候性，道岔梁的主材优选为高强度桥梁耐候钢。道岔梁采用箱形钢结构，外形尺寸与车辆需求相匹配，主要由走行面板、腹板、底板、隔板、加强筋等组成。道岔梁两侧中间高度设接触轨安装槽道，配合驱动装置、锁定装置、台车、尾轴、交通灯等设备安装设置相应的安装板及加强板。

固定段采用钢板焊接结构，主要由走行面板、腹板、隔板、筋板及焊钉等组成。腹板下部设支脚，用于与底板固定。腹板两侧中间高度设接触轨安装槽道。固定段与轨道梁连接侧的端板上设置焊钉，道岔安装到位后，通过现浇梁将道岔固定段与轨道梁固结在一起。

换梁型道岔的道岔梁活动端与活动端固定段之间设接缝板，两侧腹板衔接处设置固定式指接板，走行面板处设置活动式接缝板。这既能避免道岔梁转辙过程中发生干涉，又可减小两者间隙，保证车辆平稳通过。

道岔梁和固定段的结构计算应符合《跨座式单轨交通设计标准》（GB/T 50458—2022）和《轻型跨座式单轨交通设计导则》（T/CAET 04001—2018）中"轨道梁桥"章节的规定，载荷主要考虑恒载(结构自重及附加重量)、活载(列车竖向载荷及横向载荷)、附加力(列车牵引制动力、风载荷);针对不同载荷组合作用在道岔梁上不同位置构建多种工况,运用ANSYS软件计算各种工况下的结构应力及竖向挠度;最大应力满足材料容许应力,最大竖向挠度满足计算跨度的1/900,即结构强度与刚度满足使用要求。

(2)驱动及连杆装置

①设计要点

a.道岔转辙驱动方式优选结构较为简单的电动推杆直接驱动道岔梁的方式,换梁型道岔设置连接两根道岔梁的连杆,以便于通过1套驱动装置同时驱动两根道岔梁,枢轴型道岔设置能减小推杆行程的拉杆。

b.驱动推杆的推力应能克服道岔转辙时的运行阻力,并具有足够的强度、刚度和过负荷能力,且寿命满足使用需求;运行速度应满足道岔转辙的时间要求,并具有一定的余量;最大行程应满足道岔转换位置的需要,并具有双向调节余量;电动机应具有良好的启动、加速、减速、反转能力及一定的容量余量,绝缘及防护等级应适合道岔的使用环境。

c.电动推杆、连杆与道岔梁体连接部位的强度应能承受循环荷载的反复作用。

d.主要受力部位所使用螺栓的强度级别不应低于8.8级,预紧力强度等级应满足规范或设计要求,并应采取防松动和防腐蚀措施。

②设计方案

驱动装置设置在道岔梁中部,由电动推杆、连杆、销轴、关节轴承、安装座、连接架等组成。

驱动装置的工作原理为:电动推杆选用将变频电机、推杆及同步带一体化设计的模块化产品,通过滚珠丝杠机构将旋转运动转换为直线运动。换梁型道岔转辙时推杆驱动道岔梁1同时通过连杆带动道岔梁2围绕各自转轴转动,实现道岔转辙动作。枢轴型道岔的驱动装置与换梁型道岔的主要区别在于不需要设置两根梁之间的连杆,但设置了起中间转换作用的连杆。为了保证推杆不超程运行,推杆两端均设置限位传感器。在电机轴尾部设手动驱动机构,可实现断电等异常情况下手动操作道岔转辙复位。

驱动装置的设计需进行驱动推杆选型研究。通过分析道岔梁转辙时的受力,可得出驱动推杆所需推力;通过转辙距离和转辙时间可得出推杆运行速度,从而得出电机功率等技术参数。

道岔转辙到位自动检测装置采取在道岔梁终端设梁减速传感器及梁对齐传感器的方式,能够较准确地控制道岔梁转辙到位的精度。

(3)锁定装置

①设计要点

a.道岔锁定方式优选为结构较为简单的电动推杆直接驱动锁销的方式。

b.锁定推杆的推力应能克服道岔对位锁定时的运行阻力,并具有足够的锁紧力、强度、刚度和过负荷能力,寿命满足使用需求;运行速度应满足道岔锁定时间的要求,并具有一定的余量;最大行程应满足道岔锁定需要,并具有一定的调节余量;电动机应具有良好的启动、加速、减速、制动、反转能力及一定的容量余量,绝缘及防护等级应适合道岔的使用环境。

c.锁定装置锁销、锁销底座、定位槽等应具有足够的强度、刚度和过负荷能力,且具有较好的耐磨性能。

d.换梁型道岔两根道岔梁共用一个锁定装置和一个活动端固定段,因两根道岔梁的转辙轨迹不同,为避免转辙时发生干涉且保证车辆平稳通过,需在道岔梁与活动端固定段的走行面之间设置活动式接缝板,且与锁定机构联锁。

e.主要受力部位所使用螺栓的强度级别不应低于8.8级,预紧力强度等级应满足规范或设计要求,并应采取防松动和防腐蚀措施。

②设计方案

锁定装置设置在道岔活动端,由电动推杆、电机安装座、锁销、定位槽、锁销座、锁定位置检测装置等组成。换梁型道岔还设有一套与锁定机构联动的活动式接缝板装置,确保道岔梁在转辙过程中不会与固定段发生干涉,在锁闭状态下道岔梁与活动端固定段的走行面之间保持较小间隙,保证车辆通过时平稳顺畅。

换梁型道岔的锁定装置设置在活动端固定段内,其原理是当道岔梁移动到位后,锁定推杆,将锁销推出插入设置在道岔梁上的定位槽内,使道岔梁锁住,同时带动接缝板落下,使其与走行面保持平齐,此时道岔锁定到位,传感器将道岔锁定到位状态发送给信号系统,允许车辆通行;当需要解锁时,锁定推杆将锁销拉回,使道岔梁解锁,同时带动接缝板抬起一定角度,此时道岔可以实施转辙动作,道岔梁转辙时不会与固定段发生干涉。

与换梁型道岔相比,枢轴型道岔的锁定装置有两个特点,一是机构组成相对简单,不用设活动式接缝板及连杆;二是锁定设置在道岔梁活动端内,定位槽设置在活动端固定段内。

锁定装置设计需先研究锁定推杆选型,研究方法与驱动推杆类似。此外,还需对主要承力零件锁销、锁销底座、定位槽及连接螺栓等进行强度校核。

(4)走行台车

①设计要点

a.走行台车能承受结构自重及车辆、风等载荷的作用。

b.走行台车能减少的运行阻力。

c.走行台车应包括台车架及车轮组,车轮组间距应满足抗倾覆要求,两个车轮组之间的夹角大小应与转辙半径相匹配。

d.走行台车与道岔梁间牢固连接。

e.齿轮组轴承应设置可靠的润滑。

f.车轮组便于安装、调整、润滑、检修和更换。

②设计方案

根据道岔梁长度,换梁型和枢轴型道岔每根梁下设置3~4个走行台车,分别位于道岔梁的两端和中部。

换梁型道岔和枢轴型道岔走行台车结构基本相同,由台车架、2个车轮组、润滑装置及连接螺栓等组成。台车架采用焊接结构,具有足够的强度和刚度;2个车轮组的间距满足抗倾覆的要求。车轮组考虑互换性,将换梁型和枢轴型各系列道岔台车车轮组均做成统一的结构和尺寸,与台车架采用螺栓固定,便于整体更换;因道岔梁围绕尾轴转动,走行台车的轨迹为圆弧,不同位置的台车车轮需设置为不同角度。

走行台车设计需要根据功能需求、受力情况及寿命要求等研究,确定台车车轮与车轴的材料、尺寸、热处理方式以及轴承选型等,车轮、车轴的强度及轴承的承载力需进行校核,轴承寿命应满足维护周期的要求。

(5)尾轴

尾轴为道岔固定端转动装置,即道岔梁的转轴。

①设计要点

a.尾轴能承受道岔梁及车辆、风等载荷的作用。

b.转动轴安装后应具有较好的垂直度。

c.转动轴轴承宜选用关节轴承,以适应梁体误差及变形,应具有足够的承载力及容量余量,并设置良好润滑。

d.主要受力部位所使用螺栓的强度级别不应低于8.8级,预紧力强度等级应满足规范或设计要求,并应采取防松动和防腐蚀措施。

②设计方案

尾轴设置于道岔梁的枢轴端,下部固定在道岔底板上,上部与道岔梁连接在一起,由转动轴、基座、关节轴承、轴套、轴承盖、超级螺栓等组成。换梁型渡线道岔中两根曲梁共用一个尾轴,其余换梁型道岔和枢轴型道岔每根道岔梁设一个尾轴。

尾轴上应设关节轴承,以便道岔梁因车辆通过而产生变形时,道岔梁与尾轴之间可以相对偏转一定角度,减少车辆冲击对尾轴的破坏。关节轴承除承受径向力外,还考虑能承受一定的轴向力,因此需要选用超级螺栓,并施加足够的预紧力。

尾轴设计要根据受力情况及寿命要求等研究,确定转动轴的材料、尺寸、热处理方式以及关节轴承、超级螺母的选型等,转动轴的强度及轴承的承载力、寿命需进行校核。尾轴的结构设计应保证安装、调整、润滑及检修、更换的可操作性。

(6)控制系统

①设计要点

控制系统应设置可靠的工作接地和防雷保护接地,防雷接地电阻值应不大于10Ω,工作接地电阻值应不大于4Ω。当采用综合接地时,接地电阻不应大于1Ω。

道岔的驱动电机、锁定电机、传感器、控制柜等设备应能适应使用环境,露天放置的控制柜体的防护等级应达到IP65。

②设计方案

道岔控制系统具有驱动控制、锁定控制、状态检测及手动操作等功能,能够控制道岔按照信号系统发出的转动指令,完成锁销解锁、电机启动、道岔转动、锁销锁定、道岔锁定状态检测等作业,并将道岔的状态信息实时、准确地反馈给信号系统,保证道岔系统安全、可靠、高效地运行。

道岔的控制方式分为集中控制、本地(现场)控制以及手动控制三种方式,有且仅有一种控制方式有效,其具体控制方式如下。

集中控制:集中控制模式是利用ATC(列车自动控制)系统自动地控制道岔。在集中控制模式下,信号系统通过ATC系统给道岔控制柜传送一个使能信号,将控制锁定电机的安全继电器的常开触电闭合,并给其供电,同时发出指令给可编程逻辑控制器(PLC),可编程逻辑控制器依次执行锁销收缩、梁转动、锁销锁定等一系列操作,从而控制道岔梁转动到相应的位置。

本地控制:本地操作是通过道岔控制柜门外的本地控制面板来实现的,通常在道岔及相关部件进行维护和检修时使用。道岔控制系统与信号系统间设有针对"本地控制"权限的收受权电路。

手动控制：当380V交流电无法提供或特定的维修操作需要手动操作时，手动控制模式将被开启。采用手动方式控制时，选取双重保护（选择开关打到"关闭"位、切断电源），以有效地防止执行器误动作。

道岔控制系统的逻辑流程图见图5.3-9。

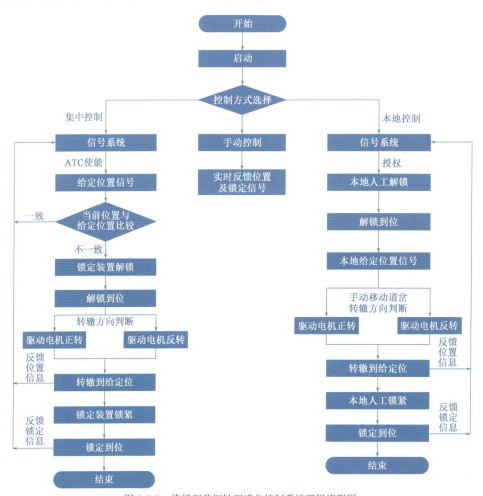

图 5.3-9　换梁型及枢轴型道岔控制系统逻辑流程图

道岔控制系统以PLC为控制中心，配以安全型继电器，通过电路联锁及程序联锁设计确保电控系统的安全性及可靠性。道岔控制系统设独立的交通灯控制单元，司机可通过观察交通灯颜色，判断通行状态；设道岔附属安全系统，通过道岔状态分析柜将采集到的道岔状态信息传输给信标，信标发射信号给车载设备，当车载设备接收到道岔未锁闭到位的信息时，将控制列车紧急制动。道岔控制系统还可将道岔状态信息传输至BAS（环境与设备监控）系统，实时监控道岔状态。

道岔转辙驱动控制道岔梁终端控制点，即梁减速传感器及梁对齐传感器，控制道岔梁临近终点时先减速再对位，以保证道岔梁运行的平稳性及转辙到位精度。

道岔锁定控制及状态检测设锁销伸出、锁定到位、锁销收回、接缝板落下（换梁型道岔）等

5 道岔设计与创新

传感器,确保检测到道岔锁定的准确位置信息,并将其反馈给信号系统,以保证行车安全。

系统的编制语言采用模块化编程思路,一套程序可适用于不同类型的换梁型及枢轴型道岔。系统支持 RS485、MODBUS 以及 TCP/IP 等多种协议,兼容性好。在道岔控制柜内设人机交互式触摸屏,人机界面友好,可扩展性强。

5.3.2 道岔的制作、试验及检验

道岔的制作、试验及检验是实现产品产业化落地的关键环节。本工程为此开展了大量研究及实践工作,形成了道岔高精度加工及一体化安装技术、道岔试验方法及检验标准。在此基础上,顺利完成了道岔的加工制造、组装调试及各项试验、检验工作。

(1) 道岔的制作

为确保道岔制造质量,道岔生产单位对道岔制造工艺、工艺装备、涂装技术及组装工艺等进行了研究,制定了各项作业指导书及控制标准文件。

道岔生产单位制造了道岔梁、枢轴端固定段、活动端固定段、台车、尾轴及道岔总成等工艺装备,涵盖了组装、焊接、调修、总装及模拟检查等功能。总装试验工装的研制,实现了道岔系统在厂内模拟现场试验的功能。本工程针对与工艺装备配套的道岔制造、组装工艺及流程,形成了成套技术体系。

道岔梁是道岔的重要组成部分,梁宽0.69m、长12~30m,采用箱形结构,分直梁和曲梁两种,是车辆走行的轨道,必须保证足够的尺寸精度及结构强度。为确保道岔梁制作质量,本工程不断研究、试验、优化,制定科学合理的道岔梁制造工艺方案,形成了整体梁一体化生产技术。通过应用机加工筋板保证基础件尺寸,平板处理消除轧制内应力,高精度工装进行定位,制定合理焊接工艺,自动化专用双臂机器人进行焊接等一系列新技术和新工艺,解决了道岔梁杆件长细比大、易扭曲、旁弯、焊接变形大、截面空间小、焊接操作难度大,导向板、稳定板平面度要求高,曲梁线形控制难度大等问题,满足了走行面平整度、导向面及稳定面线形及直线度、道岔梁宽度等各项尺寸精度要求以及结构强度要求。

道岔梁及固定段作为车辆的走行轨道,走行面需满足车辆防滑和耐磨要求,导向面及稳定面需满足耐磨要求。道岔涂装技术除考虑常规防腐外,还考虑融入道岔梁轮行区耐磨技术及走行面防滑技术。经过与涂装厂家联合研究、反复测试比对,本工程确定了合理涂装的方案,保证了道岔涂装性能及寿命要求。

道岔现场一次性安装到位技术实现了道岔的高精度安装和装配化施工,减少了安装工序,有效地提高了作业效率。

(2) 道岔的试验

为确保道岔尺寸参数、运转性能、结构强度、刚度及寿命等满足设计要求,需对道岔进行全方位试验。试验内容包括参数尺寸测量、道岔运动机构试验、控制系统试验、静载试验、功能试验、连续运转试验、关键连接部位疲劳试验、动载试验、联调试验等。通过全面、系统的试验确保道岔系统的可用性、安全性、可靠性、可维护性、耐久性等方面的性能满足要求。

道岔运动机构试验主要试验驱动装置及锁定装置的性能参数及运转功能,电动推杆应进行推拉力、行程、锁紧力、额定速度、额定负载、到位精度、密封性、运行噪声等试验。控制系统试验主要测试控制系统的环境适应性、密封性、导通性能、绝缘耐压性能、接地性能、位置表示

性能等。道岔功能试验主要测试道岔的转辙及锁定功能、应急操作功能、控制功能及位置表示、到位精度、外部接口电路等,以验证道岔各项功能是否满足要求。道岔连续运转试验主要测试道岔的转辙及锁定功能、控制功能及位置表示、到位精度等,以验证道岔运转功能的可靠性及耐久性。道岔静载试验是根据道岔受力情况、规范要求及各种工况对道岔梁进行模拟加载,测量道岔的应力、挠度等参数,以检验道岔的结构强度及刚度。关键部位疲劳试验是对进行往复运动的驱动推杆、连杆与道岔梁连接部位进行试验,以检测该连接部位的疲劳寿命。道岔动载试验是测量满载列车在道岔上按规定速度运行时道岔的应力、挠度、振动频率及加速度等参数,以检验道岔的结构强度、刚度及动力学性能。各项载荷试验均委托具有国家计量认证资质的第三方检测机构进行试验,取得合格检测报告。道岔联调试验主要测试道岔的转辙及锁定功能、应急操作、位置表示、转辙时间、电机电流、与信号及车辆等相关系统的接口功能等。

（3）道岔的检验

为确保道岔质量,在研究道岔检验内容及标准的基础上,本工程制定了检验作业指导书及验收标准文件。道岔检验可分为制造过程中的检验、出厂检验和型式检验。

在道岔制造过程中,对道岔材料、焊接、尺寸、涂装、组装等进行了全面检查。在道岔组装后,对道岔尺寸参数、道岔静载承载能力、控制装置性能、道岔运转功能及道岔耐久性等进行了试验和检验。在道岔安装到现场后,对道岔进行了动载试验、单机运行试验、联调试验、试运行。各项检查、测试及试验结果,证明道岔产品满足所需的性能要求及安全性、可靠性要求。

6 机电设备设计与创新

6.1 供电系统

6.1.1 供电

1）供电系统的技术特点

（1）跨座式单轨供电系统的组成及功能

①跨座式单轨供电系统的组成

供电系统由主变电所、开闭所、中压供电网络、牵引变电所及降压变电所、牵引网系统、动力照明配电系统、电力监控系统（SCADA）、防雷与接地系统等部分组成。

②跨座式单轨供电系统的功能

供电系统的功能是向列车及各机电设备系统提供安全、可靠、优质的电力供应，满足各系统的供电要求。

主变电所：负责将电力从输电系统中的高压电网转换为适用于供电网络的中压电力，将来自城市电网的高压110kV电源降压为与系统中压网络额定电压相一致的中压电源。

开闭所：接受城市35kV或10kV电源，并分配电力的供配电设施。

中压供电网络：将电力从主变电所传输到各个牵引变电所及降压变电所，以供给牵引网系统和动力照明配电系统使用。

牵引变电所及降压变电所：牵引变电所将中压交流电源降压整流变成DC1500V/DC750V后供轨道交通列车使用；降压变电所将中压电源降压至低压380V/220V后，供动力、照明等设备使用。

牵引网系统：将来自牵引变电所的DC1500V/DC750V电源提供给轨道交通列车，通常使用直流电力供应。

动力照明配电系统：为车站、隧道、站台等场所提供照明和其他电气设备的电力供应。

电力监控系统：设置在轨道交通控制中心，通过调度端、通信通道和执行端（变电所自动化系统），实现对全线供电系统主要电气设备的遥控、遥信、遥测和遥调功能。

防雷与接地系统:用于保护供电系统免受雷击和其他电力干扰,同时确保系统的接地良好,以确保人员和设备的安全。过电压保护装置可以监测电力系统中的过电压情况,并及时采取措施,如引流、分流或切断电源,以保护设备的安全运行。综合接地系统将供电系统中的强电和弱电设备的接地点连接在一起,形成一个统一的接地网。这样可以降低设备之间的电位差,减少电流通过人体的可能性,提供更安全的工作环境。

(2)跨座式单轨供电系统的技术特点

①既可采用集中供电方式,也可采用分散供电方式。

②牵引供电采用 DC1500V 或 DC750V 接触轨供电、专用回流轨回流。

③由于列车骑跨在轨道梁上,受车底空间限制,列车本身无安装车载制动电阻的条件,需在地面设置再生制动电能吸收利用装置。

④全线采用综合接地系统。

2)供电系统的总体设计

(1)外部电源供电方式

①外部电源按一级负荷设计,每座主变电所/开闭所从城市电网引入 2 回路独立的电源。

②当任一主变电所/开闭所解列退出时,由相邻的主变电所/开闭所支援供电。

③供电系统通过主变电所/开闭所注入电力系统的谐波满足《电能质量 公用电网谐波》(GB/T 14549—1993)的规定。

(2)牵引供电系统

①结合车辆选型,牵引供电可采用 DC1500V 或 DC750V 供电,授流方式可采用接触网或接触轨供电。

②整流机组采用两套 12 脉波并列运行,构成等效 24 脉波整流。

③对于 DC1500V 牵引供电系统,电压允许波动范围为 1000~1800V;对于 DC750V 牵引供电系统,电压允许波动范围为 500~900V。

④正常运行时,正线牵引网采用双边供电的方式。当一座牵引变电所解列时,由相邻的牵引变电所越区供电。

⑤牵引变电所设备容量选择时,只考虑相邻一座牵引变电所解列的情况。牵引变电所牵引整流机组的负荷特性应符合表 6.1-1 要求。

牵引变电所牵引整流机组的负荷特性　　　表 6.1-1

负荷	100%负荷电流	150%负荷电流	300%负荷电流
持续时间	连续	2h	1min

(3)中压供电网络

对于集中供电方式,中压供电网络宜采用 35kV 中压环网;对于分散供电方式,中压供电网络宜采用与进线电源一致的电压等级。

中压供电网络电缆截面的选择,应满足各种运行方式下载流量需要,且末端电压压降不大于相关标准规范的规定。

(4)再生电能吸收装置

由于列车无车载制动电阻,需设置地面再生电能吸收装置,具体形式可结合具体方案确定。

(5)综合接地系统

全线接地系统宜按综合接地概念设计。

6.1.2 变电

1)变电所的技术特点

变电所是跨座式单轨供电系统的重要部分,主要功能是将城市电网变电站馈出的高压电源,通过主变电所及车站变电所进行降压和整流后,分别向列车和沿线的动力照明设备供电。变电所一般分为主变电所/电源开闭所、牵引变电所和降压变电所。

(1)主变电所/电源开闭所

当供电系统采用集中供电方式时,需要设置主变电所。主变电所应设置在线路附近接近负荷中心的位置。为保证供电可靠性,一条线路一般设置两座以上的主变电所。考虑到轨道交通线路建设未来网络化发展和扩张需求,主变电所的设置和容量还应考虑资源共享的需要。

当供电系统采用分散供电方式时,需要根据需求设置电源开闭所,将城市电网的外部电源引入单轨供电系统中压网络。电源开闭所一般与车站变电所合建。

(2)牵引变电所

牵引变电所从中压网络中取电,把三相交流电源降压整流为与牵引网电压等级相同的直流电源,为列车供电。牵引变电所的容量和布点位置,应根据线路牵引供电计算结果,综合考虑牵引网电压等级、牵引网电压损失允许值、牵引网能耗等多种因素全面综合考虑后确定。牵引变电所一般与沿线车站合建。对于车站规模较小的线路而言,牵引变电所也可以在线路附近的地面设置。

(3)降压变电所

降压变电所从中压网络中取电,将其降压为线路沿线动力照明设备需要的 AC380V/220V 低压电源,向车站通信系统、信号系统、消防系统、生活和营业设施、区间安全设施等负荷供电。降压变电所应靠近负荷中心设置,一般车站降压变电所与牵引变电所合并,组成牵引降压混合变电所。

2)变电所的总体设计

变电所的总体设计包含主变电所、牵引及降压变电所、电力监控系统和主要设备选型四部分。

(1)主变电所

主变电所设计涉及主变电所选址、电气主接线、设备布置等内容。

(2)电力监控系统

电力监控系统设计包含系统构成、系统功能等内容。

①系统构成

电力监控系统由电力调度系统(主站)、变电所综合自动化系统(子站)、连接二者的通信通道和供电提示系统组成。

a.电力监控系统在控制中心设置电力调度系统(主站)。如果采用综合监控系统,电力调度系统一般集成在综合监控系统主站中。电力调度系统采用分布式计算机局域网络结构,星形网络拓扑结构,客户机/服务器模式;采用双重冗余网络,两网络的功能完全相同,互为备用;采用"$N+1$"冗余工作模式。电力调度系统配置主备服务器、交换机、网络打印机、大屏显示等外围设备,重要设备按冗余配置。控制中心 UPS(不间断电源)装置电源容量应满足电力监控系统满负荷运行 30min 的要求。

b. 变电所综合自动化系统设置在主变电所、牵引及降压变电所内。系统采用分散、分层、分布式系统结构模式。从逻辑上将变电所综合自动化划为站级管理层、网络通信层、间隔设备层。各监控单元由控制信号屏内的主监控单元进行管理;控制信号屏内配置通信处理单元,用于变电所控制中心之间的数据通信。所内通信采用工业以太网传输方式,网络选型和网络拓扑结构及传输介质的选择都应充分考虑现场恶劣的工作环境,选用可靠性高、抗干扰能力强、便于维护的网络形式。

c. 电力调度系统与变电所综合自动化之间的通信通道应采用通信专业配置的专用数据传输通道,采用以太网传输方式数据传输通道,或采用光纤构成冗余的光纤以太网双环网作为数据传输通道。通道结构形式采用点对点的数据传输或共享和点对点相结合的数据传输,主备通道间实现自动或手动切换。

d. 供电指示系统设置于车辆基地的供电车间调度室内。

②系统功能

电力监控系统在供电系统中起到关键的作用,可以实现以下功能。

遥控:电力监控系统可以实现对全线变电所以及牵引网系统的远程控制。运营人员可以通过电力监控系统远程操作电力设备,例如开关、断路器等,以实现对供电系统的控制。

遥信:电力监控系统可以实时监测和采集供电系统中的各种信号和状态信息,包括设备的运行状态、电力负荷、电压、电流等信息。运营人员可以通过电力监控系统获得这些信息,并及时作出相应的处理。

遥测:电力监控系统可以实时采集供电系统中的各种测量数据,例如电流、电压、功率等。这些数据对于监测供电系统的运行状态和负荷情况非常重要。运营人员可以通过电力监控系统获取这些数据,并进行分析和判断。

遥调:电力监控系统可以通过远程调节设备的参数,例如调整变压器的输出电压、调节牵引变电所的输出功率等。运营人员可以根据实际需要对供电系统进行调整,以满足电力负荷的要求。

遥控、遥信、遥测、遥调等功能,使电力监控系统能够实时掌握和处理供电系统中的各种事故、警报事件。运营人员可以准确实施调度指挥、事故抢修和故障处理,保证供电系统的可靠性和安全性。此外,电力监控系统还可以提供数据分析和报表功能,帮助运营人员系统地监测和管理。

电力调度系统(主站)主要具备控制及操作、数据采集与处理、显示、报警、系统权限管理、信息查询等功能。

变电所综合自动化系统(子站)主要具备控制及操作、数据采集与处理、显示、报警、系统权限管理、中文显示及处理、冗余设备自动切换、系统自检、与便携式维护计算机通信等功能。

(3) 主要设备选型

①设备选型原则

a. 设备应满足国家及行业相关标准。

b. 设备配置应立足于"以人为本"的理念,以利于运营和维护管理,降低劳动强度和提高生产率。

c. 本着量力而行、经济适用、安全可靠的原则,在满足运营需求情况下,不过高地追求系统设备的先进性。

d. 充分发挥系统设备的整体性能,注重系统设备间的功能匹配。

e. 选用的系统设备必须是技术成熟、安全可靠,便于维护,并经实践检验满足本工程运营要求的产品。

②主要设备选型

a. 主变压器选用三相油浸自冷低损耗有载调压变压器。

b. 主变电所高压侧开关设备选用 SF_6 气体绝缘金属全封闭组合电器。

c. 牵引整流变压器采用户内、干式、自冷、无载调压变压器,整流器采用平板式、硅二极管、12脉波整流器。两套牵引整流机组并联运行构成等效24脉波整流。

d. 配电变压器选用户内、干式、自冷电力变压器。

e. 中压网络开关设备选用 SF_6 气体绝缘金属全封闭开关柜(GIS)或空气绝缘金属全封闭开关柜(AIS)。

f. 直流侧开关设备选用直流快速断路器柜、负极柜及其配套保护装置。

g. 所用交直流系统选用技术成熟、工艺先进、运行可靠、维护方便、智能化程度高的产品。

h. 电力监控系统设备选型应满足系统可靠性、安全性、可用性、可维护性、先进性、国产化等方面的要求,选择性能价格比高的产品。除满足现有系统规模外,系统软硬件还应具有进一步扩展的条件。

6.1.3 接触轨

1) 接触轨的技术特点

接触轨是跨座式单轨供电系统的重要组成部分,跨座式单轨车辆通过集电靴与接触轨接触获取电能。接触轨采用侧部授流钢铝复合轨安装在轨道梁两侧,一侧为正极,另一侧为负极,正极和负极接触轨均采用绝缘安装。

2) 接触轨的总体设计

(1) 牵引供电制式

两线采用DC750V正极接触轨授电、负极接触轨回流方式,正、负极接触轨均采用绝缘安装。

(2) 绝缘要求

绝缘距离应满足《地铁设计规范》(GB 50157—2013)的要求。

(3) 安装方式

道岔区段正负极轨的设置,应根据车辆行车要求确定。接触轨安装在整体绝缘支架上,整体绝缘支架通过T形螺栓直接固定在梁侧面预留的槽道内。

(4)电分段设置

电分段将整个供电系统分成多个供电分区,采用分段绝缘器或断口形式。正负极均设置多个供电分区,在事故状态下不会扩大事故范围,有利于变电所保护的设置,电分段设置在以下位置:

①正线有牵引变电所的车站进站端。
②渡线、折返线、存车线与正线间。
③段场出入段线与正线之间。
④段场各不同供电分区之间。
⑤段场各库线入口处。

(5)锚段长度

接触轨间采用中间接头连接,接触轨被中间接头连接后,成为一个独立的机械分段,即锚段。两个锚段间采用膨胀接头连接,锚段长度应根据安装位置处的温度变化范围、轨道梁形式及膨胀接头的补偿范围,经计算后确定。

(6)支持点间距

支持点间距是两相邻绝缘支撑装置的中心距离,由绝缘支撑装置的承载能力、安装结构刚度和接触轨自重引起的悬垂度决定。支持点间距一般为3m,曲线为2m、最大3.5m,在端部弯头、膨胀接头、分段绝缘器、馈线上网点等位置,根据实际情况进行特殊布置。

(7)膨胀接头

膨胀接头用于补偿接触轨的热胀冷缩自由伸缩量,并保证两段接触轨间的机械和电气连接。膨胀接头采用无伸缩缝的膨胀接头,在保证补偿热胀冷缩的同时,消除伸缩缝,使授流器平顺通过,保证授流质量。膨胀接头工作过程中应减小邻接力,确保伸缩顺畅,无变形位移现象发生,保证锚段的热胀冷缩只沿 X 轴方向发生位移。

(8)端部弯头

接触轨在断口或线路终端处设端部弯头与之相连接,用于引导受电靴可靠地接触或平稳离开接触轨授流面。

(9)中心锚结

每个接触轨锚段的中部设中心锚结。每处中心锚结由两组防爬器组成,安装在绝缘支撑装置的两侧。防爬器的设计应有足够的夹紧力施加在接触轨上,以防止接触轨在该处滑动。

(10)隔离开关设置

隔离开关采用双极隔离开关柜,隔离开关柜设置在以下位置:

①馈线上网点处设置双极电动隔开柜。
②不同供电分区之间设越区供电联络开关。
③正线和场段之间设越区供电联络开关。
④场段库内每股道设独立带接地刀闸的手动隔离开关。

(11)防雷措施

正、负极接触轨上均应设置避雷器,避雷器采用箱式结构,避雷器引下线通过桥墩内结构钢筋直接接地。

6 机电设备设计与创新

3）接触轨关键技术和创新

（1）接触轨采用 C 型钢铝复合导电轨，具有有效授流面更宽、刚柔适中、使用旋转式扣件固定、安装方便、安装精度高等优点，满足了限界小、集电靴上下摆动量较大等要求。

（2）接触轨采用道岔分段绝缘器和道岔过渡装置，使接触轨道岔区域连续布置，集电靴平滑过渡，提高靴轨关系。

（3）接触轨采用渡线断口方式，可以有效解决正负极过渡问题，固定式端部弯头可以有效减少接触轨振动引起的拉弧等问题。道岔区域贯通布置可以使靴轨关系更加良好，提高接触轨及集电靴使用寿命，减少维修工作量。

6.1.4 动力与照明

（1）动力照明系统采用 AC220/380V 的系统电压。
（2）动力照明采用三相四线制配电方式，接地形式采用 TN-S 系统。
（3）动力照明系统按负荷分级的原则配电，以放射式配电为主。
（4）车站、车辆基地和停车场各类大库设置智能照明控制系统，对照明分区域、分时段控制。
（5）在具备条件的典型车站、车辆基地和停车场各类大库的屋顶，合理设置太阳能光伏发电系统。

6.2 通信与信号系统

6.2.1 通信系统

1）通信系统的技术特点

跨座式单轨通信系统通常由专用通信系统及公安通信系统组成。

（1）专用通信系统

专用通信系统在跨座式单轨的正常运营中应确保车辆安全高效地运行，并为乘客提供高质量的出行服务。同时，在紧急情况下，专用通信系统应能够迅速转变为供防灾救援和事故处理的应急指挥通信系统。

专用通信系统能够准确传递语音、文字、图像和数据等多种信息，能长期连续 24h 不间断地运行。同时，专用通信系统应具有灵活性，既要满足本期工程的需要，又要有适应其他引入或扩展的能力，在设计时应充分考虑将来的发展，预留与规划中的城市轨道线路专用通信系统互联互通的条件。

（2）公安通信系统

公安通信系统是为保证市民出行安全，保障城市轨道交通安全运行而设置的系统。

公安通信系统仅在重点车站设置，2 号线重点车站为鸠兹广场站、芜湖火车站、政务中心站、方特乐园站、神山口站，1 号线重点车站为泰山路站、鞍山路站、天柱山路站、中山北路站、奥体中心站、博览中心站、芜湖南站。

2)通信系统的总体设计

专用通信系统由传输系统、公务电话、专用电话、无线通信、视频监控、广播、时钟、乘客信息、办公自动化、电源及接地系统组成。公安通信系统由公安计算机网络、公安视频监控、公安有线电话、公安电源及接地系统组成。

(1)专用通信系统总体设计

①传输系统

传输系统是城市轨道交通信息、控制系统的基础网络。本工程传输系统采用增强型MSTP(多业务传送平台)技术,在控制中心、车辆基地、车站、停车场设置 MSTP+设备,构建出一个骨干网络传输平台,为轨道交通各系统提供传输通道。

②公务电话系统

公务电话系统是为城市轨道交通工作人员与内部及外部进行公务联络的通信子系统。本工程采用软交换方案,在2号线的控制中心及梦溪路车辆基地分别设置1套软交换核心设备,互为冗余,1号线扩容接入2号线设置的软交换核心设备,在各车站及场段设接入网关。

③专用电话系统

专用电话系统是为列车运营、电力供应、日常维修、防灾救护提供指挥手段的专用系统,采用公专合一方案,对公务电话系统设置的软交换核心设备增加调度服务器,在各车站/场段设调度模块。

④无线通信系统

专用通信无线通信系统是为了保证城市轨道交通能够安全、高密度、高效运营而建设的通信子系统。本工程采用 Tetra 技术方案,2号线控制中心设置无线集群交换机,1号线扩容接入此无线集群交换机;各车站和场段设置无线集群基站,并通过传输系统提供的通道与中心交换机星形连接。地面区间采用定向天线方式覆盖,地下隧道区间、站台采用漏缆覆盖;站厅、设备层设置小天线进行覆盖。

⑤视频监控系统

视频监视系统能够为控制中心的调度员、各车站值班员等提供有关列车运行、防灾救灾、乘客疏导以及社会治安等方面的视觉信息,视频采用全高清方案,存储采用云存储方案,重点区域视频存储时间为90d。

⑥时钟系统

时钟系统为城市轨道交通运营调度人员、行车相关工作人员及乘客提供统一标准时间信息,同时对其他系统设备提供统一的时间信号。本工程时钟系统采用控制中心/车站两级组网方式,2号线控制中心设置一级母钟,1号线扩容接入一级母钟,在各车站、场段设置二级母钟,在运营用房设置子钟。

⑦广播系统

广播系统在公共交通领域中扮演着重要的角色,能够向乘客提供列车运行、安全和向导等服务信息,同时也是控制中心调度人员和车站值班员发布作业命令和通知的重要工具。

数字化传输:采用数字广播技术,可以实现音频信号的数字化传输,提高音质和传输效率。数字化传输还能够减少信号失真和干扰,提供更清晰、稳定的广播效果。

多路广播:数字广播系统可以实现多路广播,即同时向不同的区域或车站发送不同的广播信息。这样可以根据需要,向特定的区域或车站发送相关的服务信息或作业命令,提高信息的针对性和实用性。

远程控制:数字广播系统支持远程控制功能,控制中心调度人员可以通过网络或中央控制台远程控制广播系统的运行。这样可以方便快捷地发布广播信息,提高调度和管理效率。

灵活性和可扩展性:数字广播系统具有灵活性和可扩展性,可以根据实际需求进行系统配置和扩展。例如,可以根据车站数量和覆盖范围,选择适当的设备和布线方案,满足不同规模和需求的广播系统建设。

故障检测和监控:数字广播系统具备故障检测和监控功能,可以实时监测系统的运行状态和设备的工作情况。一旦发生故障或异常情况,系统会及时报警,并提供相应的故障诊断和处理方法。

⑧乘客信息系统

乘客信息系统依托多媒体网络技术,以计算机系统为核心,通过车站和车载的显示终端向乘客提供信息服务。在正常情况下,乘客信息系统提供乘车须知、城市轨道交通首末车服务时间、列车到站时间、列车时刻表、管理者公告等运营信息及政府公告、出行参考、媒体新闻、赛事直播、广告等公共媒体信息;在紧急情况下,本着运营信息优先使用的原则,乘客信息系统可提供动态辅助性提示。乘客信息系统车地无线传输采用 WLAN(无线局域网)方案。

⑨办公自动化系统

办公自动化系统是应用计算机技术、通信技术、多媒体技术和行为科学等先进技术,使部分办公业务借助于各种办公设备,并由这些办公设备与办公人员构成服务于某种办公目标的人机信息系统,以实现办公活动的科学化、自动化。

本工程整个办公自动化系统网络分为核心、汇聚、接入三层结构。网络采用高可靠的星形拓扑结构设计。在控制中心设置 2 台核心交换机,在车站、场段部署汇聚层交换机,每台汇聚层交换机通过双链路分别上联至 2 台核心交换机。车站、场段设置接入层交换机与本地的汇聚层交换机连接。

⑩集中告警系统

集中告警系统设置在控制中心,对专用通信系统中的各子系统进行集中管理,将各子系统的告警信息集中在告警终端上进行显示。

⑪电源系统及接地

专用通信系统设置了 UPS 电源及蓄电池,为各子系统设备提供稳定、可靠的电源,保证通信系统电源 2h 的后备时间;同时系统做了部分弱电专业的电源整合,为 BAS 系统、安防系统提供电源。

(2)公安通信系统总体设计

①公安计算机网络系统

公安计算机网络是公安信息化建设的重要组成部分。是轨道交通公安与地面公安的重要联络手段。是提高公安办公效率和安全保卫的重要手段。为分局与车站之间的网络通信及安防图像监控系统提供所需数字传输平台。

②公安视频监控系统

公安视频监控系统共享专用通信视频监控系统设置的前端摄像机、视频服务器、存储等设备,视频通过接口,接入市公安局的视频监控平台,同时在重点车站的警务室内设置监视终端,可以调看本车站或邻近车站的视频图像。

③公安及消防无线系统

公安及消防无线系统主要是将市公安的地面 PDT(警用数字集群)信号引入地下车站、地下区间,满足市公安统一调度要求。本工程公安及消防无线系统仅在唯一一座地下车站(芜湖火车站)设置。

④公安电话系统

公安电话系统采用 VoIp(语音通话传输)方案,通过计算机网络实现市局、车站警务站之间的电话通信。

⑤电源系统及接地

公安电源及接地系统采用 UPS 及蓄电池方案,满足公安通信各子系统用电 2h 的后备时间需求。

3)通信系统的关键技术和创新

(1)传输系统关键技术

传输系统是通信系统中最重要的子系统,其不仅为通信系统的其他子系统提供语音、数据、图像的传输通道,而且还为自动售检票系统(AFC)、杂散电流检测等系统提供控制中心至车站(车辆基地等)、车站至车站(车辆基地等)的通信通道,是跨座式单轨运行所必需的信息传输媒体,是跨座式单轨通信网络的基础。

芜湖跨座式单轨传输系统采用增强型 MSTP 技术方案。增强型 MSTP 是以 SDH(同步数字体系)技术为基础,融合 SDH 技术和 IP(网际互连协议)技术的新一代增强型多业务传送平台。通过对现有的 MSTP 设备进行分组化改造,通过双核心集成的方式,实现 TDM(时分复用技术)业务和分组业务的分平面传送,同时具有 MSTP 和 PTN 分组传送网的技术特点。其特点是双核集成在一块交叉单板上,其中 TDM 内核基于传统的电路方式处理 TDM 业务,支持 E1/T1/STM-1/4/16/64 等多种 TDM 业务颗粒的处理能力,实现 TDM 业务的传送;PTN 内核基于传统的分组方式处理分组业务,支持 FE/GE/10GE 等多种 IP 业务颗粒的处理能力,基于 MPLS-TP/T-MPLS 的分组传输实现分组业务的传送 MSTP + 可跨 TDM 和分组传送平面实现端到端的统一网管,完全兼容 MSTP 特性。

(2)电话系统关键技术

电话系统包括公务电话及专用电话系统。

公务电话系统用于控制中心、段/场及各车站间的内部通话及与相邻线路的公务电话网、市公用电信网的连接。

专用电话系统是为跨座式单轨工作人员提供用于运营、管理、维修等业务的电话系统,主要由调度电话(总调电话、列车调度电话、环控及防灾调度电话、电力调度电话)、车站(车辆段)内集中电话、紧急电话等组成。

本工程两线是国内首批在跨座式单轨中采用公务电话系统与专用电话系统合一的软交换技术方案的线,改变以往系统分别建设的模式,减少了设备投资与维护成本。软交换是网络演进和下一代分组网络的核心设备之一,具备独立于传送网络的特点,并承担着呼叫控制、资源分配、协议处理、路由、认证、计费等主要功能。以下是软交换的主要特点和功能。

独立于传送网络：软交换是一种独立于传送网络的设备，与传统的电路交换机不同，它可以在不同的传输网络上运行，如 IP 网络、MPLS 网络等。这使得软交换能够适应不同的网络环境和技术演进。

呼叫控制和资源分配：软交换能够完成呼叫控制和资源分配的功能，包括呼叫建立、呼叫转移、呼叫保持等。它可以根据用户需求和网络条件，动态分配通信资源，提供高效的呼叫服务。

协议处理和路由：软交换具备协议处理和路由功能，能够解析和处理不同的通信协议，如 SIP、H.323 等。它可以根据通信协议和路由策略，将呼叫路由到目标终端或网络，实现通信的连接。

认证和计费：软交换支持用户认证和计费功能，可以对用户进行身份验证，确保通信的安全性。同时，它可以记录通信的时长和费用信息，为计费系统提供相应的数据。

兼容现有业务：软交换能够向用户提供现有电路交换机所能提供的所有业务，包括语音通信、传真、短信等。它可以与传统的电路交换设备进行互联，实现业务的平滑迁移和互通。

可编程能力：软交换具备可编程能力，可以向第三方开放接口和功能，实现与其他系统的集成和扩展。这使得软交换可以根据实际需求，灵活定制和扩展功能，满足不同用户和应用的需求。

总而言之，软交换可以提供现有业务，并向第三方提供可编程能力，为网络通信提供高效、灵活和可扩展的解决方案。将业务/控制与传送/接入分离，将核心硬件软件化，通过软件的方式来实现原来交换机的控制、接收和业务处理等功能，各实体之间通过标准的协议进行连接和通信。软交换具有成本低、扩展性好、业务提供能力强等优势，可以满足目前行业 IP 语音通信网络在扩展性、管理维护、业务提供等方面的需求。

（3）无线通信系统关键技术

专用无线通信系统是为了确保跨座式单轨车辆安全、高密度和高效运营而设计的。它为固定用户（如控制中心调度员、场段调度员、车站值班员等）和移动用户（如防灾人员、维修人员）之间提供可靠的语音和数据信息交换手段。该系统在行车安全、提高运输效率和管理水平、改善服务质量方面提供了重要保障。同时，当车辆运营出现异常情况或有线通信故障时，该系统还能迅速提供防灾救援和事故处理等指挥所需的通信手段。

针对跨座式单轨通过单榀轨道梁支持、稳定和导向，车体采用橡胶轮胎骑坐在轨道梁上运行，区间线路暴露在地面之上，外界无线信号易泄漏进来造成干扰，以及区间疏散平台放置于两榀轨道梁之间的工程特点，通信系统需考虑在此场景下，进行区间无线通信覆盖。选用区间无线通信覆盖方式时，定向天线设置于疏散平台的中心位置，在弯道区域，根据车辆限界相应的偏移。同时，车载天线根据疏散平台上天线位置，选取合适的位置进行安装，并调整好接收角度。无线通信系统设计时还应根据前期区间扫频报告，相应计算各区域无线通信信号场强，并据此进行区间无线通信覆盖方案设计。无线通信系统区间如图 6.2-1 所示。

图 6.2-1　无线通信系统区间

（4）轻量化成果

本工程遵循轻量化研究的成果，落实如下：

①在子系统中将公务电话及专用电话进行整合设置。

②将除信号系统外的其他弱电系统设备机房、电源室进行了整合。设备布置中，尽量采用集成化程度高的设备，对系统内部部分子系统采用合柜设置等方式，有效地减少了机房面积，将常规轨道交通中合计不少于 250m² 机房面积大幅度缩减为 60m²。

③本工程进行了部分弱电系统的电源整合，由专用通信电源子系统整合 BAS 系统、安防系统电源。

6.2.2 信号系统

1）信号系统的技术特点

信号系统采用基于无线通信的移动闭塞列车控制系统，可根据需要配置全自动运行功能。信号系统主要包括列车自动监控系统（ATS）、列车自动防护子系统（ATP）、列车自动运行子系统（ATO）、计算机联锁子系统（CI）、数据传输子系统（DCS）以及维护支持子系统（MSS）。信号系统具有以下技术特点：

（1）跨座式单轨采用混凝土预制梁或钢轨道梁，信号系统轨旁设备安装实施具有一定的难度。

（2）跨座式单轨除使用单开道岔外，还使用多开道岔。因此，在联锁系统和道岔系统中必须进行特殊处理和合理分工，以确保行车安全。

（3）专用 LTE 车-地无线通信系统可以实现连续、稳定、可靠的车地通信传输。车地无线通信系统采用冗余的 A、B 双网，任一网络故障不影响系统正常工作。

（4）ATP、联锁采用 2 乘 2 取 2 冗余结构，达到 SIL4 级安全认证。ATS、ATO 采用双机热备冗余结构，达到 SIL2 级安全认证。

（5）系统具备全自动运行功能，ATO 采用平滑协调的控制技术，并拥有预加速、减速功能，实现列车节能运行，并提高旅客乘坐舒适度。

2）信号系统的总体设计

（1）系统方案

1 号线、2 号线信号系统采用一套完整的、基于无线通信的移动闭塞列车控制系统（CBTC），采用全自动运行 GoA4 级标准建设，驾驶模式为 FAM（全自动运行）模式、ATP 防护下的人工驾驶 CM（编码列车驾驶）模式、全人工 RM-R/F（限制人工）模式（该模式下，由车辆进行限速）。车辆基地为全自动场段，设置自动化区和非自动化区域；正线降级系统采用联锁级；车地通信采用 LTE（长期演进技术，驾驶）方案；试车线纳入车辆基地联锁控制。信号系统逻辑结构如图 6.2-2 所示。

（2）系统功能及构成

①ATS 子系统

ATS 子系统在 ATP、ATO 子系统及联锁设备的支持下完成对全线列车运行的自动管理和监控，实现列车自动识别、跟踪、识别号显示、时刻表编制及管理、进路自动/人工控制、列车运行调整等功能。ATS 子系统主要由中心调度工作站、中心应用服务器、中心通信服务器、中心数据库服务器、中心接口设备、车站分机等组成。

②ATP 子系统

ATP 子系统是保证列车运行安全、提高运输效率的重要设备，由车载设备和地面设备组成。该系统必须符合故障-安全的原则，并具有自检和自诊断能力。

③ATO 子系统

ATO 子系统是自动控制列车运行的设备。在 ATP 的保护下，ATO 根据 ATS 的指令实现列车的自动驾驶，能够自动完成对列车的启动、牵引、巡航、惰行和制动的控制，确保达到列车运行的设计间隔及旅行速度。

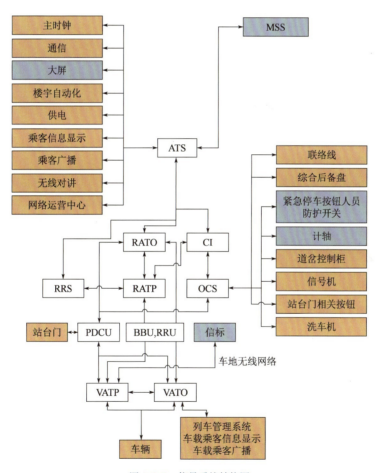

图 6.2-2　信号系统结构图

RATO-轨旁列车自动驾驶系统；RATP-轨旁列车自动防护系统；CI-计算机联锁系统；OCS-目标控制系统；PDCU-车门控制单元；BBU-基带处理单元；RRU-远程射频单元；VATO-车载列车自动驾驶系统；VATP-车载列车自动保护系统；RRS-远程监控系统

④计算机联锁(CI)子系统

计算机联锁设备是实现道岔、信号机、轨道区段间的正确联锁关系及进路控制的安全设备。计算机联锁应采用安全型冗余结构,并符合故障-安全原则。

⑤数据传输(DCS)子系统

车-地无线采用 LTE-M 技术,A、B 双网冗余配置,核心网异地设置。

⑥维护支持(MSS)子系统

ATS、ATP、ATO、CI、电源、计轴等各子系统应具有较完善的自检和自诊断功能,应能对控制中心设备、正线车站及轨旁设备、车辆段/停车场设备、车载设备以及车地通信设备进行实时监督、记录和故障报警,并应能准确报警到板级。MSS 子系统应能在维修中心、正线设备集中站、车辆基地/停车场、控制中心的维护工作站实施远程设备状态监测、故障集中报警、故障诊断定位和维护管理。

3)信号系统关键技术和创新

(1)全电子联锁

①特点

全电子联锁是一种以计算机和全电子执行单元为主要技术手段实现联锁关系的信号设备。相比传统的计算机联锁系统,全电子联锁系统取消了继电器接口,采用电子执行单元直接控制信号设备,实现在线监控信号设备状态。以下是全电子联锁系统的主要特点和功能。

计算机控制:全电子联锁系统采用计算机作为控制中心,通过计算机对信号设备进行控制和管理。计算机能够实时处理联锁逻辑,实现信号设备的联锁关系。

全电子执行单元:全电子联锁系统使用全电子执行单元来控制信号设备,取代传统的继电器接口。全电子执行单元能够实现更快的响应速度和更精确的控制,提高联锁系统的可靠性和稳定性。

信号设备状态监控:全电子联锁系统能够实时采集信号设备的状态,并进行在线监控,通过监控信号设备的状态,可以及时发现故障和异常情况,并进行相应的处理和维修。

联锁逻辑灵活性:全电子联锁系统具备灵活的联锁逻辑配置能力,可以根据实际需求进行联锁关系的配置和调整。这样可以适应不同的铁路线路和交通需求,提高系统的适应性和灵活性。

故障诊断和报警:全电子联锁系统具备故障诊断和报警功能,能够自动检测和诊断信号设备的故障,并及时报警。这有助于提高系统的可靠性和故障处理效率。

计算机控制、全电子执行单元、信号设备状态监控、灵活的联锁逻辑配置以及故障诊断和报警等功能,使全电子联锁系统实现了更高效、更可靠的信号设备控制和管理,提高了可靠性和稳定性,并为轨道交通运输提供了更安全、更高效的信号控制保障。

②组成

全电子联锁系统主要由联锁主机、目标控制器系统等组成。

联锁主机执行联锁主要控制逻辑,是全电子联锁的核心设备。联锁系统的每个中央处理单元都由两个完全独立的处理单元组成,通过内部数据交换机 DSW(分布层交换机)实现同步通信和互为冗余。

目标控制子系统接收联锁主机的命令,并控制轨旁对象(如信号机、道岔控制柜)动作,同时监视轨旁设备状态,并将其发送给联锁主机。

每一个目标控制器都配置有若干接口模块,用于控制或监视不同的轨旁设备。目标控制器在全电子联锁系统中起着重要的作用。它通过通信控制单元接收联锁主机发送的命令报文,并将这些命令转换为控制信号动作,控制轨旁设备的运行。同时,目标控制器还负责检测轨旁设备的状态和报警信息,并将这些信息通过通信控制单元提供给联锁主机。单个目标控制器发生致命故障时,联锁系统会隔离与之相关的轨旁对象,并使该目标控制器保持在一个预定义的安全状态。

(2)集约型一体化车载控制技术

集约型一体化车载控制技术利用PWM(牵引电机牵引)精准控车技术,主要是指牵引电控和摩擦制动双PWM需求控制接口。传统地铁全自动运行车载ATC(列车自动控制)系统与车辆仅有网络接口用于发送牵引制动级位信息,车载ATC发送牵引、制动级位请求到车辆,具体的牵引电控和摩擦制动混合控制由车辆执行。本工程列车牵引电控和摩擦制动的混合控制由车载ATC系统单独处理,将传统地铁全自动运行系统中,由车载ATC系统发送牵引、制动级位请求,车辆控制单元运算处理后执行混合控制这两部分功能,融合为仅由车载ATC系统运算并输出两路PWM信号来直接控制列车运行,缩短了控制传输时延,精简了列车牵引电控和摩擦制动的混合控制系统架构,实现控车更精准、运营更平稳、运营更高效节能。

(3)全自动运行4/6灵活编组控制技术

芜湖轨道交通为实现4/6编组混跑,对系统作了如下优化:将同一软件装在不同编组列车上,并通过车载系统自动识别不同编组类型。车载系统可以根据不同编组的特征和标识,加载正确的列车参数和软件配置,以确保列车在运行过程中的安全性和性能。根据不同编组列车的尺寸、重量和动力性能等参数,为每个编组生成相应的足迹。足迹是列车在轨道上运行时所占用的空间范围,包括列车的长度、宽度和高度等信息。通过足迹生成算法,为每个编组生成适当的足迹,并为其分配相应的移动授权,确保列车在正线上的运行安全。不同编组列车之间需要进行实时的通信和协同控制,以确保它们在正线上的运行安全和顺畅。车载系统可以通过无线通信技术进行相互通信,共享运行状态和位置信息,并进行协同控制。在全自动无人驾驶场景下,需要实时监控列车运行状态和线路情况。车载系统可以通过传感器和监控设备对线路进行实时监测,并及时发现故障和异常情况。一旦发现问题,车载系统可以自动采取相应的措施,如减速、停车或切换到备用线路,以确保列车的安全运行。通过软件装载和编组识别、足迹生成和移动授权、通信和协同控制以及线路监控和故障处理等措施,可以实现全自动无人驾驶场景下不同编组列车在正线的混跑。

除软件控制逻辑外,4/6编组列车混跑同样会涉及列车到站停站及对应站台门开关控制,芜湖轨道交通项目采用4/6节编组列车混跑方案,为实现4辆编组列车可停靠站台的任一端,在与站台门接口设计中,分成3组使能信号,分别对应6辆编组列车的前两节、中间两节和后两节,在线路上列车4/6编组列车混跑时,任意方向均可实现对应编组开门。

通过软件设计及站台门接口设计,可以实现高效的软件开发及测试,并且能保证系统符合混跑要求,灵活停站且满足SIL4安全等级防护功能。

6.3 监控及自动化系统

6.3.1 总体设计

在跨座式单轨交通制式中,基于场景及运营管理的需求可供选择的监控及自动化系统主要包括综合监控系统(ISCS)、环境与设备监控系统(BAS)、火灾自动报警系统(FAS)、自动售检票系统(AFC)、门禁系统(ACS)、安防系统等。本工程在设计过程中,适逢《城市轨道交通公共安全防范系统工程技术规范》(GB 51151—2016)颁布实施期间,在与住建部标准定额司充分沟通、邀请规范编制组及业内专家论证的情况下,本工程在以设计变更的方式增设了安防集成平台,并实现了视频监控系统、门禁系统、安检设备、场段周界安防系统、电子巡查系统的集成。

确定监控及自动化系统的设计方案,以及确定其系统设计规模,主要考虑的因素有跨座式单轨制式特点、车站建筑结构形式、车站布局、风水电等常规机电设备规模、运营管理需求等因素。对于一些特别的系统,如场段周界报警系统,还要考虑场段周界围蔽的形式、场区周边基本情况等。在监控及自动化系统的总体设计中,系统方案的确定主要体现在以下方面。

1) 监控系统(含环境与设备监控系统)

监控系统的设计方案主要包括两个关键问题,一是监控系统的集成互联范围,二是监控系统的硬件配置组成。

(1) 监控系统的集成互联范围

基于跨座式单轨以高架敷设体系为主的基本特点,跨座式单轨车站机电设备监控点数在200~300之间,CCTV(闭路电视监控系统)、FAS、门禁等系统的终端点位也是很有限的,这就导致系统的监控规模不是很大。系统的总体设计上采用了全互联的方式,即中央级、车站级监控系统将信号、通信、电力监控、AFC、门禁、安防、道岔、车辆等系统均互联起来,采集上述系统的所有设备状态信息,尤其是故障状态信息,为线路级的综合设备维修管理系统建立技术接口的基础。系统间联动功能也是由中央级、车站级监控系统通过互联接口与相关系统实现,这也体现了跨座式单轨制式以高架敷设体系为主的优势,即高架系统相较于地下隧道的联动功能更容易实现。

(2) 监控系统的硬件配置组成

在系统的硬件配置上,参考了国内某些APM(自动旅客捷运系统)线路的特点,即在车站级不配置实时服务器、历史服务器,而仅设置交换机等组网或接口设备,将数据实时上传至控制中心,在控制中心设置的设备有冗余实时服务器、冗余历史服务器、磁盘阵列、冗余核心机房交换机、调度大厅交换机、网络管理服务器、设备维修管理服务器、培训设备等。

2) 自动售检票系统

1号线、2号线采用了两线路合用一个线路中心的方案,清分中心是独立设置的线网清分中心。

在自动售检票的设计方案中,车站级的重点是选择与体量较小的跨座式单轨车站相适应的终端设备布置方式,并与车站布局、安检设备、其他服务设施相协调。车站设置独立的票务室,公共区设置客服中心,采用封闭的票务管理模式,乘客可在车站TVM(自动售票机)或用手机APP(应用软件)购票扫码进站。

清分中心设置了独立的互联网移动支付平台,为实现乘客微信、支付宝、银联卡、手机 APP 等多种支付手段购票提供技术支持。同时,互联网移动支付平台还为芜湖市手机 APP 的多场景应用提供服务。

3) 安防系统

车辆基地、停车场的安防系统由周界报警系统、周界视频监控系统、广播系统组成。在场段的周界围蔽设置的探测报警设备是振动光纤,同时为了加强对场段周界围蔽的防护,在出入段线、出入口等关键位置设置了微波雷达、车牌抓拍摄像机等设备。

在 U 形槽处周界围蔽同样采用振动光纤的方案,摄像机立杆安装的设备还有扩音器、微波雷达设备等。

6.3.2 关键技术和创新

1) 基于运营维护、机电设备管理的综合设备维修管理系统

考虑到本工程是以高架体系为主的跨座式单轨,车站风水电等机电设备较传统地铁大大减少,在设计初期未设计规范意义上的综合监控系统,而是以环境与设备监控系统(BAS)为核心,实现对通信、信号、道岔、风水电、梯、门等机电设备状态信息的统一监视管理,并分线路在车辆段建立线路级的机电设备综合维修管理系统。本项目 BAS 系统建立了机电设备统一集中维修管理模式的技术条件,相较于传统地铁分专业维护维修管理模式节省了建设投资和运营成本。

同时,本项目建设的 BAS 系统仍具备火灾联动、机电设备监控等传统功能,其中心级与信号系统建立接口,实现全自动运行新增乘客调度工作站的相关功能,也是全自动运行系统的重要组成部分。

2) 基于乘客自助服务的自动售检票系统清分中心

从整体概念上看,减少或完全不需运营人员干预的车站乘客自助服务同样是城市轨道交通自动运行的重点和难点。芜湖轨道交通全线自动售票机、闸机均支持移动支付端二维码购票、扫码进出站,并预留人脸支付通行的技术条件。同时,以更优质、更便捷地服务乘客出行为根本目的,通过建设芜湖轨道交通专用 APP,将轨道交通通行信息、票务信息、行程消费订单管理、个性化定制等服务推送到乘客手机端,最大化地实现乘客的自助服务,建立以车站乘客自助服务为基础的核心信息系统技术条件,实现"让城市轨道出行更便捷"的服务目标。

3) 基于车站设备自动运行的机电设备系统

1 号线、2 号线全线车站均设置智能照明系统,配置的传感器可根据车站亮度自动调节照明系统照度,同时在重要设备用房内配置精密空调,可实现房间内温湿度的自动调节,包括道岔、部分车辆信息等在内的机电设备系统状态、故障等信息均纳入环境与设备监控系统,实现自动数据采集与监控,减少运营人员主动干预调节的工作量,大幅提高了轨道交通全线节能技术水平,为车站设备全自动运行提供有力技术支持。

6.4 单轨供电创新技术

6.4.1 再生制动能量吸收技术

跨座式单轨供电系统与地铁供电系统的总体构成基本一致,均由主变电所、中压网络、牵

引变电所、降压变电所、牵引网系统构成,详见图6.4-1,主要区别在于回流系统等方面。传统的地铁、轻轨供电系统采用"准绝缘"、敷设于道床上的走行钢轨回流,而跨座式单轨采用正负极接触轨、全绝缘安装于轨道梁两侧的方式,回流采用专用负极接触轨回流。因此,跨座式单轨供电系统无须设置杂散电流防护系统,提高了沿线金属油气管道运行的安全性。

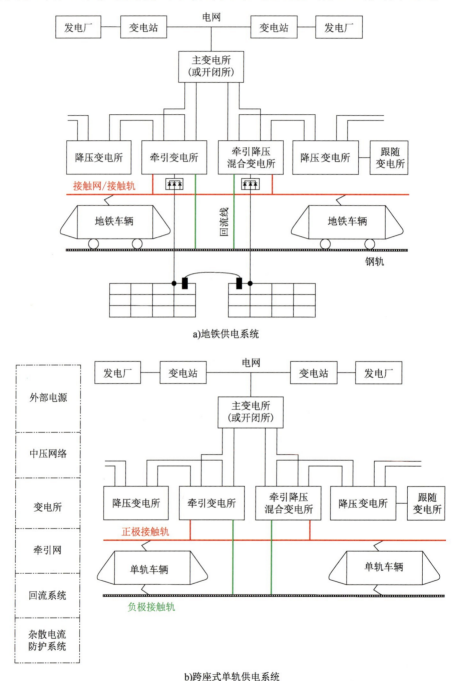

图6.4-1 地铁供电系统与跨座式单轨供电系统比较示意图

跨座式单轨交通线路坡度不大于60‰,远大于地铁正线坡度30‰的限坡要求。因此,单轨列车再生制动过程中制动加速度使用较足,再生制动能量相对较大,与总牵引能耗相比超过50%。目前,国内跨座式单轨供电系统仍采用电阻耗能方式作为吸收再生制动能量的措施。而地铁供电系统再生制动能量吸收方式方面已经基本实现了从电阻耗能型向逆变回馈型的过渡,新型的飞轮储能和超级电容储能方式也开始试用。各种类型轨道交通再生制动能量吸收装置见图6.4-2。

a) 电阻耗能型　　　　　　　　b) 逆变能馈型

c) 飞轮储能型　　　　　　　　d) 超级电容储能型

图6.4-2　各种类型再生制动能量吸收装置图

本工程跨座式单轨车辆引进庞巴迪 INNOVPDIA Monorail300 系列低地板单轨车型,采用标称电压为DC750V的接触轨供电、专用回流轨回流的牵引供电制式,车体采用单轴转向架,内部空间较小,车辆主电路不设断路器和再生制动能量吸收装置。因此,必须在牵引变电所设置再生制动能量吸收装置配合车辆运行时的再生制动。

跨座式单轨交通线路坡度较大,1号线、2号线均高达55‰。因此,单轨列车在运行过程中再生制动比较频繁且再生制动能量较大,1号线、2号线单轨列车全程再生制动能量与牵引能耗之比分别为53.96%、50.39%,再生制动能量非常可观。

单轨列车再生制动频繁,采用传统的电阻耗能方式已经不符合国家的节能政策。因此,在保障单轨列车正常运行的同时,有必要对跨座式单轨供电系统再生制动能量吸收方案进行研究,以提高供电系统的技术经济性。

(1) 再生制动能量吸收技术方案

目前,国内外城市轨道交通中应用的再生制动能量吸收装置主要有逆变回馈型、电容储能型、飞轮储能型等三种类型。

①逆变回馈型

逆变回馈型装置通过大功率电力电子器件构成的三相逆变器,将列车再生制动能量从直流电转换为交流电,再经变压器回馈至供电系统中的高压母线或低压母线。逆变器采用大功率电力电子器件,如IGBT(绝缘栅双极型晶体管)等,能够实现高效的能量转换。逆变回馈型还具有自动控制功能,会自动检测直流母线电压,并与设定值进行比较。如果电压高于设定值,装置会立即开启PWM脉冲信号,控制逆变器工作,以稳定直流侧电压。通过控制逆变器的工作,可以稳定直流侧电压。这样可以保证供电系统的稳定性和可靠性。具体原理如图6.4-3所示。

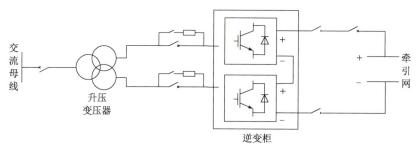

图6.4-3 逆变回馈型装置原理示意图

逆变回馈型装置技术成熟,能够稳定直流网压、输出特性可控、电能传输能力强、节能效果好,且经济性好,在城市轨道交通已有非常多的成熟应用案例,如北京地铁、天津地铁、上海地铁、广州地铁、佛山地铁等。

②电容储能型

电容储能装置采用大功率电力电子器件构成的逆变器,从而将列车再生制动能量吸收并存储在超级电容中,在供电区间内有列车启动、加速取流时放电。直流快速断路器用于控制能量的充放电过程,电动隔离开关用于隔离电路以确保安全。传感器用于监测列车的运行状态和能量储存情况,微机控制单元用于控制装置的工作模式和能量的充放电过程。超级电容能量密度高、功率密度大,能够快速、循环地进行充放电,能适应单轨列车频繁起制动的特点。因此,该装置具有储能(储存车辆再生能量)和放能(释放储存电能)两种工作模式,且可以自由切换,充放电速度较快,效率高。

该装置由超级电容器、逆变器、直流快速断路器、电动隔离开关、传感器和微机控制单元等电气设备组成,具体原理如图6.4-4所示。

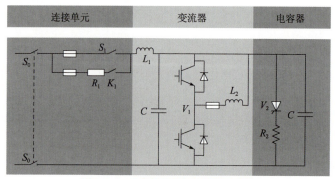

图6.4-4 电容储能型装置原理示意图

受超级电容技术水平所限,目前超级电容的价格较高且充放电次数有限。因此,国内外仅有个别城市轨道交通项目做验证式试用,如广州地铁 6 号线、北京地铁 5 号线和 8 号线等。随着超级电容技术的不断发展,电容储能型装置会有非常好的应用前景。

③飞轮储能型

飞轮储能型装置是一种利用高速旋转的飞轮来储存能量的技术,由飞轮、电机、轴承系统、控制电路和传感器组成。飞轮是装置的核心部件,通常由高密度材料制成,具有较大的质量。当列车进行再生制动时,电机将多余的能量转化为机械能,驱动飞轮高速旋转,从而将能量储存起来。轴承系统用于支承和减少飞轮的摩擦损耗,确保飞轮的稳定运行。控制电路通过监测直流母线电压,判断是否存在不能被相邻列车完全吸收的多余再生制动能量。根据判断结果,控制电路决定是将能量继续储存到飞轮中,还是将能量释放到牵引网或其他负载中,稳定牵引网电压。传感器用于监测飞轮的运行状态和能量储存情况,将相关信息传输给控制电路。

飞轮通常是特殊材料绕制的高密度合成磁筒,利用三相逆变器组成控制电路。具体原理如图 6.4-5 所示。

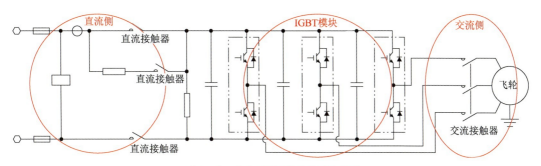

图 6.4-5　飞轮储能型装置原理示意图

飞轮储能型装置具有制动能量回收装置功率密度高、可靠性高、使用寿命长、绿色环保等特点,在提升再生制动能量利用率、降低运营成本、改善直流供电系统质量等方面具有独特的优势。

上述三种类型装置的综合技术经济比较详见表 6.4-1。

三种再生制动能量吸收装置比较　　　　　　　　　　　　　　　　　表 6.4-1

对比项目	装置类型		
	逆变回馈型	电容储能型	飞轮储能型
电能利用率	较高	高	较高
稳压效果	较好	好	好
谐波含量	少许	无	无
寿命	10 年	超级电容 8~10 年 电路元器件 10 年	飞轮装置 12~15 年 电路元器件 10 年
占地面积	较小	较大	较小
工程应用	成熟	少	少
运营维护	方便	单体电容易故障	方便
工程造价	—	较高	较高

经过技术经济比选,本工程采用技术较为成熟的逆变回馈型再生制动能量吸收装置;经过仿真计算,装置额定功率确定为1000kW。

(2) 基于全生命周期管理(LCM)的再生制动能量吸收装置配置方法

全生命周期是从开始确定资产(设备)的需求到资产退役的周期,主要包括采购、建设、使用、维护、处置等。电力设备的全生命周期管理LCM(Life Cycle Management)是电力设备在使用期间所需要使用性功能费用,包括设备的购置费用、运行费用、维修养护费用、报废处置费用等。通过全生命周期成本管理工作,能够从电力设备所产生的经济效益出发,有效规划设备的配置方式、运行时间、采购工作等所有流程,进而有效降低电力设备的运行成本,并且追求设备周期成本的最小化。通过电力设备全生命周期成本管理,能够有效规划出电力设备从采购至报废的周期性过程中所需要使用的费用。

1号线、2号线初期运量相对较小,而逆变回馈型装置的造价较高,包含逆变器、断路器、隔离开关、保护装置及其安装调试等工程内容在内的造价为每套约200万元。因此,牵引变电所是否全部需要配置再生制动能量逆变回馈装置对单轨供电系统的整体技术经济性影响较大。供电系统直流正极、负极导体全线贯通,处于牵引取电状态的列车能够吸纳相邻区间内处于再生制动状态列车的再生制动能量,设有再生能量吸收装置的牵引变电所对相邻区间单轨列车的再生能量具有吸收作用。在保证列车制动安全的前提下,应结合初近远期各年度列车运输组织方案,按全生命周期管理的理念,对单轨供电系统的再生制动能量吸收装置配置方案进行仿真计算,优化工程方案和投资指标,提高项目的整体技术经济性。

结合本工程建设情况,综合单轨供电系统运行安全和投资控制要求等因素,提出以下综合评估方法:

不失一般性,设全线牵引变电所数量为M,设置有再生能量吸收装置的牵引变电所数量为N(通常情况下,$N \leq M$)。于是,在某一年度列车运输组织计划下,单轨供电系统不设再生制动能量吸收型装置时的全线总牵引用电能量值A_q,则:

$$A_q = \sum_{j=1}^{M} A_{qj} \qquad (6.4\text{-}1)$$

全线设置N套再生制动能量吸收装置后的全线总牵引用电能量值A_{qz},则:

$$A_{qz} = \sum_{j=1}^{M} A_{qzj} \qquad (6.4\text{-}2)$$

则该年度列车开行计划下供电系统吸收利用的总再生制动能量吸A_a为:

$$A_a = A_q - A_{qz} \qquad (6.4\text{-}3)$$

设第i年全线吸收的总再生制动能量A_{ai},牵引用电电费单价为d,则第i年节省的电费为:

$$F_{ai} = A_{ai} \times d \qquad (6.4\text{-}4)$$

设再生制动能量吸收装置单套设备的综合工程投资为p,则再生制动能量吸收装置的总投资$P = Np$;设再生制动能量吸收装置的寿命为L年,则设备年折旧费用支出为$F_z = P/L$;同理设再生制动能量吸收装置的年度运营维护费支出(含人工、材料、电费等)为W;则在全生命周期内第i年,整个再生制动能量吸收装置的全寿命周期费用为:

$$F = \sum_{j=1}^{i} F_{aj} - \sum_{j=1}^{i} (W + F_z) - P \qquad (6.4\text{-}5)$$

按照上述方法,对不同再生制动能量吸收装置配置方案进行设备全生命周期费用计算和比较,按照整体技术经济性最优的方式确定配置方案。

(3)再生制动能量吸收装置配置方案比较

本节结合车站间距及区间再生概率分布、初近远期新车组织对单轨供电系统再生能量吸收利用方案进行了研究,在满足单轨列车制动要求的前提下,根据逆变能馈装置对稳定电压的有效距离范围,提出全线半数牵引变电所设置再生制动能量吸收装置和全部牵引变电所设置再生制动能量吸收装置两个方案。为便于比较,将全线设置电阻耗能装置作为方案三。

方案一:一半牵引所设置再生能吸收装置(以下简称"半能馈方案")
方案二:全部牵引所设置再生能吸收装置(以下简称"全能馈方案")
方案三:全部牵引所设置电阻耗能装置(以下简称"全电阻方案")

根据仿真计算结果,各配置方案在全生命周期各年度吸收的再生制动能量如图6.4-6所示。

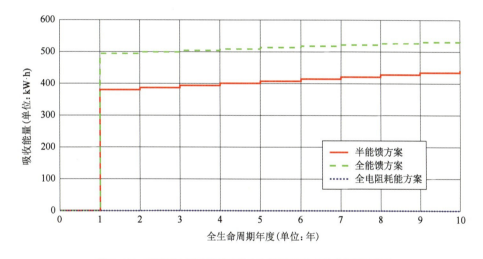

图6.4-6 不同再生制动能量吸收方案的年度再生制动能量吸收量

由图6.4-6可知:

①随着年度和列车开行对数的增长,半能馈方案和全能馈方案的吸收的能量逐步增长。

②电阻耗能装置不能吸收再生制动能量,只能白白以热量形式散掉,全电阻方案的年度吸收量始终为零。

根据调研,目前城市轨道交通项目中,逆变回馈装置的综合工程造价(含逆变器、交流断路器、直流断路器、保护装置、电缆等设备费、材料费、安装费和调试费)为224.77万元,主体设备寿命10年,年度设备运营维护费用按3万元/年计;电阻耗能型装置的综合工程造价(含电阻、直流断路器、保护装置、电缆及其安装费和调试费)为115.57万元,主体设备寿命10年,年度设备运营维护费用按2万元/年计。则上述三种方案的全生命周期费用如图6.4-7所示。

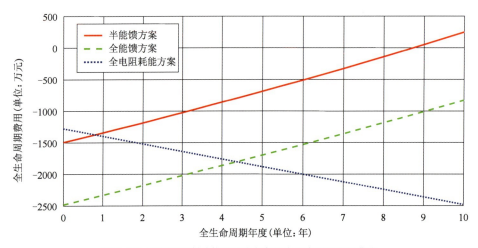

图 6.4-7　不同再生制动能量吸收方案的全生命周期费用曲线

由图 6.4-7 可见：

①随着年度的增长，半能馈方案和全能馈方案最终的全生命周期费用都大于零，产生了正收益，而由于电阻耗能装置不能吸收再生制动能量，还有逐年支出设备运营维护费用，随着年度的增加，全生命周期内支出费用持续增加，全电阻耗能方案的技术经济性最差，应予以放弃。

②半能馈方案和全能馈方案相比，由于设备投资降低显著，半能馈方案的技术经济性明显高于全能馈方案。深入分析原因发现，初期开行列车对数相对较少，列车间距大；半能馈方案中逆变能馈装置的分布间距与列车运行间距基本匹配，吸收范围大；而全能馈方案中逆变能馈装置密集，虽然总体吸收的再生制动能量更多，但平均分担到单套装置的数量却少于半能馈方案，装置利用率不足，较高的设备投资、折旧和运维费用使得总体技术经济性下降。

（4）运行效果

根据运营单位统计，逆变回馈型装置投入运营以来，取得了较好的效果，其中 2 号线再生电能利用装置节能数据具体见表 6.4-2。

芜湖轨道交通 2 号线一期工程各牵引变电所回馈电量表（单位：kW·h）　　表 6.4-2

牵引变电所	2022 年 1 月	2022 年 2 月	2022 年 3 月
万春湖路牵引所	46048	39584	110377
海晏路牵引所	23112	30472	104116
神山口牵引所	156044	62913	106996
鸠兹广场牵引所	61764	44130	128251
车辆段牵引所	7275	9263	19417
小计	294243	186362	469157
一季度合计	949762		
预计全年	3799048		

从表 6.4-2 中数据可知，采用逆变回馈型装置后，在满足单轨车辆再生制动牵引网电压稳定的要求、精准停车的同时，仅 2 号线一季度回馈电量合计约 95 万 kW·h，全年预计 380 万 kW·h，

折合标准煤约1168t,节能效果十分明显。

(5)研究结论及建议

本节结合芜湖轻型跨座式单轨车辆特点,研究了单轨供电系统再生制动能量吸收装置选型方案和配置方案,确定设置技术成熟、经济节能的中压逆变回馈型再生制动能量吸收装置方案,减少了工程投资,并取得了良好的节能效果。

6.4.2 新型接触轨系统及其应用技术

(1)新型接触轨系统概述

跨座式单轨牵引网的授流方式主要有下部授流和侧面授流两种形式(图6.4-8),如吉隆坡单轨牵引网采用下部授流方式,重庆单轨牵引网采用侧部授流方式。考虑到跨座式单轨牵引网系统采用下部授流方式应用较少,故仅分析侧部授流方式。

图6.4-8 下部授流方式与侧部授流方式

目前,国内外跨座式单轨采用侧部授流方式的牵引网系统悬挂类型,按接触授流结构分为汇流排+接触线与钢铝复合轨两种类型。其中,汇流排按形状不同分为T形汇流排、∏形汇流排和整体夹持式汇流排,接触轨按形状不同分为C形钢铝复合轨、工字形钢铝复合轨。

跨座式单轨接触轨是跨座式单轨供电系统的重要组成部分,悬挂在轨道梁和道岔梁两侧,一侧为正极,另一侧为负极。目前,我国投入运营的跨座式单轨较少,重庆跨座式单轨车辆采用受电弓授流方式,牵引网采用汇流排+接触线形式,已经有成熟的产品和运营经验。芜湖跨座式单轨车辆采用侧部授电授流方式,牵引网采用钢铝复合轨形式,为国内首次采用钢铝复合轨开通运行的单轨交通线路。

钢铝复合轨安装在绝缘支持装置上,轨与轨之间用中间接头机械连接,在道岔、电分段等位置需要安装道岔过渡装置、分段绝缘器或在断口处安装端部弯头,以利于车辆的集电靴平滑过渡,良好授流。锚段与锚段之间安装温度膨胀接头,以补偿钢铝复合轨由于温度变化引起的纵向伸缩,并且在每个锚段的中间安装中心锚结。钢铝复合轨具有零部件少、使用寿命长、运营维护简单、维护成本低等特点。

1号线、2号线为国内首批采用钢铝复合轨轴梁形式的轻型跨座式单轨,车辆及其接触轨在国内尚无成熟的应用实例,需解决接触轨安装限界空间小、胶轮动态包络线特殊、轨道梁内部钢筋密集等问题。因此,有必要结合芜湖跨座式单轨工程开展跨座式单轨接触轨系统技术研究。经过调研分析,对其关键技术研究如下:

① 跨座式单轨接触轨安装在轨道梁两侧,安装限界空间小,传统接触轨及底座无法满足安装要求,且跨座式单轨车辆运行中会存在上下位移,必须对接触轨形式进行研究,以保证集电靴与接触轨有足够的接触面积,实现可靠授流。

② 接触轨系统关键零部件研究对象为包括膨胀接头和道岔过渡装置。单轨具有转弯半径小的优点,但传统接触轨膨胀接头无侧接触形式,且无法满足 50m 转弯半径要求。芜湖跨座式单轨局部采用枢轴型道岔,道岔可转动最大角度为 12°,接触轨敷设在道岔上跟随道岔转动而旋转,转轴处接触轨存在较大角度时会导致楔轨关系变差。

③ 传统地铁接触轨平面布置道岔处均采用断口形式,为了提高靴轨关系,本工程采用正线接触轨贯通布置,减少断口的靴轨撞击和拉弧,提高靴轨授流质量。

综上所述,为使车辆集电靴授流更稳定、减小产生电弧、提高轨靴的使用寿命,有必要对接触轨形式、关键零部件、平面布置、预埋方式等方面进行研究。

(2) 接触轨选型研究

通过调研传统接触轨及底座等零部件,结合车辆限界及动态包络线要求,本工程研发出新型跨座式单轨用的接触轨和配套底座。

目前,国内可用侧部直流接触轨主要有两种型号 C 形钢铝复合轨和工字形钢铝复合轨,两种接触轨性能比较见表 6.4-3。

C 形轨和工字形轨性能对比表   表 6.4-3

项目	C 形轨	工字形轨
截面形状		
授流面有效宽度	宽	较宽
授流面钢带厚度	钢带厚 4mm、6mm	钢带厚 6mm
刚柔取向	主要柔向垂直于钢面,刚度适度,可用于较小半径	主要柔向垂直于钢面,但刚度较大,小曲线处需对轨预弯
气候影响	接触轨上表面光滑,减少积水、积雪	接触轨腰有凹槽,易积水、积雪等,影响车辆稳定授流
景观影响	外轮廓为矩形,接头、卡件等附件可装入内部,景观较好	外轮廓较复杂,接头、卡件等附件外露,景观较差
安装	使用旋转式内卡固定安装方便;轨身刚度小、应力小,调整较易	使用压条固定,零部件较多;轨身刚度大、应力大,调整较难

①授流面有效宽度计算

通过集电靴动态包络线得出,集电靴正极距离轨道梁顶面677mm,负极距离轨道梁顶面481mm,垂直工作范围:+32mm,-59mm;集电靴距离轨道梁侧面距离140mm,水平工作范围:+54mm,-39mm。接触轨与集电靴工作位置如图6.4-9所示。

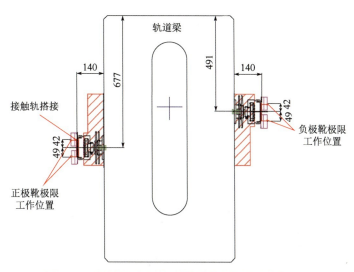

图6.4-9 接触轨与集电靴工作位置示意图(尺寸单位:mm)

根据集电靴本体宽度为65mm,接触轨与集电靴最小平直面接触宽度为25mm,计算接触轨有效授流面宽度为85mm,并考虑±2.5mm安装误差,确定接触轨有效授流面宽度为90mm。传统接触轨有效授流面宽度为65mm,无法满足本项目应用。

②刚柔度分析

接触轨安装在曲线上时,需要对接触轨进行弯曲,当曲线半径小于100m、受力较大时,需要预弯;当曲线半径大于100m时,接触轨可直接现场安装;当接触轨本体长度为12m时,需要多点进行弯曲。当曲线半径为100m,跨距3m,接触轨安装需要弯曲23mm,通过以下公式计算弯曲受力:

$$\delta = \frac{PL^3}{3EI} \tag{6.4-6}$$

式中:δ——挠度;
E——弹性模量;
I——惯性矩;
P——集中载荷;
L——载荷点距离。

常规工字轨在100m曲线半径安装时,弯曲力为1000N。人工作业比较困难,无法满足安装要求,需要线路中应用大量预弯接触轨导致施工较为困难。因此,选用C形钢铝复合轨,减少其预弯应力便于施工。

结合车辆选型接触轨采用侧部授流,并经以上比选,本项目选用具有有效授流面更宽、刚柔适中、使用旋转式扣件固定、安装方便、安装精度高等优点的C形钢铝复合轨。

C形钢铝复合轨及绝缘支撑装置如图6.4-10和图6.1-11所示。

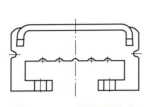

图 6.4-10 C 形钢铝复合轨

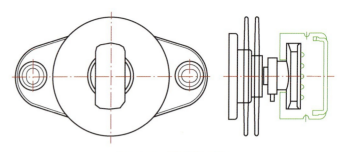

图 6.4-11 整体绝缘支撑

选型确定后,对 C 形钢铝复合轨配套附件进行深化研究,包含中间接头、膨胀接头、中心锚结、电缆连接板、端部弯头、道岔过渡装置及分段绝缘器等产品,各部件均采用整体结构,简化了现场装配过程,提高了接触轨安装效率。研究产品在芜湖跨座式单轨上得到应用,如图 6.4-12 所示。

图 6.4-12 芜湖跨座式单轨 C 形钢铝复合轨图

(3)关键零部件研发

①道岔分段绝缘器

分段绝缘器是一种用于将接触轨在电气上相互分开的部件,主要作用是防止电流在轨道上形成闭环,从而减少电流的损耗和干扰。

在正线上,通常采用连续型分段绝缘器。这种分段绝缘器由一系列绝缘材料制成,将接触轨分成多个电气上隔离的段。每个段之间通过绝缘材料隔开,以阻止电流的流动。这样可以有效地减少电流的损耗和干扰,提高电气系统的稳定性和可靠性。

在道岔处,由于需要实现列车的转向和切换轨道,通常采用断口型搭接分段绝缘器。这种分段绝缘器在道岔处的接触轨上设置了断口,使得道岔可以自由地进行切换。当道岔切换时,断口型搭接分段绝缘器会自动断开接触轨的电气连接,从而实现对电流的隔离。

道岔分段绝缘器安装在道岔处摆动端断口位置,起到电分段和平滑过渡作用,见图 6.4-13。

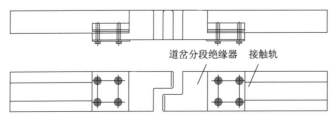

图 6.4-13 道岔分段绝缘器示意图

为了增加分段绝缘器的搭接长度,使靴轨关系更好,减小磨耗,设计时需要考虑以下几点。

通过条件:在设计过程中,应尽量满足道岔专业的通过条件要求,确保分段绝缘器能够顺利安装和使用。通过条件的提高可以增加分段绝缘器的搭接长度,提高靴轨的接触质量。

圆弧倒角或坡度:在分段绝缘器的搭接部位,应设置圆弧倒角或坡度,以保证集电靴不会撞击到分段绝缘器。这样可以减少集电靴和分段绝缘器之间的摩擦和磨耗,延长它们的使用寿命。

材料选择:选择适合的材料来制造分段绝缘器,以确保其具有足够的强度和耐磨性。常用的材料包括耐磨钢、高强度合金等,根据具体情况进行选择。

综上所述,为了使道岔分段绝缘器能够正常工作并减少磨耗,设计过程中需要充分考虑道岔专业的要求,增加搭接长度,设置圆弧倒角或坡度,并选择适合的材料。这样可以提高分段绝缘器的性能和可靠性,保证轨道系统的正常运行。

a. 挠度 δ 计算

钢铝复合轨自重较重,刚度较高,本计算不考虑其风载摆动,仅考虑集电靴通过时对其产生的压力变化。见图 6.4-14 受力示意图。

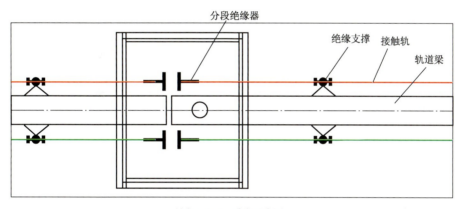

图 6.4-14 受力示意图

挠度计算公式见式(6.4-6)。

b. 绝缘支撑间隙配合

钢铝复合轨与绝缘支撑之间需要存在相对移动。因此,必然存在安装间隙,一般情况安装间隙不大于 S_1。

c. 道岔自身误差

道岔摆动过程中会产生相对位移,固定段位移量较小,摆动误差较大。因此,设计过程中仅考虑其摆动端复位精度,此精度需道岔厂家提供。

授流面平顺无错台:安装分段绝缘器时,通过打磨分段绝缘器确保其授流面平顺无错台。这意味着分段绝缘器的表面应平整,没有凸起或凹陷的部分。

分段绝缘器厚度:由于接触轨公差为 ±0.5mm,无法调整安装后的接触轨。因此,分段绝缘器的厚度,应按照接触轨厚度 $H + 0.5mm$ 的正公差制造,以确保分段绝缘器与接触轨的配合良好。

分段拐角处倒角处理:在固定分段绝缘器后,与接触轨之间可能存在间隙。可以在倒角处进行特殊处理,设置0.5mm的倾角(图6.4-15),以确保紧固后的授流面无缝隙。

②道岔过渡装置

道岔过渡装置(图6.4-16)不仅起到接触轨过渡连接的作用,还起到接触轨电气连接的作用。它能够确保接触轨之间的平稳过渡,以保证列车在道岔转换时的平稳行驶。

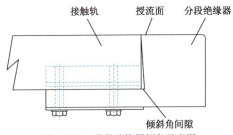

图6.4-15 分段绝缘器倾角示意图

转轴端设计:道岔过渡装置设置转轴端,有不同的工作位。为了减少转轴端的磨损,设计过程中通常会设置圆弧倒角,尤其是在低速区域。如果需要在高速区域设置圆弧过渡,还需要考虑其平整度,以确保列车的平稳行驶。

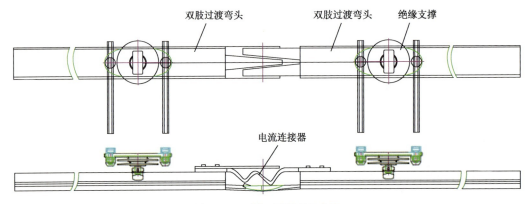

图6.4-16 道岔过渡装置示意图

电连接保护:道岔处的电连接需要根据行车计算满足车辆最大取流要求。由于道岔长期摆动,电连接需要进行防护,以防止磨损导致机械性能下降和载流量减小等问题,从而引发安全事故。

补偿间隙:道岔过渡装置的安装需要考虑转动补偿和温度补偿间隙。转动补偿间隙可以确保道岔在转换时的平稳运动,而温度补偿间隙可以应对道岔在不同温度下的膨胀和收缩。

道岔过渡装置在正线股道上通过速度较快时,集电靴通过圆弧倒角会产生硬点,影响集电靴通过。因此,设计过程应注意道岔过渡装置通过速度条件,场段内或渡线速度较低时,道岔过渡装置端部设计了圆弧倒角可以适用于各个角度;安装速度较高的正线线路时,应保证其平顺性,其渡线通过时可以设置圆弧倒角,如图6.4-17所示。

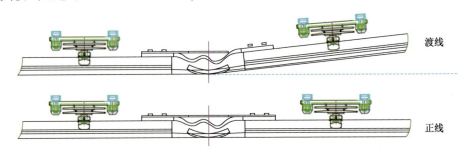

图6.4-17 道岔过渡装置工作状态

(4)接触轨平面布置优化研究

跨座式单轨道岔区接触轨平面布置是钢铝复合轨安装调整的关键部位,根据道岔类型介绍对接触轨平面布置方案进行说明,其中平面布置图中采用关键零部件图例详见图6.4-18。

图6.4-18 关键零部件图例

①接触轨正负极转换

根据单轨车辆和运营检修需求,正线接触轨布置为正+负~负+正,如图6.4-19所示(红色为正极接触轨、绿色为负极接触轨),负极设置在两线之间,提高检修平台和疏散平台使用的安全性。接触轨布置完成后,中间渡线无法进行连续布置。因此,接触轨在道岔渡线处设置断口,保证集电靴可靠通过,接触轨断口处设置两个端部弯头如图6.4-19所示。

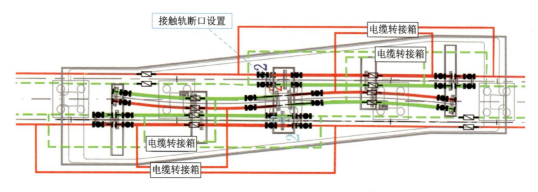

图6.4-19 正负极转化平面布置图

接触轨端部弯头倾斜部分较长,由于限界原因接触轨端部接触轨截面积较小,接触轨会摆动引起集电靴振动降低靴轨关系。因此,两线采用新型固定式端部弯头,降低端部弯头处断口距离,降低靴轨接触时产生的振动。

②道岔区域贯通布置

针对道岔区域的机械电气断口问题,本工程采用了正线分段绝缘器、道岔分段绝缘器和道岔过渡弯头来实现列车集电靴在不同供电分区间和道岔处的连续通过。这样做的好处是减少了集电靴和接触轨之间由于分离和接触引起的机械冲击和电弧烧蚀,延长了它们的使用寿命。

a.枢轴型道岔平面布置

枢轴道岔主要应用于场段内,通过速度较低。以四开道岔布置为例,枢轴型道岔平面布置见图6.4-20。

左端为转动轴端,设置了道岔过渡装置和中心锚节。道岔过渡装置安装时,应与转动轴中心对齐,在道岔梁摆动到中心位置时平均设置两端的转动量。右端为摆动端,设置了分段绝缘器和中心锚节。分段绝缘器一套需要配备3个单体,分别安装在其他三个摆动端。调整时,接触轨在所有工作位置都应平整。中间部位设置了膨胀接头,用于补偿两个中心锚节之间接触轨和道岔梁之间的膨胀量差。

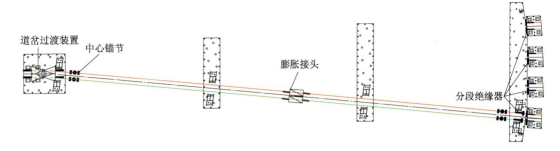

图 6.4-20　枢轴型道岔平面布置

b.替换型道岔平面布置

替换型道岔是用于场段内渡线和正线区间渡线及折返线的一种道岔。它由两根道岔梁组成，其中一根是直线梁，用于正线工作；另一根是曲线梁，用于渡线工作。替换型道岔的示意图（图6.4-21）显示了正线工作状态，当需要进行渡线工作时，道岔梁会沿左端轴心转动曲线摆动至正线位置。

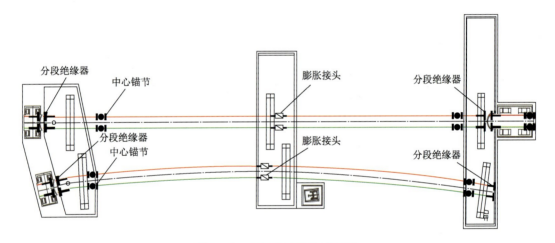

图 6.4-21　替换型单开道岔平面布置

在替换型道岔的布置中，直梁的左端是转动轴端，这里设置了道岔分段绝缘器和中心锚节。道岔分段绝缘器只需要保证正线通过，当进行渡线工作时，正线将变为非工作支线。直梁的右端是摆动端，设置了分段绝缘器和中心锚节。固定段上的分段绝缘器需要与直梁和曲梁配套使用。直梁的中间部位设置了膨胀接头，用于补偿两个中心锚节之间接触轨和道岔梁之间的膨胀量差。

替换型道岔的曲梁的左端是转动轴端，这里也设置了道岔分段绝缘器和中心锚节。道岔分段绝缘器只需要保证渡线通过，当进行正线工作时，渡线将变为非工作支线。曲梁的右端是摆动端，设置了分段绝缘器和中心锚节。固定段上的分段绝缘器需要与直梁和曲梁配套使用。曲梁的中间部位设置了膨胀接头，用于补偿两个中心锚节之间接触轨和道岔梁之间的膨胀量差。

由于替换型道岔的两端都设置了分段绝缘器。因此，道岔梁上的接触轨必须设置电连接，并保证其载流量满足行车要求。

(5) 研究结论及应用

经过研究分析比选,芜湖跨座式单轨新型接触轨系统取得了以下应用成果:

① C 形钢铝复合轨具有有效授流面更宽、刚柔适中、使用旋转式扣件固定、安装方便、安装精度高等优点,满足了限界小、集电靴上下摆动量较大等要求。

② 道岔分段绝缘器和道岔过渡装置使接触轨道岔区域连续布置,集电靴平滑过渡,提高靴轨关系。

③ 本工程采用渡线断口方式可以有效解决正负极过渡问题,固定式端部弯头可以有效降低接触轨振动引起的拉弧等问题。道岔区域贯通布置可以使靴轨关系更加良好,提高接触轨及集电靴使用寿命,减少维修工作量。

6.4.3 新能源光伏发电系统应用

在城市轨道交通领域,光伏发电已有应用,主要利用车辆基地和停车场的大库屋顶面积设置光伏发电系统。其中,广州地铁鱼珠车辆段 5MW 光伏项目(图 6.4-22)是国内规模最大的结合地铁交通的分布式光伏电站项目,平均年发电量能达到 420 万 kW·h,每年可替代 1623.45t 煤炭消耗,助力轨道交通实现节能降耗、绿色可持续发展的目标。

图 6.4-22 广州地铁鱼珠车辆段 5MW 光伏项目

2016 年,石家庄地铁西兆通综合维修基地光伏项目实现并网发电(图 6.4-23)。该项目为分布式光伏电站,利用西兆通综合维修基地内库厂房及联合检修库厂房屋顶布置光伏组件,安装容量约为 1MW,投用后每年为轨道交通提供超 100 万 kW·h 绿色电能。

图 6.4-23 石家庄地铁西兆通综合维修基地 1MW 光伏项目

此外,光伏发电在深圳地铁、济南地铁等部分延长线的高架车站有少量应用,规模一般比较小。总体来看,在跨座式单轨中,车站顶棚、车辆基地及停车场大库顶棚等具备利用太阳能进行光伏发电的条件,但由于轨道交通自身条件和负荷性质的限制,轨道交通中的光伏应用较少,未来有很大的发展空间。

芜湖市属亚热带湿润季风气候,光照充足,雨量充沛,四季分明。年平均气温 15~16℃,日照时数 2000h 左右,年太阳辐射量为 $4425.6MJ/m^2$,年总辐射量平均值为 $1229kW·h/m^2$,根据中国太阳辐射资源区划分标准,芜湖市属于Ⅲ类太阳能资源较丰富地带,适宜建设太阳能光伏电站,有较好的开发前景。

芜湖轨道交通 1 号线、2 号线高架车站、车辆基地和停车场大库共 37 个站点,屋顶可利用面积约为 $46880m^2$,光伏安装容量可达到 5.6MW,在 10~15 年期间即可收回项目投资。平均每年可为芜湖轨道交通提供约 497.8 万 kW·h 的绿色电能,相当于每年可节约标准煤 1572t。相应每年可减少多种大气污染物的排放,其中减少二氧化硫排放量约 1.03t,二氧化碳约 4316.94t,减少了有害物质排放量,减轻环境污染,经济效益、社会效益及环境效益明显,极具推广价值。

(1) 光伏发电设计原则

光伏发电设计应遵循技术先进、科学合理、安全可靠、经济实用的设计原则。

①安全性原则:安全运行是第一性原则。设计中首先要考虑设备的安全、稳定运行。

②先进性原则:随着太阳能技术的发展,光伏电站设计必须考虑先进性,使系统在一定的时期内保持技术领先性,以保证产品具有较长的生命周期。

③经济性原则:光伏电站设计在保证系统各项技术指标的前提下,努力降低工程、设备成本,提高系统的性能价格比,保护用户的投资效益。

④实用性原则:光伏电站设计充分考虑我国太阳能电源设备生产现状,选用有大规模实际工程应用经验的产品,采用先进成熟的技术,保证产品的稳定性、可靠性和可维护性。

(2) 光伏发电系统发电模式

分布式光伏发电系统又称为分散式光伏发电,一般建在用户需求侧、接入用户配电网的中小型光伏电站,特点是所发出的电能直接分配到用电负载上,多余或者不足的电力通过连接大电网来调节,与大电网之间的电力交换是双向的,其特点如下:

①靠近负荷侧建设,一般利用屋顶、零散闲置地面资源。

②建设容量较小,一般在 6MW 以内。

③接入电压等级较小,以 220V、380V、10kV 等级为主。

④并网点较多,采用就近并网的方式接入用户配电网。

⑤发电模式以自发自用、余电上网为主。

⑥电网公司一般不要求接受调度指令,靠近负荷侧就地消纳,限电风险低。

⑦电价构成较简单,主要包括协议电价、标杆电价。

芜湖跨座式单轨全线共分为 37 个并网点,安装容量约为 5.6MW,各站点均利用闲置屋顶面积设置光伏发电系统(图 6.4-24),通过 0.4kV 低压母线接入配电网,其光伏发电量小于单轨本身动力照明用电量,太阳能产生的电能基本用于自身消纳,采用发电模式为"自发自用、余电上网"的分布式光伏发电系统,系统主要由光伏电池组件、并网逆变器、交流配电柜、光伏设备监控系统等组成。太阳能通过光伏电池组件转换为直流电力；一定数量光伏电池组件串联组成若干个光伏电池组件以满足所需的输出电压要求，输出直流电通过光伏逆变器，转化为与电网同步的正弦交流电后，通过交流配电柜并入低压配电系统。

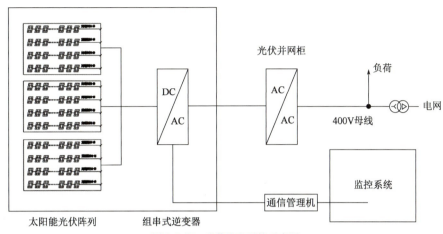

图 6.4-24　光伏发电系统示意图

（3）光伏组件选型

光伏电池的发电性能主要取决于其光伏性能参数，其中最重要的是组件峰值功率。组件峰值功率是光伏组件在标准测试条件下的最大输出功率，直接影响光伏组件的发电能力。峰值电流和峰值电压是组件在峰值功率点的电流和电压值，短路电流是组件在短路状态下的电流值，开路电压是组件在开路状态下的电压值。

此外，光伏组件的效率也是一个重要参数，表示光伏电池将太阳光转化为电能的能力。效率越高，光伏组件发电能力越强。

光伏组件的温度系数是指组件在不同温度下性能的变化情况。短路电流温度系数和开路电压温度系数分别表示在不同温度下短路电流和开路电压的变化情况。峰值功率温度系数表示在不同温度下峰值功率的变化情况。这些温度系数的值越小，说明光伏组件对温度变化的适应能力越好。

对于跨座式单轨而言，由于组件安装面积有限且分散，选择大功率的单晶硅电池组件可以减少占地面积，并降低组件安装工程量。单晶硅电池组件具有较高的效率和较好的温度适应能力，适合用于光伏发电系统。单晶硅太阳能电池如图 6.4-25 所示。

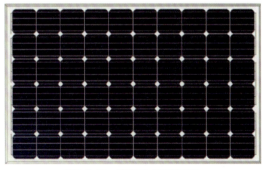

图 6.4-25　单晶硅太阳能电池

单晶硅光伏组件的发电优势,源于其低工作温度、弱光响应、低线损、低衰减等特性。单晶材料没有晶界,材料纯度高,内阻小,温度升幅较小,温度每升高一度,组件功率会下降0.4%~0.45%,从长期衰减率来看,单晶硅组件衰减率低,第二年起单晶组件年平均衰减0.55%,大幅延长光伏电站的运营时间,能可靠保证光伏电站至少25年的使用年限。同时,光伏电站在长期高低温交替中容易出现隐裂,单晶晶体结构具备良好的机械性能,抗隐裂能力较强。此外,单晶硅太阳电池转换效率较高,常规单晶转换效率为17.5%,高效单晶硅效率在20%以上,平均功率达到400~550W。

(4)光伏方阵安装方式

光伏方阵的安装方式可直接决定光伏发电项目的投资成本、发电收益及运行维护工作。固定式安装方式具有结构简单、调试维护便捷的优势,是目前技术最成熟、成本相对最低、应用最广泛的方式。

芜湖跨座式单轨车站和车辆基地检修库屋顶基本为水平面,屋面为彩钢瓦面板,斜坡角度很小,适用于固定式安装方式。光伏方阵发电量与阳光入射强度存在直接关联,当光伏方阵平面与太阳光线呈垂直状态,即安装倾角为0时,发电效率最大,入射角发生变化则可直接降低发电量效率,但是光伏安装容量会变大。芜湖跨座式单轨根据屋面形式结合装机容量和发电效率综合确定采用固定式安装(图6.4-26),光伏组件在屋面采用平铺方式。

图6.4-26 固定式安装方式

(5)光伏逆变器方案

光伏并网系统中的逆变器配置方案应根据实际情况进行选择。根据建筑之间的关系和每栋建筑的负载容量,可以将系统分为若干个独立的并网发电系统。在每个系统中,可以采用组串式逆变器配置。

组串式逆变器配置是指将多个光伏组件串联连接,然后将串联的组件连接到一个逆变器上。这种配置方式可以提高系统的电压和输出功率,同时减少电气一次主接线的长度,降低线路损耗。组串式逆变器还可以实现逐级MPPT(最大功率点跟踪),提高光伏组件的发电效率。

逆变器的选择应考虑其转换电压、频率、相位和谐波含量等重要指标。同时,逆变器还应具备保护功能,能够对系统可能发生的各种异常状态进行保护。逆变器的质量和性能直接影响系统的运行稳定性和发电效率。

合理的电气一次主接线设计可以简化保护配置、减少线路损耗,并提高系统的运行可靠性。在设计电气一次主接线时,应考虑光伏组件的布局和连接方式,合理选择导线的截面积和长度,以减少线路损耗。同时,应合理配置保护设备,确保系统的安全运行。

本工程通过合理的逆变器配置方案和电气一次主接线设计,可以提高太阳能光伏系统的发电效率,减少运行损耗,降低光伏并网电厂的运营费用,并缩短电厂的建设周期和投资成本的回收期。这对于光伏并网建设具有重要的意义,并具有一定的示范作用。

组串式逆变器采用多路 MPPT 方案,由于一路 MPPT 仅接入 1~2 串组串,能够有效保障每路组串工作在最大功率点,有效改善组串的并联损失。组串式方案可有效解决阴影遮挡、云层遮挡、灰尘覆盖不均匀等导致的组串失配的问题,较传统集中式方案提高 1.5% 以上的发电量。

组串式逆变器多路 MPPT 方案实现了组串级能量的精确收集,彻底改变了传统集中式电站粗犷的能量收集方式。这大大减少了组串失配造成的发电量损失,在地面电站提升 2.1% 以上的发电量,山地电站提升 3.3% 以上的发电量。此外,组串式逆变器方案不仅故障率低,而且故障影响范围更小、修复时间短,对发电量影响小。

跨座式单轨项目一般为彩钢瓦屋面,南北、东西坡度差异较大,且电站所在的建筑相对分散,为实现发电量的最优化,需匹配多路 MPPT,每个站点容量较小。因此,本工程选取组串式逆变器方案。

(6) 防雷接地方案

光伏组件采用支架直接接地的方式进行防雷保护,不设置独立防直击雷保护装置。光伏组件支架连接扁钢接到屋顶避雷带作为防雷保护;线路防雷,要求光伏发电系统直流侧的正负极均悬空、不接地,将光伏电池方阵支架接地,汇流箱内设置电涌保护器,防止雷电引起的线路过电压,接地利用建筑接地网或单独采用热镀锌敷设接地网,接地电阻按《光伏发电站设计规范》(GB 50797—2012) 规定进行选择。

(7) 光伏设计方案

以高架车站为例,该项目为屋面光伏电站,屋面瓦型为直立锁边彩钢瓦屋面。本项目采用光伏组件与屋面相结合方式进行光伏系统设计,光伏组件顺沿屋面敷设。该光伏系统设计容量约为 109kW,光伏组件采用峰值功率为 440W 单晶硅组件,共计 248 块,接入 1 台 100kW 逆变器,光伏逆变器输出至光伏并网箱直接接入 400V 电网系统,如图 6.4-27 所示。

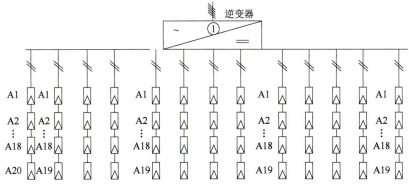

图 6.4-27　光伏太阳能组件系统图

光伏组件的安装,考虑其可安装性和安全性,选用目前技术最为成熟、应用最广泛的固定式支架安装方式。彩钢瓦屋面支架主要采用铝合金型材,通过铝合金夹具与彩钢瓦屋面相连,夹具固定于屋面彩钢瓦上,夹具类型根据屋面彩钢瓦类型确定。此方法无须破坏彩钢板屋面,具有减少施工成本和维护成本、施工周期短、便于后期维护等优点,安装效果见图6.4-28。

图6.4-28 彩钢瓦屋面固定式安装

(8)发电量计算

芜湖轨道交通1号线、2号线共37个站点设置了光伏发电系统,总装机容量为5.6MW。芜湖近30年间太阳能年总辐射量平均值为1229kW·h/m²,不考虑系统效率时首年理论发电量约为688万kW·h。根据《分布式光伏发电工程可研设计管理导则与深度要求》(Q/CPI 167—2022)要求,光伏发电综合效率系数由表6.4-4组成。

综合效率损耗参考表 表6.4-4

序号	损耗来源	损耗值
1	直流电缆损耗	1.5%~2.5%
2	电池板不匹配造成的损耗	1%~2%
3	灰尘积雪及局部遮挡损耗	1%~10%
4	交流线路损耗	1.5%~2.5%
5	逆变器损耗	1.5%~4%
6	不可利用的太阳辐射损耗	2%~5%
7	系统故障及维护损耗	0.5%~1.5%
8	变压器损耗	1%~4%
9	温度影响损耗	3%~6%

系统综合效率系数为:$K = 98\% \times 99\% \times 97\% \times 98.7\% \times 98\% \times 98.5\% \times 97\% \times 98.5\% \times 97\% \times 98\% \times 99\% \approx 80.62\%$。

太阳能光电系统效率为80.622%,考虑单晶硅组件十年衰减率不高于10%,二十五年衰减率不高于20%取值,本项目运营首年按衰减2%计算,以后每年按上一年输出衰减0.55%计算,则25年发电量估算如表6.4-5。

6 机电设备设计与创新

逐年发电量计算表   表 6.4-5

时间	发电量(万 kW·h)	时间	发电量(万 kW·h)
第 1 年	539.0	第 15 年	491.7
第 2 年	528.2	第 16 年	489.0
第 3 年	525.3	第 17 年	486.3
第 4 年	522.4	第 18 年	483.6
第 5 年	519.5	第 19 年	480.9
第 6 年	516.7	第 20 年	478.3
第 7 年	513.8	第 21 年	475.7
第 8 年	511.0	第 22 年	473.0
第 9 年	508.2	第 23 年	470.4
第 10 年	505.4	第 24 年	467.8
第 11 年	502.6	第 25 年	465.3
第 12 年	499.9	年平均	497.8
第 13 年	496.1	合计	12445.4
第 14 年	494.4		

由以上计算可得：

首年发电量为：688 × 80.622% × (100% − 2%) = 539 万 kW·h；25 年总发电量为 12445.4 万 kW·h，年均发电量 497.8 万 kW·h。

表 6.4-6 ~ 表 6.4-10 为 1 号线、2 号线 2022 年 2 月份实际运营发电量。

1 号线白马山列检棚—赭山路站发电量   表 6.4-6

序号	并网点	上月示数	本月示数	倍率	平总	谷总	峰总	总电量
1	白马山列检棚	449.59	585.30	160	12586	363	8765	21714
2	芜湖南站	714.55	852.36	80	6373	166	4486	11025
3	珩琅山路站	658.10	828.03	80	7917	228	5449	13594
4	文津东路站	654.57	794.68	80	6544	183	4482	11209
5	博览中心站	746.07	911.85	80	7656	208	5398	13262
6	红花山路站	615.79	739.57	80	5996	140	3766	9902
7	奥体中心站	766.31	900.05	80	6107	187	4325	10619
8	环城北路站	595.81	701.41	50	3021	89	2170	5280
9	中山北路站	668.50	825.24	80	6994	212	5333	12539
10	赭山公园站	745.52	885.97	80	6449	185	4602	11236
11	赭山路站	772.82	912.90	80	6462	170	4574	11206
	峰、谷、平总量				76105	2131	53350	131586
	峰、谷、平单价(元)				0.62	0.38	0.94	—
	峰、谷、平总价(元)				47561	805.85	50268	98636.18

1号线赤铸山路—保顺路停车场发电量

表 6.4-7

序号	并网点	上月示数	本月示数	倍率	平总	谷总	峰总	总电量
1	赤铸山路站	686.74	827.52	80	6515	177	4570	11262
2	天门山路站	836.98	998.06	80	7395	182	5309	12886
3	天柱山路站	712.98	856.38	80	6677	178	4705	11560
4	港一路站	651.88	795.40	80	6609	168	4705	11482
5	武夷山路站	736.63	908.27	80	7927	209	5595	13731
6	裕安路站	496.47	610.09	50	3259	85	2337	5681
7	港湾路站	698.62	846.02	80	6782	179	4831	11792
8	鞍山路站	809.39	975.32	80	7626	199	5449	13274
9	龙山路站	653.68	800.35	80	6709	190	4835	11734
10	衡山路站	647.64	789.09	80	6457	165	4694	11316
11	泰山路站	887.80	1056.95	80	7741	201	5590	13532
12	华山路站	655.23	790.82	80	6267	150	4430	10847
13	保顺路站	849.61	1011.68	80	7460	192	5314	12966
14	保顺路停车场	516.23	639.32	120	8558	194	6019	14771
	峰、谷、平总量				95982	2469	68383	166834
	峰、谷、平单价(元)				0.6249	0.3781	0.9422	—
	峰、谷、平总价(元)				59983	933.67	64433	125350.8

2号线万春湖路—鸠兹广场发电量

表 6.4-8

序号	并网点	上月示数	本月示数	倍率	平总	谷总	峰总	总电量
1	万春湖路站	125.70	190.26	80	2992	88	2085	5165
2	徽州路站	145.28	216.24	80	3249	96	2332	5677
3	海晏路站	100.80	180.26	80	3605	112	2640	6357
4	云从路站	189.18	280.33	80	4221	120	2951	7292
5	神山公园站	228.92	334.48	80	4804	132	3508	8444
6	神山口站	246.20	363.34	80	5435	121	3815	9371
7	文化路站	177.87	277.03	80	4591	130	3212	7933
8	鸠兹广场站	0	136.22	120	9573	247	6526	16346
	峰、谷、平总量				38470	1046	27069	66585
	峰、谷、平单价(元)				0.62	0.38	0.94	—
	峰、谷、平总价(元)				24041	395.55	25505	49942.88

1号线白马山车辆基地—白马山站发电量

表 6.4-9

序号	并网点	上月示数	本月示数	倍率	平总	谷总	峰总	总电量
1	白马山站	788.46	940.98	20	1781	52	1217	3050
2	白马山车辆段1	606.43	606.43	120	0	0	0	0

续上表

序号	并网点	上月示数	本月示数	倍率	平总	谷总	峰总	总电量
3	白马山车辆段2	583.53	583.53	120	0	0	0	0
	峰、谷、平总量				1781	52	1217	3050
	峰、谷、平单价(元)				0.62	0.38	0.94	—
	峰、谷、平总价(元)				1113.00	19.66	1146.70	2279.41

2号线梦溪路车辆基地—梦溪路站发电量　　　表6.4-10

序号	并网点	上月示数	本月示数	倍率	平总	谷总	峰总	总电量
1	梦溪路站	771.91	919.08	20	1705	47	1191	2943
2	梦溪路车辆基地1	169.95	259.81	120	6217	176	4390	10783
3	梦溪路车辆基地2	480.57	588.85	120	7565	215	5214	12994
	峰、谷、平总量				15487	438	10795	26720
	峰、谷、平单价(元)				0.62	0.38	0.94	—
	峰、谷、平总价(元)				9678.6	165.63	10171	20015.72
	芜湖1号线、2号线一期光伏总电量2月(度)							394775

由表6.4-6～表6.4-10可知：在白马山车辆基地两处并网点(共500kW)未投入使用的情况下，1号线、2号线2022年2月份光伏发电系统实际运营发电量为39.48万kW·h，基本达到设计目标，运营状况良好。

(9)经济效益分析

1号线、2号线光伏总装机容量约为5.6MW，25年光伏总发电量为12445.4万kW·h，年平均发电量为497.8万kW·h，用户电价为企业峰时和平时用电的平均价格的优惠价0.75元/kW·h，运营维护成本按0.04元/kW·h考虑计算，投资回收期为11年左右。主要技术经济指标见表6.4-11。

主要技术经济指标　　　表6.4-11

项目	单位	总计
装机规模	MW	5.60
组件容量	Wp/块	285.00
年平均上网发电量	万kW·h	497.80
年利用小时数	h	1192.00
工程静态投资	万元	2296.00
建设期利息	万元	79.21
流动资金	万元	18.30
工程总投资	万元	2393.51
单位千瓦静态投资	元/kW	4100.00
单位千瓦投资	元/kW	4274.10

(10) 研究结论及建议

太阳能是一种清洁的能源,具有普遍性、永久性、无污染性和安全性的优点,是人类可以利用的最丰富的能源。在跨座式单轨中充分开发利用太阳能资源,不仅能节约能源,还可以减少温室气体,保护环境,是贯彻实施我国"碳达峰、碳中和"目标的具体行动。

①为贯彻节能降耗原则,通过经济技术比较,采用新工艺、新结构、新材料,拟定合理的工艺系统,优化设备选型和配置,满足合理备用要求。优先采用国内外、先进的成熟的新工艺、新方案、新材料、新结构的技术方案,进一步相关方面的工艺技术性课题。

②提高光伏电站综合自动化水平,实现全场监控和信息系统网络化,提高电站运行的安全性和经济性,为实现现代化企业管理创造条件。贯彻实施国家环保政策,确保将光伏电站建成环保绿色发电系统。

③将光伏发电系统作为跨座式单轨的标配设置,将跨座式单轨的闲置屋顶面积和空地有效利用起来,实现经济和环境效益双丰收,利于"双碳"目标的实现。

7 站城一体化设计与创新

我国正处在城市化进程的关键时期,城市轨道交通作为城市公共交通的骨干,对推动城市经济发展、改善城市交通拥堵、提高交通资源利用率、减少环境污染、增强中心城市优势、提升其辐射带动力有着举足轻重的作用。本章从站城一体化在中国的发展铺陈,分析总结一体化设计面临的现实挑战,以芜湖轨道交通建设实践为案例,提出芜湖轨道交通站城一体化设计策略和设计模式,并通过工程实践为站城一体化设计提供参考。

7.1 站城一体化设计的背景

7.1.1 站城一体化设计在中国的发展

随着中国城市化进程的加速,交通拥堵、环境污染和土地资源紧张等问题日益突出,成为制约城市可持续发展面临的巨大挑战。近年来,随着中国经济的快速发展、大规模城市轨道交通建设以及城市更新的步伐加快,依托城市轨道交通建设带动站点周边发展已成为广泛共识,站城一体化设计的概念也日渐成熟,并成为城市轨道交通建设中的重要组成部分。站城一体化设计主要分为两种模式:一种是在城市建成区内,以解决交通需求为主,同时充分利用城市轨道交通站点的高流量优势,以站点为中心,梳理现状业态,分析公共服务设施需求,调整周边空间的城市设计;另一种是在城市未建成区域,结合规划的产业布局,在站点步行范围内进行高强度、多层次、多元复合、集约高效的城市设计,使人们在通勤过程中就能完成购物及娱乐需求,从而提高出行效率并提升出行体验。

为了更好地推进站城一体化的发展,需要从多个方面入手:首先,政策文件的指引至关重要,国家和地方政府应出台相关政策支持站城一体化的发展,并制定相关的技术规范和标准;其次,工程实践中要注重因地制宜,针对城市建成区和未建成区的不同特点采取相应的措施;最后,技术创新、公众参与以及绿色低碳理念的应用也是不可或缺的,这些都将为站城一体化的长期可持续发展奠定坚实的基础。

7.1.2 站城一体化设计的发展脉络

第二次世界大战后,欧美国家以小汽车为导向的城市发展模式使得城市无序蔓延、交通拥堵、环境污染等城市问题日益凸显。城市规划学者在面对这些城市问题时,提出一系列解决城市问题的理论和实践探索方案。以公共交通为导向的城市发展模式(TOD)就是在这一时期产生的,并逐渐受到社会的关注。

1993年,卡尔索普在《未来美国大都市:生态·社区·美国梦》中提出,将混合用地、公交导向、步行化和多样性作为 TOD 地区规划引导最基本的原则,并归纳了 TOD 的规划设计纲要。TOD 理念成为20世纪末美国新城市主义的两大主要理论之一。1997年,美国加州大学伯克利分校的赛弗教授提出了 TOD 规划的3个主要原则,即密度(Density)、多样化(Diversity)和城市设计(Design),也称为"3D"原则。

21世纪以来,随着城市化进程的不断加快,TOD 在日本、中国香港、新加坡等亚洲地区得到了实践。TOD 理念的外延也在不断发展,在城市发展过程中发挥着重要作用。随着世界各国对建设低碳城市、生态城市、公交都市等诉求的增加,TOD 已不再局限于单个公交车站和轨道交通站点的开发,而是从一个"点"的开发上升到节点加走廊式的城市发展轴线打造。2008年,赛弗教授在"3D"原则的基础上,增加了基于站点节点的空间影响拓展"距离(Distance)"原则和基于公交走廊与区域功能发展的"目的地可达性(Destination Accessibility)"原则,形成了 TOD 的"5D"原则。

随着城市的飞速发展和不断进步,TOD 理念中的"公共交通"从最初的公交巴士干线聚焦于城市轨道交通,进而拓展到高铁、港口、机场等大运量的交通枢纽。

7.1.3 站城一体化设计的形式

本节研究的站城一体化设计,是以城市轨道交通站点为核心,满足城市轨道交通功能需求,统筹考虑车站及周边广场,以及车站与周边街区关系的空间设计。

根据城市轨道交通站点开发场所的不同,一体化设计有场段上盖开发、站点综合开发、地下空间开发、枢纽站城一体化等。

根据城市轨道交通站点所在区位的不同,一体化设计分为建成区的城市更新型和未建成区的开发引导型。

根据城市轨道交通开发主体和开发模式的不同,一体化设计分为政府和轨道交通公司联合开发型、轨道交通公司和开发商联合开发型和开发商开发型。

7.1.4 一体化设计面临的现实挑战

城市发展过程中,土地资源有限且珍贵。站城一体化可以充分利用城市轨道交通站点周边的土地资源,提高土地的利用效率。通过融合站点与城市综合体,可以合理规划和设计城市空间,避免土地浪费和碎片化。通过促进公共交通的发展,提高公共交通乘坐率,减少汽车使用,从而降低碳排放和空气污染。通过合理规划和设计,将城市公用设施、商业、居住、办公等资源与城市轨道交通站点相结合,形成集约化的城市空间布局,优化资源配置,提高城市的功能性

7 站城一体化设计与创新

和便利性。

尽管我国在站城一体化方面取得了一些进展,但与发达国家和地区相比仍存在一定差距。究其原因主要有以下问题:

一是规划设计不同步的问题。当今中国城市发生了翻天覆地的变化,大家对于公共交通与城市关系的认识也趋于一致,即城市轨道交通车站必须和城市协同发展,实施一体化建设与开发。但是"站"与"城"规划和建设时序的不同步,设计标准也常因建设主体不同而各异,这样就导致站城融合在设计之初就难以统筹考虑。

二是站城一体化推动模式的问题。随着站城一体化理念的深入,地方政府也在积极出台各种政策保障站城一体化的推进,站区规划与国土空间规划的衔接也更加充分,引入民间资本参与,都将促进站城一体化,形成城市更新的新格局。站在城市发展的高度上,站城一体化对中国城市发展的终极意义、站城一体化由谁来主导以及站城一体化的程度,是需要进一步思考的深层次的问题。

三是运营主体不同的问题。随着我国经济的快速发展,公共交通包括铁路旅客车站、城市轨道交通车站在内整体水平得到全方位提升,旅客乘车体验得到了明显改善。但是,因为运营主体、产权单位的不同(铁路车站属于铁路局,城市轨道交通车站属于地方轨道交通公司,周边用地产权属于开发商),带来的利益分配、风险分担等问题,统一开发建设、统一经营管理难以实现,这是实施站城一体化最大的问题。

7.2 芜湖轨道交通站城一体化设计探索

7.2.1 芜湖轨道交通建设概况

1号线贯穿芜湖市南北中轴线重要的客流走廊,与城市既有交通走廊适应性好,与芜湖市城市南北的发展轴向相一致,对芜湖市城市国土空间规划目标的实现具有重要意义。

2号线是轨道交通网络中的东西向骨干线,连通江北与江南城区,其中一期工程全部位于江南城区。本线将加强江南中心组团与城东产业组团之间的联系,将为新老城区之间提供便捷、安全、舒适、高效的交通服务,同时为引导中心城区的开发以及拓展芜湖市城市空间结构、优化城市功能布局,进而强化芜湖市的区位优势,提供高效便捷的交通保障。

鸠兹广场站综合体由控制中心、鸠兹广场站、地下停车场及附属配套设施构成,总建筑面积为46329.9m²。

7.2.2 芜湖轨道交通建设条件

芜湖是国家长江三角洲城市群发展规划的大城市,皖江城市带承接产业转移示范区的核心城市,合芜蚌国家自主创新示范区。2020年末,公安户籍人口388.47万人,比2019年减少1.37万人,2021年芜湖地区生产总值达4302.63亿元,经济总量居安徽省第二位,全市居民可支配年收入40501元。

芜湖城市发展的速度、经济水平以及人口规模等与北京、上海、广州等一线城市相比有显

153

著差异,芜湖轨道交通站城一体化设计不能完全仿照一线城市,应该结合自身城市特色,提出符合城市发展需求的站城一体化发展模式。《芜湖市轨道交通管理办法》提出,市自然资源和规划主管部门应当按照批准的城市轨道交通规划,做好城市轨道交通设施用地的控制管理,优先保障城市轨道交通相关用地,并满足一体化公共交通体系建设发展需要。

城市轨道交通站城一体化开发需要投入大量的资金,建设费用巨大,需要充分考虑资金来源。对于一体化开发建设的内容应经过充分的市场调研后确定,避免出现规模过大、成本无法回收、项目荒废等问题。《安徽省人民政府办公厅关于切实加强城市轨道交通安全运行保障的通知》(皖政办秘〔2018〕125号)提出,准确把握城市轨道交通发展规模和发展速度,合理确定制式和建设时序,量力而行、有序发展;涉及公共安全方面的设施设备和场地、用房等,要与城市轨道交通工程同步规划、同步设计、同步施工、同步验收、同步投入使用。

结合芜湖自身轨道线路情况,以已经开通的1号线为例,线路经过芜湖老城区,道路两侧的商业、住宅、办公等已经达到饱和,站点不具备高密度开发的条件。芜湖政府出台《芜湖市轨道交通管理办法》,提出城市轨道交通设施周边建(构)筑物需要与城市轨道交通设施连通的,其所有权人提出的连通方案应当满足城市轨道交通要求并征得城市轨道交通建设单位、运营单位同意后,依法办理相关手续;对与城市轨道交通设施连通的经营设施,由城市轨道交通建设单位、运营单位与其所有权人签订合同,明确双方的权利义务。对有条件的站点可以将出入口与周边商业进行连通,通过收取连通口费用,既提升了城市轨道交通自身造血功能,同时也实现站城一体化目标。该文件还提出在轨道交通规划确定的城市轨道交通设施用地范围内,城市轨道交通建设单位、运营单位可以进行土地、商业和广告等综合开发。

从城市轨道交通与城市功能的结合状况上分析,我国城市轨道交通的发展与城市空间的结合不紧密,而城市内部的城市轨道交通的建设主要解决城市内部的交通问题,忽视了与城市内部的功能与空间结合。

芜湖现状道路步行空间被占用,多数道路无非机动车道、步行不连续、无步行道和步行道太窄等问题比较严重,特别是步行空间被占用的问题尤为突出。另外现状公交候车时间长、候车环境差,换乘次数多线路直达性差现象普遍,公交系统整体服务水平不高。

为了进一步扩大城市轨道交通服务范围,打造发达的、一体化的绿色公共交通体系,提高轨道—公交—慢行系统融合效率,提升芜湖市民全过程公交出行体验,改进公共交通与城市形态的协调关系,形成有利于依赖绿色公共交通方式出行的城市空间形态。结合芜湖城市实际情况,将站城一体化概念进行外延,实现城市轨道交通与城市街道空间一体化、功能一体化。

7.2.3 芜湖轨道交通站城一体化设计策略

2015年,住房和城乡建设部发布的《城市轨道沿线地区规划设计导则》(建规函〔2015〕276号)提出,城市轨道站点的用地功能应与其交通服务范围及服务水平相匹配,并将TOD站点分为枢纽站(A类)、中心站(B类)、组团站(C类)、特殊控制站(D类)、端头站(E类)和一般站(F类)共6类,并从功能构成、空间组织、交通衔接等层面进行控制和引导。

(1)宏观层面:与城市空间发展结构相契合

城市轨道交通的发展,推动了城市产业结构的变革,促使城市和车站形成共同发展的模式。站城一体化设计是一种将城市空间与城市轨道交通结合,形成"共生"的开发模式,将轨道交通与城市空间相互融合共同发展。

《芜湖市城市总体规划（2012—2030年）》提出以"龙湖为心"，以长江、青弋江-漳河为轴线，建设"两江三城"，形成"江南城区、龙湖新城和江北新城"三大主城区，跨江联动、拥江发展，实现两岸共同繁荣。

芜湖市南北长超40km，为典型的沿江带状城市形态，是沿江产业发展密集带的重要城市之一。1号线贯通南北，串联江南城区城北产业组团、江南中心组团、城南科教产业组团，与城市南北向发展主轴基本一致，保证江南中心组团与城北产业组团及城南科教产业组团间的轨道交通直达联系。1号线的建设将有力地支撑芜湖城北产业组团产业转型以及城南科教新城的开发，推动市域产业空间布局的优化，同时增强线网的换乘能力，对引导老城功能、人口向外围组团疏散起到积极作用，实现城市轨道交通在城市发展方向上的引导作用，使城市轨道交通线路布设和城市空间布局相一致，有利于实现"两带两轴"的城镇空间布局结构。

随着江南城区"东扩南进"建设步伐的不断加快，城东产业组团正在逐步崛起，新区已经初具规模，江南城区将形成东西向发展的中轴。行政区划调整后，鸠江区的沈巷镇、无为市的二坝镇和汤沟镇划入城市总体规划的江北片区，总规提出"整体提升江南，加快建设江北"的发展战略，为推动未来芜湖城市空间发展指明方向。

2号线沿东西向走行，形似两翼，串联起江南城区中心区、城东产业组团与江北新城，与东西向发展次轴走向基本一致，保证"双核多极"中的江南和江北两大复合型城市核心间的城市轨道交通直达联系。因此，2号线的建设将有力地支撑芜湖城东产业组团、江北副城的开发，有利于工业向老城区外围转移并集中紧凑布局，从而推动市域产业空间布局的优化，同时增强线网的换乘能力，对引导老城功能、人口向外围组团疏散起到积极作用，实现城市轨道交通在城市发展方向上的引导作用，使城市轨道交通线路布设和城市空间布局相一致，江南江北将呈现拥江发展的态势，实现两岸共同繁荣，有利于城市规划的目标得以实现。

2号线贯穿芜湖市东西中轴线重要的客流走廊，与城市既有交通走廊适应性好，与芜湖市城市东西的发展轴向相一致，对芜湖市城市总体规划目标的实现具有重要意义。

(2) 中观层面：引导城市空间发展新方向

根据国内外各大城市轨道交通的建设经验，城市轨道交通的建设必将对沿线的用地，甚至是城市的发展方向及空间结构都产生重大影响。

1号线由北向南连接城北产业组团、江南中心组团和城南科教产业组团，城北产业组团为芜湖市主要产业区，规划对存量未开发用地进行用地性质调整，如凤鸣湖西侧沿湖地块调整为商业用地，银湖西侧的城中村改造调整为商业用地；江南中心组团是芜湖市中心区，规划以用地整合为主，如奥体公园西侧城中村地块调整为商住用地，奥体公园南侧地块作为商业用地整体开发；科教产业组团南段有大量未开发用地，是规划调整布局的重要区域。规划调整的主要内容有：芜湖汽车南站西侧地块整体调整为商住用地；结合高新区规划九华南路加气站西侧地块调整为科教产业用地等。

通过对1号线沿线主要用地调整，居住用地面积由现状925.7ha调整到1148.2ha，商业服务业设施用地由现状266.4ha增加到467.3ha，工业用地面积由现状的833.7ha降低到401.5ha，绿地与广场用地面积由现状的233.3ha增加到631.2ha，使1号线沿线用地结构更趋合理。同时，通过提高轨道交通站点周边用地容积率，进一步提高土地利用效率。

2号线为东西方向,沿线用地种类多样,用地权属相对复杂。现状以未开发用地、居住用地和公园绿地、水域等为主。其中,江北地区主要为水域和农田等未建设用地;江南地区西段以居住用地、公共服务设施用地、绿地等为主,东段以未开发用地和文化娱乐用地为主,中段有芜湖火车站、芜湖长途汽车站等对外交通用地。

依据2号线线位走向,江北中心区段是未来城市"跨江发展"拓展区域,用地规划依据《芜湖市城市总体规划(2012—2030年)》《安徽省江北产业集中区总体规划》及相关规划,用地主要调整为商业商务服务、居住用地。城东产业区是城市近期重点开发的新区,功能定位主要是政府文化中心,已建区近期新建的建筑全部保留,对未开发用地主要依据总体规划和相关规划要求,进行用地落实,用地性质主要以文化娱乐设施用地、行政办公用地和居住用地为主,站点周边的开发强调用地高强度开发和用地功能的混合使用。

(3)微观层面:聚集人气站城一体化设计

芜湖轨道交通站城一体化设计,以城市轨道交通站点、车辆基地等重要节点的交通功能为核心,根据不同区位的具体属性特征,对"站"与"城"的一体化设计提出具体的解决策略。通过对不同特质的研究与分析,芜湖轨道交通站城一体化设计具有以下特点:

①多元融合,活力共享

以车站、场段为中心,将生活性服务业、文化娱乐等多种功能和公共设施布设在站点周边,利用城市轨道交通与城市生活服务设施对客流的吸引,通过站城一体化设计使之有机融合;通过高效连接和无缝换乘,让城市空间与城市轨道交通充分融合,共建共享,构建多元复合的城市功能,提高场所感和可识别性,使之成为站点周边的城市活力中心。

②集约高效,便利快捷

充分利用城市轨道交通站点的高可达性特点,提高站点周边土地利用、地上地下空间一体化开发的强度,形成便捷高效的交通接驳,使市民在日常通勤的同时,完成购物、娱乐等休闲活动。

③景观再造,绿色宜人

车站创新性地采取轻量化设计技术,减小车站视觉体量。充分运用城市轨道交通高架系统的开放性,以精细化设计营造高品质的城市空间环境,运用景观设计,丰富城市景观,使之成为具有空间可识别性的场所;将城市轨道交通与城市绿廊有机结合,通过便捷的过街设施融入城市生活,关注站与城的融合时,更加关注人的乘降体验和精神吸引,是关注人的站城一体化设计。

7.2.4 芜湖轨道交通站城一体化设计模式

根据1号线、2号线各站点所处城市位置,结合芜湖城市自身城市特点,综合评估城市轨道交通站点周边的用地功能、交通服务范围及服务水平,将芜湖轨道交通站城一体化设计分为以下模式。

(1)集约型的站城一体化设计

集约型的站城一体化主要是将城市轨道交通站点与周围的城市功能空间进行集约化与复合化的开发,使城市轨道交通站点和城市功能空间在整体空间和体系上进行重叠。城市轨道交通站点与城市空间的独立性在两者高度融合中消失,两者之间的空间边界变得愈加模糊,并相互交织在一个整体空间内。

一般而言,集约型的站城一体化的空间往往根据不同的城市环境进行复合功能,主要由城

7 站城一体化设计与创新

市轨道交通、商业、展览、办公、酒店、居住、停车等功能等构成，集约型的站城一体化不仅能满足人们出行的需要，同时还能为人们提供居住、娱乐、休憩、交流的共享场所。

(2) 与城市交通一体化设计

虽然城市空间围绕着城市轨道交通站点进行发展，但是在其无法到达的区域，依然需要依靠小汽车、公交车、自行车等其他城市交通工具才能抵达目的地。城市轨道交通站点与其他公共交通进行连接能够帮助人们到达城市轨道交通所不经过的空间，城市轨道交通与其他公共交通接驳设计是否便利，直接关系到人们是否愿意乘坐城市轨道交通，故需要将城市轨道交通与城市其他交通进行一体化设计。

规划城市轨道交通站点站位时应考虑城市轨道交通与其他公共交通方式之间的换乘距离，建议城市轨道交通站点出入口与公交停靠站、出租车港湾之间距离控制在 50m 以内，对于无法满足的站点，可结合道路改造调整公交停靠站位置。对于接驳高铁站、汽车站的城市轨道交通站点可以通过设置与高铁站、汽车站直接连通的通道或者步行广场实现一体化设计，方便换乘。随着我国共享单车的快速发展和国家绿色低碳出行方式的倡导，自行车出行越来越受到人们的追捧，为了方便与城市轨道交通换乘，结合车站出入口空间设置非机动车集中停放空间，实现一体化设计。

(3) 与城市街道一体化设计

城市街道两侧布置有城市公共生活空间，城市街道是城市轨道交通站点与城市公共生活空间之间的连接媒介。城市轨道交通出入口通常设置在城市街道上，其与城市街道结合的好坏，可以直接影响人的慢行体验，同时还会影响人对城市的感受，以及城市空间的丰富度。1号线、2号线结合城市街道将车站出入口、出入口广场、人行道整合设计，通过统一衔接、统一景观形成一体化设计。

(4) 与周边商业、娱乐休闲基础设施一体化设计

当城市轨道交通站点所处位置邻近城市商业综合体、公园、游乐园等设施，站点周边开发强度已经达到饱和或者是站点周边大部分土地都已经建设完毕，而能够用于城市再开发的土地很少时，在车站与周边设施之间增设出入口，通过天桥与车站出入口连通，为商业带来新的客流，同时吸引周边设施的客流反哺城市轨道交通，二者互利互惠，进而实现站城一体化设计。

7.2.5 芜湖轨道交通站城一体化设计实践

根据芜湖轨道交通一体化设计的策略与模式，结合站点区位、规划条件，1号线、2号线各站站城一体化设计模式分类见表7.2-1。

芜湖轨道交通站城一体化设计模式　　　　表 7.2-1

线路	车站名称	站城一体化设计模式			
		集约型的站城一体化设计	与城市交通一体化设计	与城市街道一体化设计	与周边商业、娱乐休闲基础设施一体化设计
1号线	保顺路站	○	●	●	○
	华山路站	○	●	●	○

157

续上表

线路	车站名称	站城一体化设计模式			
		集约型的站城一体化设计	与城市交通一体化设计	与城市街道一体化设计	与周边商业、娱乐休闲基础设施一体化设计
1号线	泰山路站	○	●	●	○
	衡山路站	○	●	●	○
	龙山路站	○	●	●	○
	鞍山路站	○	●	●	○
	港湾路站	○	●	●	○
	裕安路站	○	●	●	○
	武夷山路站	○	●	●	○
	港一路站	○	●	●	○
	天柱山路站	○	●	●	●
	天门山路站	○	●	●	○
	赤铸山路站	○	●	●	○
	赭山路站	○	●	●	○
	赭山公园站	○	●	●	●
	中山北路站	○	●	●	●
	鸠兹广场站	●	●	●	●
	环城北路站	○	●	●	○
	奥体中心站	○	●	●	○
	红花山路站	○	●	●	○
	博览中心站	○	●	●	○
	文津东路站	○	●	●	○
	珩琅山路站	○	●	●	○
	芜湖南站	○	●	●	○
	白马山站	○	●	●	○
2号线一期	万春湖路站	○	●	●	○
	梦溪路站	○	●	●	○
	徽州路站	○	●	●	●
	海晏路站	○	●	●	○
	政务中心站	○	●	●	○
	云从路站	○	●	●	○
	神山公园站	○	●	●	●
	芜湖火车站	○	●	●	○
	神山口站	●	●	●	○
	文化路站	○	●	●	●
	鸠兹广场站	●	●	●	●

不难看出，1号线、2号线每一座车站都实现了与城市交通的一体化和与城市街道的一体化设计，部分车站实现了集约型的站城一体化设计，部分车站实现了与周边商业、娱乐休闲基础设施一体化设计。本节以鸠兹广场站综合体、芜湖南站、文化路站、中山北路站和梦溪路车辆基地作为代表性车站与场段，进一步阐述芜湖站城一体化设计实践。

1）鸠兹广场站综合体

(1) 项目背景

鸠兹广场站综合体位于芜湖市中心城区，场地及其周边区域人口密度高，道路狭窄、交通拥堵严重，见图7.2-1。

图7.2-1　鸠兹广场站场地原状

鸠兹广场站综合体是一个由南北走向的1号线和东西走向的2号线换乘车站（鸠兹广场站）与其他设施组成的综合体，总建筑面积约为46330m²。

(2) 原状与问题

项目用地东西方向长约277m（最长处），南北方向宽约87m（最宽处），面积约2.17ha。构成鸠兹广场站综合体的控制中心需要的"静"和鸠兹广场站的"动"互相矛盾。为解决这一问题，通过建筑布局、声音隔离、交通和人流分流、空间界定和视觉分隔以及整体设计等策略，实现各功能区域的互不干扰，同时又能使车站、控制中心、展览、员工食堂、车库等功能复合成一个有机的整体。

鸠兹广场站综合体投入使用后，将有大量客流进出车站或换乘其他交通工具，密集场所吸引的行人、非机动车、公交车、出租车、小汽车客流均需通过北京西路、黄山中路、中山北路、春安路进行疏导。要解决周边道路交通拥堵问题，并兼顾城市功能需求，成为首要考虑的问题。

鸠兹广场站综合体（图7.2-2）处于城市核心区，又融合了交通、展览、商业、停车等多种功能，是城市轨道交通连接城市核心区的关键节点，也是市民体验的打卡地，更是芜湖市对外展示的窗口。因此，鸠兹广场站综合体自身形象及其与周边建筑共同构成的城市空间至关重要。根据芜湖市城市整体风貌控制策略，芜湖城市中心以历史文化风貌为主。北京西路南侧是"融休闲于镜湖

图7.2-2　鸠兹广场站综合体实景图

紫雾，承文脉于赭麓烟霞"的鸠兹广场，这里承载了芜湖市临水而生，倚界而兴，因市而盛的历史内涵，是反映芜湖市过去现在与未来的城市客厅。鸠兹广场站综合体统筹考虑活动的场所，

与周边的街道、环境的连接,通过融合转化的设计手法,使之与周边城市环境相融合,向历史致敬。

(3)方案介绍

①多元融合,活力共享

鸠兹广场站在规划时,考虑到了1号线和2号线线路的布设、道路交叉口的景观影响、湖面的利用、线路的互联互通等问题。通过将车站架起,解决了黄山中路的交通拥堵问题,并巧妙地处理了展览和员工食堂的布置。控制中心的布置也考虑到了调度大厅和设备管理用房的分开,以及动静分区的设计。同时,地下空间的充分利用也解决了停车和设备用房的问题。

②集约高效,便利快捷

通过综合体内部的天桥、地道、广场、道路和垂直交通设施(垂直电梯、扶梯、楼梯)来引导行人、非机动车和机动车进入综合体内部的各个功能和城市空间,实现对不同目的的人流和车流的分流组织,提高多层次可达性。市民在日常通勤过程中可以方便地完成购物、娱乐等活动。

为了增加进出场地的通道,设计方案在场地东南侧增设了一条道路,将黄山中路与北京西路连通。这样不仅加强了黄山中路和北京西路的交通联系,还增加了进出场地的通道。另外,通过加宽中山北路东侧的人行道,形成城市与综合体之间的缓冲带,可以有效缓解鸠兹广场站大量进出站客流给中山北路带来的交通压力。

为了方便换乘,设计方案重新梳理了黄山中路、北京西路和中山北路的公交车、出租车停靠点的设置位置。同时,利用室外广场上的楼扶梯下方的三角空间、鸠兹广场站一层架空空间、区间道岔平台下部空间和天桥出入口下部的三角空间设置非机动停车场,提高了不同交通方式之间的换乘便利性。

通过以上设计,鸠兹广场站综合体实现了集约高效和便利便捷的特点,提供了多种交通方式的便捷换乘,方便市民的出行和活动。

通过设置横跨黄山中路的过街天桥,连通了鸠兹广场站厅层室外平台(二层),跨越了"静"广场、7m宽道路、春安路、北京西路以及下穿北京西路地道(见图7.2-3、图7.2-4),横跨黄山中路的过街天桥实现了客流进出车站和交通换乘方便,缓解了区域交通压力,加强了区域联系,也实现了人车分流,提高了交通的效率和安全性。

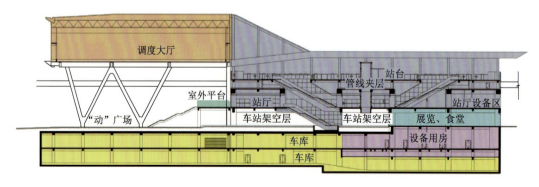

图7.2-3 鸠兹广场站综合体剖面图1

7　站城一体化设计与创新

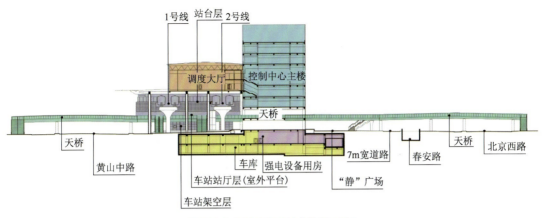

图 7.2-4　鸠兹广场站综合体剖面图 2

③景观再造，绿色宜人

设计师通过分析规划定位、周边环境、城市空间，运用简洁流畅的建筑形体体现交通建筑的速度感，用丰富的建筑空间体现对人的关照，将鸠兹广场站综合体和广场融入原有城市景观，既塑造了交通建筑的可识别性，又充分尊重其原有建筑的历史价值和独特性，将历史风貌与当代需求完美结合在一起。

综合体控制中心主楼平面为平行四边形，调度大厅平面为半圆弧形，车站平面为长方形，三者呈"L"形布局。形体设计采用"虚实结合""对立统一""律动自然"的设计手法，建筑整体诠释了"形式追随功能"的现代建筑设计理念，见图 7.2-5、图 7.2-6。

图 7.2-5　鸠兹广场站综合体鸟瞰图

图 7.2-6　鸠兹广场站综合体实景图

| 161

控制中心主楼、调度大厅、车站、桥梁墩柱、轨道梁等高度各不相同,各单体体量不大,整体性不强,为弱化不同高度、不同体量的建筑和构筑物给城市空间带来的杂乱感,设计将调度大厅、车站、桥梁墩柱、轨道梁一体化设计,将其统筹设计在整体屋盖之下,流畅的屋顶与主楼共同构成一高一低、一纵一横的标志形象,见图7.2-7和图7.2-8。

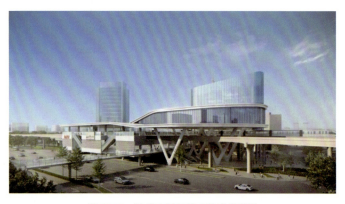

图7.2-7 鸠兹广场站综合体半鸟瞰图

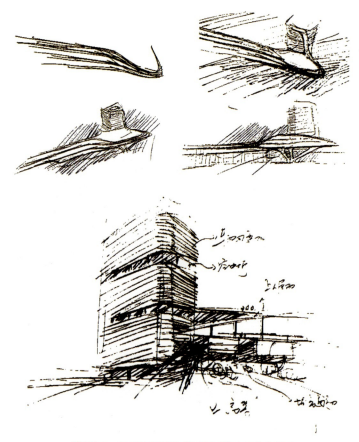

图7.2-8 鸠兹广场站综合体建筑设计过程手绘稿

结合鸠兹广场站综合体体量特征及其快速流动的功能需求,建设配套设施和绿化景观,形成舒适的活动空间,见图7.2-9。

图7.2-9　鸠兹广场站综合体广场夜景

2)芜湖南站

(1)项目背景

1号线芜湖南站位于高铁芜湖南站站前广场西侧,沿济南路路中布置,1号线与远期3号线在芜湖南站换乘。芜湖南站设置于济南路的路中,远期3号线芜湖南站设置于1号线西侧,换乘方式采用付费区换乘方案。车站东侧为高铁芜湖南站、芜湖汽车南站,车站周边主要规划商业服务设施用地、区域交通设施用地、绿地广场用地。

芜湖南站为路中高架三层侧式车站,车站主体外包尺寸为23.68m×76.60m,车站高度19.62m,设东、西两座天桥出入口。

(2)现状与问题

设计之初,高铁芜湖南站和芜湖汽车南站已建成并投入使用,在设置站位时需考虑城市轨道交通与二者的衔接,对步行至高铁站及汽车站的旅客交通流线、距离是重点考虑的因素,保证轨道站点与高铁芜湖南站、芜湖汽车南站之间换乘距离最短,换乘最方便是车站要解决的首要问题。同时,在满足线路路由敷设的条件下,尽量减少对高铁芜湖南站、芜湖汽车南站和站前广场的景观影响是设计的重点。

济南路和南昌路两条城市道路垂直形成一个丁字路口,车站布置时应考虑尽量少占用城市道路,为道路留出更多的空间,确保机动车驾驶安全。本站为1号线与远期3号线的换乘站,对远期3号线站位的预留及换乘方式,也是设计中需提前思考的问题。

(3)方案介绍

为了便于城市轨道交通站点与高铁芜湖南站、芜湖汽车南站之间换乘,同时减少1号线对高铁芜湖南站、芜湖汽车南站和站前广场的景观影响,本段线路沿道路东侧绿化侧分带上敷设,仅在车站及道岔平台范围内,加宽绿化侧分带落柱;车站建筑外墙距芜湖汽车南站建筑间距大于12m,满足防火规范要求,见图7.2-10。车站设计展现了以下三个特点。

①多元融合,活力共享

本站是服务于市民乘坐高铁芜湖南站、芜湖汽车南站和远期3号线所设置的车站,通过高效连接和无缝换乘,形成便捷的交通接驳,让公共交通与城市轨道交通充分融合、共建共享,构建多元复合的城市功能。

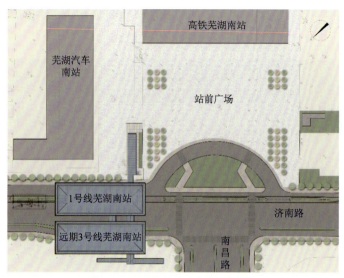

图 7.2-10　芜湖南站一体化设计总图

②集约高效，便利快捷

车站天桥东出入口设置在原站前广场绿化带内，并设置了无障碍垂直电梯，方便带行李的旅客乘车；城市轨道交通车站与芜湖汽车南站、高铁芜湖南站换乘采用步行通过广场换乘，天桥东出入口距离芜湖汽车南站入口小于 50m，距离高铁芜湖南站入口小于 100m。远期 3 号线芜湖南站预留在道路西侧，立柱落在人行道外侧，与 1 号线芜湖南站平行设置，换乘方式采用付费区换乘方案，可实现一个方向旅客同台换乘，另一方向旅客通过站厅层换乘，便利快捷。

③景观再造，绿色宜人

芜湖南站通过建筑立面设计，建筑材料、色彩与高铁芜湖南站、芜湖汽车南站保持一致，形成整体设计，保证了城市空间的统一性，营造高品质的城市空间环境。

3）文化路站

（1）项目背景

2 号线文化路站位于北京中路与文化路交叉口东侧，处于芜湖市中心。车站北侧有谊和大厦、大润发超市及其停车场，南侧有镜湖小学以及多栋低层住宅小区和停车场。

文化路站为路中高架三层侧式站台车站，车站主体外包尺寸为 22.98m×76.60m，车站高度为 19.55m，设南北天桥出入口。

（2）现状与问题

文化路站道路两侧建筑林立、道路狭窄，车站勉强能设置于道路正中间且满足与周边建筑防火距离要求，道路两侧没有足够空间可以设置车站天桥出入口。为保证设站的可行性，需要拆除车站北侧大润发停车场内的自行车棚和车站南侧一栋居民楼。

（3）方案介绍

为了让城市街道与车站更好地结合，车站天桥南北两侧出入口、出入口广场、人行道进行一体化设计。

①多元融合，活力共享

本站位于市中心区域，周边有大型超市、学校和住宅区，通过城市轨道交通吸引客流，使城市空间与城市轨道交通充分融合,共建共享,提高场所感和可识别性,构建多元复合的城市功能,使站点融入城市、提高城市活力。

②集约高效,便利快捷

利用拆迁形成的城市空地,布置车站南北两侧的天桥出入口、广场,一体化设计天桥出入口、广场、城市人行道在地面高程、交通流线组织。

为了方便与城市轨道交通的换乘,车站天桥北侧出入口下方空间设置了非机动车集中停放空间,车站南侧出入口结合广场设置了非机动车停放区域。

③景观再造,绿色宜人

车站天桥北侧出入口广场地面采用芝麻白荔枝面花岗岩硬质铺地,局部设置了绿化、移动花箱和长椅。车站天桥南侧出入口广场地面采用芝麻白和芝麻黑两种荔枝面花岗岩硬质组合铺地,广场景观设计了花坛、花坛坐凳,种植了十余种乔木及灌木,成为一处休闲娱乐可停留的场所,提高城市空间的功能复合性。

文化路站一体化设计总图如图 7.2-11 所示。

图 7.2-11　文化路站一体化设计总图

4)中山北路站

(1)项目背景

1 号线中山北路站位于银湖南路与中山北路交叉口南侧,沿中山北路路中绿化带南北向设置,路西侧为沃尔玛购物中心,路东侧为市重点工程管理局、南台小区、凤凰美食街。车站为路中高架三层侧式车站,外轮廓尺寸为 90.10m×22.98m,车站高度为 22.20m,设 A、B 两座天桥出入口。

(2)现状与问题

中山北路站位于芜湖市中心,周边用地开发已相当成熟,无更多的空闲用地用于车站的综合开发。由于线路敷设条件限制,车站站位与市政过街天桥与芜湖八佰伴商场有一定的距离,车站与市政设施和商业中心的衔接以及客流引导均存在一定的问题。

(3) 方案介绍

①多元融合，活力共享

1号线中山北路站周边有红星美凯龙、芜湖八佰伴商场等，但是商圈辐射范围有限，客流吸引已日趋上限。通过在此设置城市轨道交通车站，可以将线路沿线居民吸引到八佰伴商圈，补强商圈客流，既方便了沿线居民，又提高了商圈的商业价值。中山北路站的设置提高了八佰伴商圈与其他城市空间的联系，提高了城市功能的多元复合性。

②集约高效，便利快捷

中山北路站北侧设有一市政天桥，路口四个象限的行人均通过市政天桥过马路。由于受到线路敷设条件限制，车站站位与市政天桥以及芜湖八佰伴商场有一定的距离，为了更好地衔接车站周边的商业中心、市政设施，提升站城一体化程度，本工程拆除市政天桥靠近车站一侧的一个既有出入口，设置3m宽的连接通道与车站天桥出入口相连。这个方案可以免去乘客在车站和市政天桥之间通行时上下楼梯的困扰，提高了车站周边的空间利用率。

③景观再造，绿色宜人

芜湖八佰伴商圈作为一个成熟的商圈，周边土地几乎已全部开发，无更多土地进行城市更新。中山北路站利用路中高架空间进行车站建设，打造车站整体轻巧新颖的景观效果，为这个成熟的城市空间注入新的活力。

中山北路站一体化设计总图见图7.2-12。

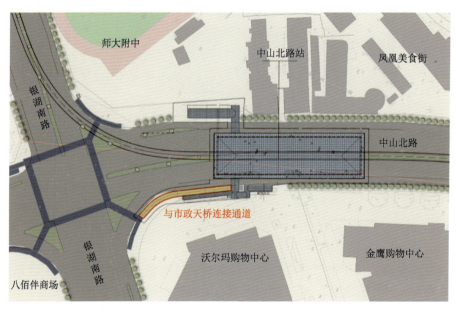

图7.2-12 中山北路站一体化设计总图

5) 车辆基地

1号线、2号线共设有梦溪路车辆基地、白马山车辆基地及保顺路停车场。针对车辆基地的一体化设计，本工程重点研究了2号线梦溪路车辆基地的上盖物业开发。

(1) 梦溪路车辆基地概况

梦溪路车辆基地位于宁芜高速以东、沪渝高速以北、赤铸山东路以南、梦溪路以西合围区域。段址所在区域原为水田种植区,现为苗木种植区,区域内地势较为平坦、沟渠较多。梦溪路车辆基地占地25.1ha,设有停车10线20列位(其中预留4线8列位)、列检6线12列位、三月检3线3列位、换轮及临修2线3列位、工程车线3条、试车线1条,设运转整备综合楼及列检棚、检修库、工程车库、综合库等生产及辅助房屋,配套车辆运用、检修工艺设备。段内敷设接触网、动照、弱电电缆沟。

(2)总体规划与设计思路

梦溪路车辆基地用地规划为商业用地及居住用地,车辆基地北侧规划有教育、科研、住宅等用地,东侧规划为绿地景观等,西侧为方特乐园休闲游艺中心。区域内规划配套完善,人流较密集。由于梦溪路车辆基地与庞巴迪工厂毗邻而建,占用了宁芜高速以东、沪渝高速以北、赤铸山东路以南、梦溪路以西合围区域整个地块,占地面积大,容易对城市规划产生切割,且厂区占用了规划的商业及住宅用地。因此,研究梦溪路车辆基地上盖物业形式,集约土地利用力图打造片区中心,从而带动整个大社区的发展。上盖物业开发不分割城市地块,为区域用地良好的整体规划和高密度发展提供便利。

(3)上盖物业开发业态及规模

根据城市总体规划,此区域规划为商业和居住用地。综合考虑车辆基地工艺需求、功能布局及经济效益等因素,车辆基地拟采用停车场用地上盖开发方案。上盖开发业态为商业及住宅,配套开发停车场及公共绿地,面向社会开放。打造以人为本、开放共享的高品质立体公园社区,突出业态策划与形态控制,营造品质较高、特色多样的活力生活场景,构建便捷高效的立体交通系统。

车辆基地上盖的结构体系采用钢筋混凝土框架结构。此结构形式的优点是柱网布置灵活,可以最大程度地利用车辆基地内密集线路之间的空当设置柱位,避免构件侵入限界。

上盖物业需要重点解决消防、交通衔接问题,可以通过修建高架通道、室外台阶坡道设施等综合解决人流、车流的问题。此外,还需考虑振动、光污染、声污染处理措施等问题。

经研究,上盖物业开发规模、类型详见表7.2-2、图7.2-13、图7.2-14。

梦溪路车辆基地开发示意　　表7.2-2

站名	上盖开发用地规模(ha)	容积率	总建筑规模(万m²)	分类建筑规模(万m²)			建安费(万元)			
				引桥	商业	住宅	平台	引桥	商业	住宅
梦溪路车辆基地	3.44	2.55	8.77	0.69	0.81	7.96	20640	2740	2511	23084

(4)投资回报、经济评价分析

上盖开发用地规模为3.44ha,物业开发总建筑面积为8.77万m²,其中住宅约7.96万m²,商业约0.81万m²,引桥面积0.69万m²。开发成本中,建安成本为平台建设费20640万元(0.6万元/m²)、引桥建设费2740万元(0.4万元/m²)、商业2511万元(0.31万元/m²)、住宅23084万元(0.29万元/m²)。考虑前期费、管理费、其他费、财务费用、流动资金等因素,合计开发成本约为69545万元。根据芜湖市场房价调查,考虑不同情况下的商业销售价格波动为10000~15000元/m²,住宅销售价格波动为4500~6000元/m²,综合物业开发收益为35960万~

59910万元。即便是最好情况下也无法收回成本,亏损9635万元。

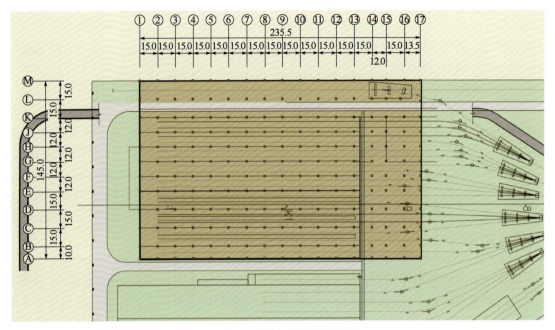

图7.2-13 物业开发平台柱位图(尺寸单位:m)

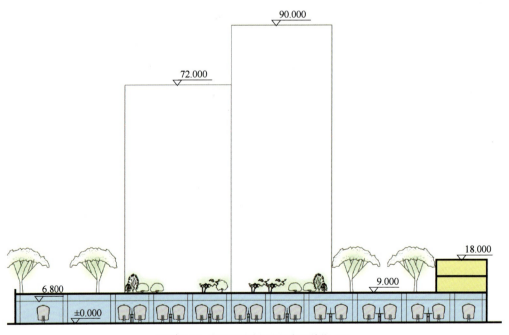

图7.2-14 物业开发剖面图(高程单位:m)

综上分析,芜湖两段一场开发区域利用停车场上方空间,上盖物业开发虽然可以避免征地拆迁,但增加了平台建设费用和引桥建设费用,实际开发成本较高,难以对周边地产形成竞争优势,物业开发投资大于收益回报,开发收益不容乐观。

7　站城一体化设计与创新

考虑芜湖市城市总体规划、城市开发的条件、开发环境与品质，以及对居民吸引力弱等因素，上盖物业开发代价较高，因此，芜湖轨道交通两段一场未进行上盖物业开发。

7.3　站城一体化发展与展望

推动站城一体化发展是我国交通运输转型发展的重要方向之一，对盘活存量资产、扩大有效投资、释放消费潜力和增强发展动力发挥重要作用。未来站城一体化发展有以下几个显著特征：

（1）由政府投资向引进民间资本转变。《关于支持民营企业参与交通基础设施建设发展的实施意见》（发改基础〔2020〕1008号）提出，将枢纽地上地下及周边区域开发作为一个整体，构建"一个主体"的建设开发新体制，建立各类开发主体公平合理的利益分配机制、风险分担机制和协商机制，鼓励民营企业通过独资、股权合作等方式参与依托既有枢纽的城市更新和新建枢纽区域综合开发。

（2）更加关注城市轨道交通线网规划和建设规划与国土空间规划的耦合。早期的站城一体化建设基本上是城市轨道交通站点结合周边土地进行综合开发，现在越来越多的城市在进行城市轨道交通线网规划和建设规划时注重与国土空间规划的相互协调与调整。例如，芜湖轨道交通2号线二期工程在规划时，结合城市最新的国土空间规划开展沿线站点的站城一体化专题研究。

（3）由"轨道+物业"向"站城一体化+复合功能"转变。早期的站城一体化理论和设计实践大多是关注"轨道+物业"的房地产开发项目，随着社会的发展和站城一体化相关研究的完善，在"轨道+物业"的基础上，更加关注提高基础设施与公服配套的聚集度和智能度，促进人口导入和新兴产业发展，引领崭新生活方式。

（4）从更加关注城市建设到更加关注人的体验。随着中国城市化进程的加快，人们对城市的要求将目光聚焦向城市内部，着眼于提高城市居民生活水平和生活质量，经营好城市，使城市焕发出魅力和活力。随着我国高速铁路、城际铁路、地铁、轻轨、单轨等轨道交通的大发展，以及人们在信息化、老龄化、国际化等方面的意识增强，对于站城一体化的设计立足点由过去的以车站为核心的综合开发逐渐向"车站+城市+人"一体化设计的理念进行转变，将人的需求、人的舒适度作为站城一体化优劣的首要考察指标。

8 全自动运行系统创新技术

8.1 全自动运行系统技术应用概述

8.1.1 轨道交通全自动运行系统国内外应用现状

全自动运行系统(Fully Automatic Operation,FAO)在城市轨道交通建设中的应用已经成为行业主流选择。全自动运行系统的发展经历了起步阶段和广泛应用阶段,轨道交通系统从人工驾驶、半自动驾驶逐渐转变为全自动运行。世界上第一条采用全自动运行系统的城市轨道交通线路是法国里尔地铁1号线,于1983年开通运营。2005年以来,全自动运行系统发展速度加快,逐渐在中、高运量地铁中广泛应用。新加坡地铁东北线是应用全自动运行系统的典型线路,于2003年6月开通运营,于2005年后开始全自动运行。

截至2024年年末,31个省(自治区、直辖市)已运营、在建城轨全自动运行系统的城市有北京、上海、深圳、广州、武汉、成都等29座城市,线路共计95条,线网规模达3181.71km;其中已运营线路有59条(段),运营里程达1904.55km;在建线路有42条(段),在建里程为1277.16km。

从开通全自动运行线路里程看,上海位居首位,已开通运营8条全自动运行线路,总里程为307.9km;广州已开通运营5条全自动运行线路,总里程为226.51km;苏州开通运营5条全自动运行线路,总里程为202.27km;北京已开通运营7条全自动运行线路,总里程超200km。

过去六年(2019—2024年),全自动运行线路实现了爆发式增长,建成有全自动运行线路的城市由4座增长至21座,新增全自动运行线路运营里程达到1517.89km。其中,2021—2024年,每年新增的全自动运行线路均超过200km,2024年新增的全自动运行线路里程最多,达到427.03km。2019—2024年新增全自动运行线路统计见表8.1-1。

2019—2024年新增全自动运行线路统计　　　　表8.1-1

年份(年)	线路(条)	城市(座)	里程(km)
2019	1	1	41.36
2020	3	4	72.25

续上表

年份(年)	线路(条)	城市(座)	里程(km)
2021	12	8	396.48
2022	4	7	211.13
2023	9	9	369.64
2024	16	12	427.03

8.1.2 跨座式单轨全自动运行系统应用现状

美国拉斯维加斯跨座式单轨线路全长6.4km，共设7座车站，配备9列车4编组，2004年7月投入使用，采用全自动驾驶技术。巴西圣保罗地铁15号线作为世界上首条使用庞巴迪INNOVIA 300列车的跨座式单轨线路，全长27km、车站18座，目前已开通运营7.6km、车站6座，采用CITYFLO 650核心系统方案、全自动驾驶技术。沙特阿拉伯利雅得新阿卜杜拉国王金融区单轨交通线路全长3.6km，共设6座车站，配备6列车2编组，采用INNOVIA 300型列车、CITYFLO 650核心系统方案，应用全自动驾驶技术。

2019年8月，由Orascom Construction和阿拉伯承包商参与、阿尔斯通牵头的财团(原英国庞巴迪运输公司)，签署了一份价值27亿欧元的合同，用于设计、实施、运营和维护两条跨座式单轨线路。其中，一条单轨连接新行政首都和开罗东部纳赛尔城长54km，另一条连接开罗西部Mohandessin和十月六日城长约42km。2021年9月8日，阿尔斯通70列INNOVIA 300单轨列车抵达开罗，首批8辆全自动无人驾驶车辆的发运成为埃及开罗单轨发展的一个重要里程碑。

泰国曼谷粉线全长34.5km，设站台30个，呈东西走向，位于曼谷市北部，并延伸至暖武里府；黄线全长30.4km，设站台23个，呈南北走向，位于曼谷市东部，并延伸至沙没巴干府。两线泰国黄线、粉线采用INNOVIA 300型列车、CITYFLO 650核心系统方案、无人驾驶技术。

全球正在运营的全自动运行跨座式单轨线路项目情况见表8.1-2。

跨座式单轨全自动运行线路开通项目一览表　　　　表8.1-2

国家	地点	长度(km)	用途	全自动等级
美国	拉斯维加斯	6.4	客运	GoA4
沙特阿拉伯	利雅得	3.6	观光	GoA4
阿联酋	迪拜棕榈岛	5.4	客运	GoA4
巴西	圣保罗15号线	14.6	客运	GoA4
韩国	大邱	24.0	客运	GoA3
中国	芜湖	46.0	客运	GoA4

2021年，随着芜湖轨道交通1号线、2号线的开通，国内单轨迎来全自动运行时代。下面从国内外不同单轨项目和不同交通制式两个方面比较分析全自动运行系统。

芜湖轨道交通1号线、2号线工程信号系统采用一套完整的、基于无线通信的移动闭塞列车控制系统(CBTC)，最高运行模式为无人自动驾驶模式(FAM)，以及ATP防护下人工驾驶模式(CM)和全人工模式(EUM)。该系统包括：列车自动监控子系统(ATS)、列车自动防护子系统(ATP)、列车自动运行子系统(ATO)、计算机联锁子系统(CBI)、数据通信子系统(DCS)以及维护监测子系统(MSS)。

与芜湖轨道交通1号线、2号线类似的国外跨座式单轨项目主要有巴西圣保罗地铁15号线。与该单轨相比,芜湖2号线所采用的CITYFLO 650全套方案基础配置更加完善,支持全自动运行功能,范围涵盖正线、车辆段及停车场。为符合国内轨道交通建设标准,轨旁增加计算机联锁及计轴设备,从而提高了系统的可用性;信号系统与站台门接口采用新研发的站台门控制柜,采用2乘2取2架构,可与车载ATP/ATO直接通信,开关门效率进一步提高;车载ATP/ATO采用CoHP-2平台,首尾两端构成2乘2取2架构,支持不停车热备切换;列车自动监控系统在控制中心和车站都布置有相应的服务器和工作站;车-地无线传输系统采用LTE设备,符合信号系统的通信要求。

8.2 全自动运行系统的必要性

全自动运行系统(图8.2-1)是一项系统工程,涉及车辆、信号、综合监控、通信、站台门、车辆基地等多个专业,需要各专业密切联系。主要包含以下几个系统。

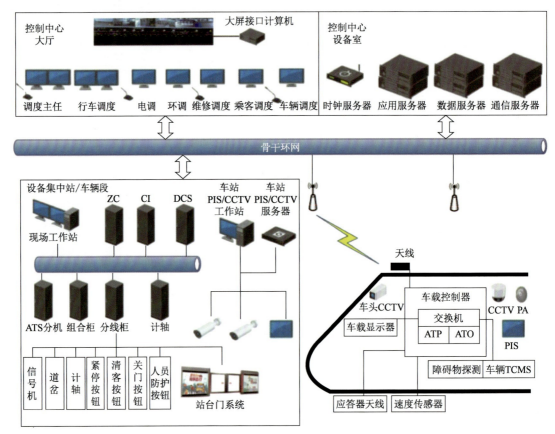

图8.2-1　全自动运行系统结构图

车辆自动控制系统:通过车辆自动控制系统实现列车的自动驾驶和运行控制,包括列车的加速、减速、制动、转向等操作。

信号系统:确保列车行驶安全的信号系统需要与车辆自动控制系统紧密配合,实现列车的自动停车、启动、换线等操作。

综合监控系统:通过监控设备对列车运行状态、车辆设备、信号设备等进行实时监测和管理,及时发现和处理异常情况。

通信系统:提供列车控制中心、车站之间的通信连接,实现实时数据的传输和交换,确保运行控制的准确性和及时性。

站台门系统:通过站台门的开闭控制,确保乘客安全上下车,防止人员误入轨行区。

控制中心调度系统:通过控制中心调度员对全自动运行系统进行监控和调度,及时处理运行异常情况,确保运行的安全和顺畅。

综合维护辅助系统:对全自动运行系统提供维护和保养支持,包括设备巡检、故障诊断、维修保养等功能。

全自动运行系统具有以下优点。

(1)高度自动化、深度集成

全自动运行系统通过以行车指挥为核心的控制系统,可以实现列车的自动化操作,减少人为因素对运营的影响。例如,列车可以自动进行电力自检、段内行驶、正线区间行驶、车站停车及发车、端站折返等操作,大大降低了人为误操作的可能性。

此外,全自动运行系统还具备快速、有效应对运营过程中扰动的能力,可以迅速调整运营计划以应对突发情况。例如,当出现故障或其他运营异常时,系统可以自动调整列车的行驶速度和间隔,确保列车运行的安全和稳定。

(2)充分的冗余配置

全自动运行系统的车辆、信号等关键运行设备均采用冗余技术,即设备备份,一旦某个设备故障,备份设备会立即接管工作,确保系统的连续运行。

信号在既有设备冗余的基础上,增强了冗余配置,包括:车载控制器头尾设备冗余、ATO冗余配置、与车辆接口冗余配置、ATS与其他子系统通信采用四重冗余网关、主备中心冗余等。车辆加强了双网冗余控制,增加与信号、PIS的接口冗余配置等,以确保信号系统的可靠性和稳定性。

车载信号系统结构如图8.2-2所示。

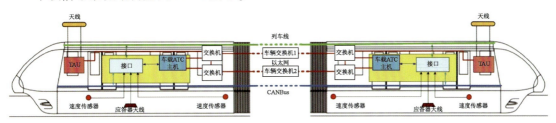

图8.2-2 车载信号系统结构图

(3)完善的安全防护

全自动运行系统实现了列车运行全过程的安全防护,具体体现在:

①通过增强运营人员和乘客的防护功能,有效降低了人员伤亡的风险。

②扩大了ATP的防护范围,对车辆运行过程中的安全问题进行监测和控制。

③增加了轨道障碍物检测功能,能够及时发现和处理轨道上的障碍物,避免列车出现异常情况。

④在应急情况下,各个系统能够联动工作,提供及时的应急响应和处理措施。控制中心处理突发情况的防护能力也得到了增强,能够快速响应并处理各种突发情况,保障系统的稳定运行。

(4)丰富的中心功能

在全自动运行系统中,控制中心的工作职能将更加丰富和重要。控制中心需要实现以下功能。

列车调度:控制中心将负责列车的远程调度,包括列车的出发、到达、停车、加速、减速等操作。调度员需要根据乘客需求和交通状况合理安排列车的运行计划,确保列车按时到达目的地。

列车监控:控制中心需要实时监控列车的运行状态,包括车速、位置、故障情况等。通过监控系统,调度员可以及时了解列车的运行情况,对可能出现的问题进行预测和处理,确保列车的安全运行。

设备维护调度:控制中心需要监测和维护列车的各个设备系统,包括信号系统、通信系统、制动系统等。调度员需要及时发现并处理设备故障,确保列车的正常运行。

乘客调度:控制中心需要负责乘客的调度和服务。调度员可以根据乘客的需求和列车的运行情况,合理安排乘客的上下车时间和地点,确保乘客的出行顺利。

远程控制和干预:控制中心具备远程控制列车运行和故障处置的能力。当出现紧急情况或需要干预列车运行时,车辆各系统自检运行状态、故障情况可实时传送至控制中心,使行车控制人员及时掌握列车运行情况,对列车运行实施有效控制。信号与综合监控、车辆等专业配合实现正常运营及故障处置,必要时远程对列车执行相关联动控制。控制中心具备远程控制列车运行及故障处置的手段,必要时远程对列车运行实施干预。

(5)完全兼容常规驾驶模式

按照 GoA4 建设的全自动运行系统,在常规驾驶模式的基础上,增加了 FAO(全自动运行)模式。GoA4 建设的线路具备完整的驾驶模式,可支持从传统的 CBTC 运行模式平滑过渡到全自动运行模式。

全自动运行系统是城市轨道交通技术的发展方向,其目的不是为了减少驾驶员/乘务员,而是为了进一步增强城市轨道交通系统的功能和性能。

8.3 全自动运行系统及自动化运行等级

中国城市轨道交通全自动运行系统规范定义了适应于我国城市轨道交通的不同的自动化等级,以指导系统的功能配置。

(1)GoA0:在该等级下,系统实现目视下的列车运行(TOS)。

(2)GoA1:在该等级下,系统实现非自动化列车运行(NTO)。

(3)GoA2:在该等级下,系统实现半自动化列车运行(STO)。

(4)GoA3:在该等级下,系统实现有人值守下的列车自动运行(DTO)。

(5)GoA4:在该等级下,系统实现无人值守下的列车自动运行(UTO)。

全自动运行系统通过传感器获取轨道和车辆的信息,根据预设的算法和程序控制车辆的

8 全自动运行系统创新技术

加速、减速和停车,根据乘客的需求和交通状况调节车辆的运行速度和间隔时间。系统将传统司机的部分工作转移到由中心调度负责,其余部分工作由系统自动完成。全自动运行系统降低了人员的工作强度,提高了自动化水平,减少了人员的误操作,使系统可以更加有效地应对运营过程中的扰动。全自动运行系统基本功能见表8.3-1。

全自动运行系统基本功能　　　　　　　表8.3-1

	列车运行基本功能要求	GoA3	GoA4
列车驾驶与监控	唤醒	系统	系统
	休眠	系统	系统
	列车蠕动模式运行	人工或系统	系统
	进站停车	系统	系统
	列车状态远程监控	系统	系统
	车辆制动系统故障处理	人工或系统	系统
	列车紧急制动缓解	人工或系统	系统
	远程紧急制动与缓解	人工或系统	系统
运营管理与监督	早间上电	系统	系统
	出库	系统	系统
	进入正线服务	系统	系统
	停止在线服务	系统	系统
	回库	人工或系统	系统
	扣车	系统	系统
	跳停	系统	系统
	折返换端	系统	系统
	车辆段内自动转线	人工或系统	系统
	雨雪模式	人工或系统	系统
	洗车	系统	系统
	清扫工况	系统	系统
监督乘客乘车	站台发车	系统	系统
	再关车门/站台门控制	人工或系统	系统
	清客	人工或系统	人工或系统
	车门站台门间隙防护	系统	系统
设备及制度化区域监测	障碍物检测	系统	系统
	SPKS 设置	系统	系统
	车辆检修按钮设置	系统	系统
	列车启动指示灯设置	系统	系统
	FAO 模式指示灯设置	系统	系统

续上表

列车运行基本功能要求		GoA3	GoA4
紧急状态的检测与运行处理	紧急呼叫	人工或系统	系统
	紧急操作装置	系统	系统
	车辆火灾监控及系统联动	人工或系统	系统
	车站火灾监控及系统联动	系统	系统
	区间火灾监控及联动	系统	系统
	车门状态丢失处理	人工或系统	系统
	站台门状态丢失处理	系统	系统
	车门对位隔离站台门	系统	系统
	站台门对位隔离车门	系统	系统
	救援	人工	人工或系统
	区间疏散含逃生门管理（如有）	人工	人工或系统

注：1．"系统"表示由 FAO 系统自动完成或经中心/站台相关人员确认后联动完成的功能；"人工"表示为需要运营工作人员完成或应急处置完成的功能。

2．"或"表示 FAO 系统具备二次处理方式，具体处理方式可选。

8.4 全自动运行系统运营场景

全自动运行系统较传统人工驾驶系统在运营场景上有很大差异，对两者差异的分析，有利于建立和完善后续运营场景。

全自动运行系统重点实现设备的自动化，以系统的自动化操作替代传统人工操作，减少了人为因素的误操作，降低了操作人员的工作强度。以早间列车唤醒为例，传统人工驾驶需由司机按规定时刻登乘当次列车，人工开启列车上锁，插入钥匙启动列车，手动检查列车设备状态，手动开启列车照明、列车空调等设备，完成设备静态、动态自检后驾驶列车进入正线服务；全自动运行系统将上述操作全部交由系统自动执行，根据当日当次列车的时刻表自动唤醒列车，自动完成列车上电，设备状态检查，自动开启照明及空调，自动完成设备静态、动态自检，将正常状态反馈给控制中心调度人员，调度人员远程确认无误后，列车自动进入正线服务。

8.4.1 运营场景分类及简述

目前，全自动运行系统运营场景一般分为以时间为主线和以地点为主线两种模式。以地点为主线的分类模式，将线路按地点划分为正线、车辆基地、控制中心，再以正常、故障、应急进行细化分类。以时间为主线的分类模式，按照正常、故障、应急将运营场景分为三大类，正常运营场景根据运营流程进行细化分类。全自动运行系统场景如图8.4-1所示。

8 全自动运行系统创新技术

图 8.4-1　全自动运行系统场景示意图

8.4.2　跨座式单轨典型场景分析

1）道岔

（1）典型场景分析

跨座式单轨道岔故障处理流程与传统钢轮钢轨制式城市轨道交通不同，道岔故障的典型场景包括以下方面。

①道岔故障反馈：当跨座式单轨道岔发生故障时，故障信息会被反馈给中心调度人员。其中，涉及行车安全的故障会被反馈到行调工作站，而非行车安全的故障则会被反馈到环调工作站。

②远程控制：行调人员可以通过道岔区域的闭路电视（CCTV）监控来远程查看道岔区域的情况。在确保行车安全的前提下，可以远程操控道岔一次，尝试解决故障。

③封锁道岔区域：如果故障无法解决，行调人员应立即封锁道岔及邻近区域，禁止所有列车进入该区域。同时，电环调人员会通知维修人员立即进行抢修。行调人员也会通知多职能

队员前往道岔区域,通过本地操作将道岔调整至正常位置。

④乘客安抚:行调人员会通过远程列车广播向乘客传达安抚信息,告知乘客关于故障的情况和处理进展。

⑤人工驾驶:如果故障区间的列车无法通过全自动运行,可以临时转为人工驾驶。多职能队员会登乘列车,通过人工驾驶方式穿越道岔故障区域。

⑥故障抢修与恢复:道岔故障修复完毕后,相应区段将恢复全自动运行模式,列车可以继续全自动运行。

(2) 系统功能分配

在跨座式单轨全自动运行系统中,系统功能分配涉及信号系统、综合监控、乘客调度、CCTV等方面。

信号系统应具备以下功能:①远程操作道岔功能,能够将道岔定位在正常或反位;②道岔单锁功能,以确保道岔在运行过程中的安全性;③ATS(自动列车监控系统)应能接收道岔故障信息,并在涉及行车安全的故障发生时,以弹框形式提示调度人员;④区域封锁功能,以确保故障区域的安全;⑤道岔本地操作授权功能,以便维修人员能够进行本地操作。

综合监控系统应能接收道岔故障信息,并将其反馈至电环调工作站,以便进行故障处理。

乘客调度系统应具备远程广播功能,以向乘客传达信息和安抚乘客。

CCTV系统在道岔区域应覆盖摄像头,以便中心可以远程查看道岔区域的情况。

2) 爆胎

车辆走行轮、导向轮、稳定轮胎压不足或发生爆胎时,以下为系统监测和应急处理的基本流程。

①胎压监测和报警:当跨座式单轨列车的走行轮、导向轮或稳定轮胎压不足或发生爆胎时,车辆的胎压监测系统会将报警信息上传至控制中心的车辆调度系统。

②紧急制动:一旦列车发生爆胎,会自动触发列车的紧急制动系统,以确保列车的安全停车。

③人工驾驶模式:如果导向轮或稳定轮发生爆胎,行调人员会安排多职能队员登乘故障列车,并切换到人工驾驶模式,将列车驶向下一站台以清客。

④胎压不足处理:如果列车的胎压不足,列车会继续运行至下一车站,并扣车。行调人员会通过广播向乘客传达安抚信息,并通知多职能队员现场查看轮胎情况。根据胎压情况,行调人员会考虑是否需要清客。

⑤故障处理和恢复:故障处理完毕后,轮胎问题得到解决,系统会恢复正常运营,列车将继续全自动运行。

(1) 车辆

车辆应具备胎压监测功能;爆胎时应能触发紧急制动;爆胎时应具备缓行能力。

(2) 车辆调系统

车辆调系统应具有接收并显示胎压状态的功能。

(3) 乘客调系统

乘客调系统应具备远程列车广播功能。

8 全自动运行系统创新技术

3）区间疏散

跨座式单轨通常为高架线路,一般在上下行线路中间设置疏散通道,其中区间疏散通道贯通更有利于故障乘客疏散。疏散需考虑因素较多,且实际场景较为复杂。下面仅列出几种典型场景供参考。

（1）场景分析

①区间列车故障无法移动时,可通过远程广播安抚乘客。

②行调人员安排救援列车或安排清客后的正线列车救援,并通知多职能队员登乘此列车。

③救援列车行驶至故障列车临线区域后,多职能队员打开救援列车车门,由行调人员远程打开故障列车车门或由多职能队员现场手动打开故障列车车门。

④由多职能队员现场引导乘客有序进入救援列车,通过远程广播指引乘客有序登乘救援列车,救援列车恢复正常运行。

⑤多职能队员视故障列车情况,决定抢修或通知行调人员安排救援列车进行连挂作业。

⑥当故障列车临线区域无法安排疏散时,行调安排同线救援列车进行连挂作业。多职能队员登乘故障列车。由救援列车人工驾驶,推行或拉行故障列车至邻近车站清客。

⑦待故障处理完毕后,恢复正常运营。

（2）系统功能分配

①车辆:具备紧急解锁功能。

②土建:全线设置疏散平台。

③乘客调:具备远程列车广播。

④信号:具备远程开关车门和列车安全防护功能。

4）早（晨）间上电及唤醒

早间启动操作是为了确保所有子系统(电动列车、车站设备、信号系统、SCADA 等)在开通营运正线服务前初始化并正常运行。早间启动运行包括：

（1）ATS 站务员检查并停止所有影响正线运行的维护工作,确保施工已结束。

（2）列车唤醒过程需要确保营运服务所有必要功能均经过检查和验证,然后才能将列车开往正线进行营运服务。

（3）车站工作人员检查并确认所有车站设备处于良好运行状态。

（4）根据运行时刻表可向准备开往正线的列车发出远程唤醒命令。收到唤醒命令后,ATC 将自动执行唤醒测试。该唤醒测试应验证车载 ATC 系统的操作能力,及其与列车和列车子系统的接口联通。

（5）正线由电源控制器通过 SCADA 进行供电。

启动列车唤醒过程有两种方式:一是当列车处于 FAM 模式下时,进行远程(基于时刻表或者由站务员使用 ATS 控制台)唤醒;二是由列车上的工作人员手动唤醒。

①在 FAM 模式下远程唤醒列车

远程唤醒命令根据时刻表自动发送给列车,以便为日间列车的启动做好准备。收到该命令后,ATC 和车载系统将自动执行自检。该自检应测试车载 ATC 系统的运行能力及其与列车和列车子系统的接口。

若唤醒不成功或者唤醒过程所用时间超过预定时间,会产生报警。

根据供电和列车插入要求,ATS 按照预定时间间隔安排列车的唤醒和启动。列车启动计划将反映在启动表中,或当 ATS 站务员手动启动时。

作为唤醒过程的一部分,车载 ATC 将通知 OCC 有关自动驾驶(TMS 和 ATC)的所有设备的状态。

当 ATC 系统发出命令"唤醒"时,TMS 将启动所有的列车控制系统,如辅助控制、制动控制等。预备过程允许列车功能逐步通电。在所有子系统控制设备运行自检测试的唤醒时间内,TMS 在规定的时间内忽略来自所连接的列车系统的所有故障或事件,以避免虚假警报。定义的时间结束后,TMS 将接受来自所连接列车系统报告的故障或事件。将通过 ATC 系统通知 OCC/SCR 当前的故障状态。

注意,当控制系统确认已成功测试高电压组件之后,才启动高电压系统相关的测试。

只要唤醒程序未被成功执行,TMS 就会忽略 ATC 系统的所有其他模式请求。ATC 系统启动且控制测试以实现安全性。

列车唤醒过程中的自动列车自检可验证列车的所有设备能力、安全功能健康程度、所有列车牵引功能以及所有舒适功能水平。

在静态自动列车自检过程中测试的主要功能包括制动功能、车门操作、安全装置测试、设备自检等。

列车通过唤醒测试后,就被插入到"就绪列表"中。然后,ATR 将在就绪列表中选择列车并为该列车分配"运行"。最后,列车可以按照分配开始行驶。

②唤醒测试

唤醒测试程序应作为列车初始化过程的一部分进行开发。唤醒测试应当尽可能对车载 ATC 系统及其与列车和子系统的接口加以测试。

列车在启动列车"唤醒"命令后应自动执行唤醒测试。

唤醒测试包括 ATC 内部测试、与列车 TMS 的 ATC 接口、轨旁 ATC 检测等。

③自检期间关键安全设备的故障

如果检测到关键安全设备故障(例如紧急制动或侧门),则列车自检宣告失败。在 ATP 的作用下,如果未应用相关降级模式作为补救措施,列车无法移动。此类列车无法用于正线服务,必须返回车间进行维护。

5)车载控制 VATC 故障

每列车的两端都安装了两台 VATC 机架,即驾驶车厢。VATC 处于激活或热备编组,其中备用 VATC 可以在没有任何用户干预的情况下接管活动 VATC。VATC 机架包含接口支架,接口支架包括 CAN 总线控制器、I/O 扩展模块、PWM 控制板。

控制 VATC 中的任何一般故障都会导致切换,下面列出切换的原因:

(1)与非安全 I/O 模块的通信丢失。

(2)与车辆网络通信丢失。

(3)与区域通信丢失。

(4)测速表不良。

(5)TAU 不良。

(6)位置丢失。

（7）安全输入故障。

（8）信标读取器故障。

（9）VATP 由于内部软件故障关机。

（10）ATS 旁路，另一个 VATC 激活。

此外，在正常的日常操作中，VATC-A 与 VATC-B 交替工作。

当主用 VATC 发生故障时，备用 VATC 将执行自动切换以控制列车。

若列车切换状态为热备，备用 VATC 将在列车行驶时接管控制。否则，在执行切换之前需要停止列车。

操作员可以选择从 OCC 发送远程重置。该命令将被发送到活动 VATC，当列车停在任何车站时，活动 VATC 的 VATO 将尝试重置故障 VATC 的电源。若故障 VATC 未被恢复，则很可能是硬件故障，任何重启都无法恢复该设备。

若远程重置选项无法恢复故障 VATC，则工作人员应登乘列车。工作人员可以重置 VATC 断路器，并且可以在列车上进行一些故障排除以调查故障原因。若工作人员无法恢复故障 VATC，由于缺乏冗余，建议工作人员继续在列车上跟进剩余行程，列车在到达终点站或者正线侧线时可以从运营服务中移除。

如果列车上的第二个 VATC 也发生故障（即 A、B 都发生故障），则将施加紧急制动，列车停车。列车上的工作人员可以尝试通过重置 VATC 断路器来恢复任一端 VATC。若任意一个 VATC 重新启动并从故障中恢复，则列车可以在（非限制人工驾驶）下通过两个信标点，以便进行定位。一旦 DCP 上显示下个可用模式，列车就可以切换到更高级别的运行模式。若人工重启无法使任意一个 VATC 恢复，那么只能选择隔离 ATC 系统，并在 EUM 模式下将列车开至下一站，疏散乘客，然后将故障列车从运营中移除。

跨座式单轨车辆、线路、道岔等均与钢轮钢轨有较大差异，运营环境、运营场景等也有较大不同。在芜湖跨座式单轨项目实施过程中，结合车辆、信号厂家的特点，相关设计有所不同。

本项目没有设置蠕动模式，原因如下：牵引制动控制与传统方式不同，信号系统通过 Can-bus 总线直接控制列车完整性模块（VIM），并输出两组 PWM 占空比硬线信号，与牵引系统和制动系统接口，这两个系统分别驱动连接所有牵引/制动单元的列车线。ATO 根据当前速度和目标速度的差值调节 PWM 信号的占空比，以此调节当前速度来追踪目标速度。当列车加速时，仅使用牵引 PWM 信号。当列车减速时，使用牵引 PWM 信号来施加动态电制动。当达到最大电制动，且速度降到很低，电制动不再可用时，摩擦制动 PWM 信号介入，以补充制动率。

8.5 全自动运行系统新增功能及配置研究

8.5.1 车辆

（1）驾驶模式

本项目全自动运行车辆新增全自动运行模式、跳跃模式、蠕动模式、洗车模式、雨雪模式。

①跳跃模式:车辆停站后出现过标或欠标的工况下,车辆对标的动作模式。

②蠕动模式:车辆在运行区间出现列车网络故障或车辆与信号通信故障,车辆全常用制动停车,然后限速(具体速度根据不同项目确定)运行到下一站的模式。

③洗车模式:车辆限速 3~5km/h 通过洗车机。

④雨雪模式:在特殊天气下,中心可以对全线车辆下达该模式,限速,降牵引制动力。

(2)休眠/唤醒功能

车辆应具备自动唤醒、上电自检、静动态测试、自动休眠的功能,对车辆设备等进行全面的检测及测试。

(3)运行工况响应

车辆响应信号发送的列车运行工况(正线服务、清扫、清客、段内运行、待命),采取相应控制措施。

(4)车门/站台门故障对位隔离

车辆与信号配合实现车门/站台门故障隔离的功能。

当个别车站站台门故障隔离时,信号车载设备将此信息转发至车辆。列车进站停稳后,ATO 自动打开车门及站台门,车辆控制对应车门不打开。

当个别车门故障隔离时,车辆将故障车门信息发送给信号车载设备,信号系统将此信息转发至站台门。列车进站停稳后,ATO 自动打开车门及站台门,故障车门及对应的站台门不打开。

当站台门故障隔离时,车辆应触发车门故障信息广播,通过触发相对应的隔离车门上方的动态地图上显示此门不打开的信息并点亮红色指示灯。

(5)再关车门控制

当车门夹人,车辆开闭车门三次后仍未关闭时,车辆应通过车辆 TCMS 向信号车载设备反馈进入防夹状态,并接收再关门指令。

(6)自动洗车

车辆 TCMS 接收信号车载设备发来的洗车模式后,当接收到信号车载设备的牵引命令后,车辆控制列车恒速运行(如车速 3~5km/h)。

(7)车辆远程复位、隔离、操作功能

为实现 OCC 对全自动运行车辆故障应急处理的需求,在车辆应急故障状态下,需要 OCC 实现对车辆远程复位、隔离、旁路的功能。

(8)障碍物检测和列车脱轨检测功能

车辆在检测到障碍物、脱轨检测信息后,实施紧急制动,并将此信息发送车辆 TCMS;车辆 TCMS 将此信息(障碍物脱轨检测有效)发送给信号车载设备。

车辆在检测到障碍物、脱轨检测信息后,联动车载 VMS 和车载 PA,推送司机室监视列车前方轨道的 VMS 图像到中心行调、乘客调和车辆调。

(9)列车状态、故障报警信息上传功能

车辆 TCMS 周期性地将车辆故障信息、状态信息和里程信息等实时传输至地面,以便控制中心实时了解车辆信息,为车辆排查故障及应急快速做出反应。

(10)车辆火灾

车辆具备车上火灾报警功能。车辆将火灾报警申请信息通过车辆 TCMS 发送给信号车载设备。

车辆 TCMS 在接收到确认后的火灾报警信息后,具备触发车载 PIS 广播功能。

车辆 TCMS 应能响应信号车载设备转发的烟火复位指令,复位 FAS 报警或对烟感降级处理。

(11) 紧急手柄响应

车辆具备紧急手柄拉下的处置及联动控制功能。单车的车辆 TCMS 采集到手柄被拉下信息,车辆应将紧急手柄拉下信息发送给信号车载设备,同时应具备车载 VMS、广播联动控制功能。

8.5.2 信号

1) 新增功能要求

信号系统作为列车运行的控制中枢,应新增实现列车全自动运行所需的自动控制功能,信号各子系统新增功能如下。

(1) ATS 子系统增强功能

①线路监控

系统具有显示线路中的自动控制区域、非自动控制区域功能。

②列车监控

系统具备对列车各种状态的管理和控制功能,包括休眠、唤醒、段内运行、正线服务、停止正线服务、待命、清扫、清客等状态。系统可以显示车门状态、驾驶模式和工况,以及报警状态,如紧急制动、乘客呼叫、车辆火灾、车辆设备报警、无线通信、紧急手柄等。系统可以对单列车和全线列车进行全自动运行授权。当有列车因故障停在区间时,中心调度员可以设置允许列车为蠕动模式。列车全自动运行时,系统会根据时刻表向列车下发换端指令,并且调度员也可以人工下发换端指令。系统还具备远程控制功能,包括远程紧急制动/缓解、远程车门控制、列车空调/电热参数设置、火灾确认、车辆故障复位及远程旁路、列车照明控制和远程清客确认等。

③车辆基地监控

中控和站控模式下,FAO 系统可以通过 ATS 实现对车辆基地的监控和控制。中心可以监视整个车辆基地的情况,并根据需要进行自动或人工运行。

④联动控制功能

列车全自动运行所需的联动控制功能,具体包括:上电、唤醒、列车火灾、紧急呼叫、紧急手柄拉下、车门状态丢失、休眠、清客、车辆运行工况等。

⑤维护监测功能

系统接收列车牵引、制动、辅助电源、空压机、蓄电池、车门、广播、视频摄像、空调等各系统的状态、故障及报警信息。

(2) ATP/ATO 子系统

跨座式单轨全自动运行系统(FAO)通常会配备 ATP(自动列车保护)和 ATO(自动列车操作)子系统。

ATP 子系统用于监测列车位置、速度和运行状态,并确保列车在安全范围内运行。它可以通过信号和传感器来控制列车的速度和停车位置,以防止与其他列车或障碍物发生碰撞。

ATO 子系统则用于控制列车的自动驾驶操作。它可以根据预定的运行计划和时刻表,自动控制列车的加速、减速和停车。ATO 子系统可以根据实时的运行条件和列车位置,自动调整列车的运行速度,以确保列车之间的安全间隔。

这些子系统可以协同工作,确保列车在不同的故障情况下能够安全运行。例如,当发生道岔故障时,ATP 子系统可以检测故障信息到并通知 ATO 子系统,以确保列车正常运行。同样,当发生爆胎问题时,ATP 子系统可以监测到事故,并采取相应的措施,以确保列车的稳定性和安全性。

(3) CI 子系统

CI(Continuous Integration)子系统是跨座式单轨全自动运行系统中的一个重要组成部分。它用于实现系统的持续集成,即将开发人员的代码变更自动集成到共享代码库中,并进行自动化的构建、测试和部署。

CI 子系统主要包括以下功能。

①自动化构建:CI 子系统可以根据代码变更自动触发构建过程,将代码编译成可执行文件或库。

②自动化测试:CI 子系统可以执行各种测试,包括单元测试、集成测试和系统测试等,以确保代码的质量和功能的正确性。

③自动化部署:CI 子系统可以将构建好的代码部署到目标环境中,以便进行实际的运行和测试。

④持续监控:CI 子系统可以监控代码库的变更,并及时通知开发人员和团队成员,以便及时处理可能发生的问题。

CI 子系统可以实现代码变更的快速集成和测试,提高开发效率和代码质量,并减少故障处理的时间和成本。

2) 新增配置要求

为实现全自动驾驶运行的相关要求,全自动驾驶信号系统相较于现有信号 CBTC 系统在设备配置方面进行增强,具体包括以下需求。

(1) 车站及轨旁设备

人员防护开关(SPKS):为了实现全自动驾驶时,对工作人员提供可靠的安全防护,防止列车非预期移动。信号系统在车控室 IBP 盘设置人员防护开关及相应指示灯,SPKS 的具体设置位置及数量可根据运营需求进行调整。工作人员进入区间时需转动 SPKS,建立相应封锁区域,封锁区域外的列车不进入该区间,封锁区域内的列车制动停车或保持停止状态不发生移动。

站台关门按钮:为了实现站台人工关闭车门功能,信号系统在车站站台和车站控制室 IBP 盘上设置站台关门按钮。站台关门按钮的具体设置位置可根据运营需求进行调整。站台值班员人工进行清客确认后或需要关闭车门时,按压站台关门按钮,关闭车门和站台门。

站台清客按钮:在折返站或者故障需要清客时设置清客按钮。

应答器:根据需要,在正线折返线、停车线增加用于休眠唤醒和列车定位的应答器设备。

(2) 段/场设备

基于传统的段/场人工驾驶的方案,段/场内需要增加轨旁 ATP/ATO 计算机设备,在段/场咽喉区、洗车库、自动区域/非自动区域的转换轨、停车列检库内增加相应的应答器设备。

在段/场停车列检库运转值班室设置人员防护开关(SPKS)及相应表示灯的控制盘,原则上停车列检库库内区域每一条停车列检线设置1个SPKS;洗车库区域设置1个SPKS;段/场咽喉区自动控制区域(停车列检库和洗车库区域除外)设置1个SPKS。工作站具有SPKS相应表示。SPKS的具体设置位置可根据运营需求进行调整。

另外,段/场各需要增设1套车辆管理调度工作站和1套行车调度工作站,用于实现段/场对车辆的相关监视、控制及调度功能。

(3)车载信号设备

车载信号设备需设置辅助驾驶设备来实现休眠唤醒等相关控制功能。

为了提高车载设备的可靠性和可用性,车载信号设备应采用冗余配置,车载信号设备增加与车辆的输入/输出接口,用于实现全自动驾驶的控制要求。

(4)控制中心设备

控制中心需要增设车辆管理调度工作站和乘客调度工作站,用于实现车辆和乘客的相关监视、控制及调度功能。

(5)备用控制中心设备

备用控制中心具备控制中心的冗余热备和无缝切换,其设备的冗余配置程度需与控制中心一致。

(6)试车线设备

系统新增用于全自动驾驶功能测试用的ATS设备及相关应答器等设备。

(7)培训中心设备

系统新增用于全自动驾驶功能培训用的人员防护开关、站台关门按钮及相关应答器等设备。

8.5.3 通信

跨座式单轨全自动运行系统需要一个完善的通信系统来支持运营和故障处理。这个通信系统包括视频监控系统、车地无线通信网和无线通信系统。

视频监控系统可以通过摄像头和传输设备实时监控运行车辆的情况,给调度人员提供现场图像和故障信息便于调度人员及时发现并处理问题。

车地无线通信网是用来传输车辆和地面设备之间的数据,包括车辆的运行状态、故障报警等信息。这个通信网可以实现高速、可靠的数据传输,确保调度人员能够及时获得车辆的实时信息。

无线通信系统则是用来进行调度指令下发和车辆之间的语音通信。调度人员可以通过无线通信系统向车辆发送指令,比如调整运行速度、停车等。同时,车辆之间也可以通过无线通信系统进行语音通信,以便协调运行和故障处理。

1)新增功能要求

(1)实现乘客控制中心的紧急通话功能。

(2)增加乘客服务调度及车辆检修调度功能。

(3)增加远程车载广播,增强声音采集、故障检测记录的功能;增加中心对车辆内广播的控制,用于异常或紧急情况下对乘客进行远程指导。

(4)车载通信设备自检功能

车载通信设备包括车载广播、车载无线、车载视频监视以及显示器等设备在车辆缓行模式下进行加电自检并发送自检状态,在车辆休眠模式下进行休眠自检并发送自检状态。

(5)增强视频监视功能

系统增强对车站、段/场及行车沿线的视频监控功能,以及区间火灾、障碍物脱轨检测异常情况下联动(根据工程情况配置)。

系统通过增加司机室摄像机,实现列车前后方视频监视功能,中心可远程调取车载 VMS 信息。

系统增强对车载 VMS、PIS 进行监控,便于中心调度监视车上乘客动态。

(6)车载乘客信息系统与车辆 TCMS 联动功能

车载设备具备自检功能,并可将自检信息发送给车辆 TCMS 系统。此外,客室摄像机与车辆配合,具备以下视频联动功能。

①客室紧急呼叫联动功能:当接到车辆相关系统发送的客室紧急呼叫触发指令后,列车视频监视系统可将该画面推送至控制中心,可通过与线路视频监视系统的接口,供线路视频监控系统查看,或转发给相关使用系统查看。当接到车辆相关系统发送的客室紧急呼叫解除指令后,列车视频监控系统负责恢复正常模式。

②紧急手柄联动功能:由车辆相关系统提供紧急手柄触发信息(含位置信息),列车视频监控系统负责将紧急手柄触发区域的画面,通过车-地无线网络推送给线路视频监控系统,由其转发或直接推送给相关使用系统。当接到车辆相关系统发送的紧急手柄恢复信息后,列车视频监视系统负责恢复正常模式。

③列车火灾报警联动功能:由车辆火灾报警系统提供确认后的列车火灾报警信息,列车视频监控系统负责将火灾报警区域的画面,通过车-地无线网络推送给线路视频监控系统,由其转发或直接推送给相关使用系统。当接到车辆火灾报警系统发送的火灾报警解除信息后,列车视频监控系统负责恢复正常模式。

④门解锁探测装置联动功能:由车辆相关系统提供门解锁探测装置开门触发信息(含位置信息),列车视频监视系统负责将门解锁探测装置触发区域的画面,通过车-地无线网络推送给线路视频监控系统,由其转发或直接推送给相关使用系统。当接到车辆相关系统发送的门解锁探测装置关门触发信息后,列车视频监控系统负责恢复正常模式。

2)新增配置要求

(1)列车司机室及客室摄像机设置

全自动运行模式,增加车载视频主机(含高清解码及存储)和车载视频监视网络交换设备的处理能力以及增加或增强与相关系统的接口。

(2)区间线路视频监控

全自动运行线路可结合周界防护,在高架线路区间每隔一定距离设置摄像机,用于中心、车站监视线路情况,对每个摄像机设置视频分析功能,报警时可自动弹出画面,并可将信息送至行车综合自动化(或其他)系统进行驾驶条件的综合判断。

8 全自动运行系统创新技术

（3）紧急对讲设置

系统利用无线通信语音通道，实现与列车乘客控制中心的紧急通话。紧急对讲电话安装于客室内车门一侧，乘客操作后，可控制中心乘客调度电话联系，同时触发VMS实现联动，将应急电话所在车门附近的视频上传到控制中心行调和车辆调度台上。

（4）车地无线通信方案

系统宜采用LTE-M技术构建专用车-地无线通信网络，采用基于IP的扁平化网络结构，由核心网的扁平化网络结构，由核心网子系统EPC、无线子系统eNB、网管子系统及终端设备组成。其中，eNB包含BBU和RRU设备。

（5）乘客调、车辆调通信设备配置

专用电话系统在控制中心增加乘客服务调度台1台、车辆调度台1台，并在各相关位置相应增加调度分机。

视频监控系统在主备控制中心增加乘客服务控制终端及监视器各1套、增加车辆调度控制终端及监视器各1套。

8.5.4 综合监控

综合监控系统（ISCS）作为全自动无人驾驶模式下重要的系统之一，是列车自动控制系统实现列车的小编组、高密度运行，并提供自动化精准联动与基础数据采集、控制系统的重要组成部分。综合监控代表了城市轨道交通综合监控系统发展的新方向，同时也是轨道交通综合监控系统技术的一次质的飞跃。系统建立的运营预案，在紧急情况时能快速反应，实现对车辆、信号、通信系统以及车站、区间的完善诊断和故障定位及报警功能，提高了应急处理能力。

为保证全自动无人驾驶技术的实现、线路的正常运营、乘客的人身安全，并提高整个线路体系防灾消灾及车辆高密度编组运行，综合监控系统设备软硬件的实时性、可靠性、稳定性应与信号系统保持一致，并实现全自动驾驶模式下所需设备故障信息、防灾报警信息、安全防范信息、环境监测等数据采集分析及联动，提供中央调度中心、车站控制室全自动驾驶所需工艺布置等。

全自动运行线路可单独设置综合监控系统，亦可采用综合监控与信号ATS子系统集成，建立统一的综合自动化平台，构建以行车指挥为核心的行车综合自动化系统。

根据全自动运行特点及运营管理需求，宜采用行车综合自动化系统。行车综合自动化系统可集成列车自动监控系统（ATS）、视频监视系统（VMS）、广播系统（PA）、乘客信息系统（PIS），电力监控（PSCADA）、火灾自动报警系统（FAS）、环境与设备监控系统（BAS），互联的系统有自动售检票系统（AFC）、时钟系统（CLK）、门禁系统（ACS）等。

当系统采用集成方案时，应明确并优化与信号专业的设计接口，加强对列车运行、事故、乘客报警及异常、车辆故障、站台门状态等的联动和信息整合，并增加控制中心操作员对车厢乘客的广播、视频监视以及对讲、对车辆设备的管理、监控、联动等功能。

8.5.5 站台门

全自动技术方案对站台门系统构成和基本功能无变化，需对乘客信息系统（PSL）设置位置及运营操作模式进一步研究，系统必须配置异物探测防夹装置（图8.5-1）。另外，增加站台

图 8.5-1 PSL 箱及异物探测装置

门和列车门对位隔离功能,由信号系统实现列车车门和站台门状态信息的交换。

8.5.6 车辆基地

全自动车辆基地是一个专门负责全自动运行列车各种运营任务的地方,可以执行列车的运行、停车、整备、清洁、检查、定期检修和调试等工作。全自动车辆基地还能将正线的运营控制权从车站扩展至场段的全自动运行区域。此外,全自动车辆基地的功能应包括自动唤醒和休眠列车,自动出入场等,并具备与停车列检库库门、洗车库库门联动以及自动洗车等功能。本工程车辆基地自动区划分示意如图 8.5-2 所示。

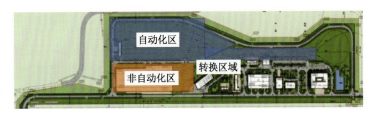

图 8.5-2 车辆基地自动区划分示意图

8.6 全自动运行系统信号轨旁设备安装方案

与传统制式轨道交通相比,跨座式单轨最显著的特点是车辆骑跨在单轨轨道梁上快速运行,轨道梁既是承重梁又是列车运行的轨道。跨座式单轨线路大部分采用高架敷设,桥墩占地面积小,对城市道路影响小。但是,跨座式单轨轨道轨旁设备安装空间小,大部分安装为高空作业,安装难度大。轨道梁通常采用工厂化预制施工,精度要求高,内部布置有预应力筋、钢筋等,为避免破坏既有轨道梁结构,信号轨旁设备安装方案应采用特殊安装结构设计。

8.6.1 应答器安装

本工程采用庞巴迪 INNOVIA 300 型单轨系统,车载应答器接收天线安装位置较为特殊,且应答器安装空间小,最终选择了发射频率为 2.4GHz 的小型信标,信标防护等级为 IP67。

传统信标主要采用在轨道梁打孔或预埋套筒方式进行安装,如图 8.6-1 所示。此种方式存在一些不足,轨道梁要求精度高且需在梁场进行预制,内部钢筋布置较为密集,对信标打孔的深度及位置均有要求,后期打孔难以避免对既有轨道梁土建结构造成破坏;预埋套筒方式需在轨道梁制作前就确定预埋位置,或采用通用位置预埋方式,预埋方式虽解决了部分打孔的问题,但对预留位置精度要求较高,后期设备系统参数的调整可能会导致信标位置的调整,这样会产生预埋件的浪费,也无法保障避免后期打孔问题。

图 8.6-1　信标打孔安装示意图

本工程创新地采用了槽道安装方式,分别安装于线路的内侧和外侧,通过 T 形螺栓将 C 形导轨安装于槽道中,信标安装于二次安装板上,并将安装板固定在 C 形导轨上,导轨长度可根据信标位置进行定制,信标可在 C 形导轨上进行位置调整。信标导轨槽道安装如图 8.6-2 所示。

图 8.6-2　信标导轨槽道安装图

8.6.2　计轴安装

本工程采用 BO23-MT 计轴系统,该系统在胶轮制式轨道交通中广泛应用,可以避免因胶轮胎压等上下位置变化问题而产生的丢轴现象。计轴安全完整性等级为 SIL4 级,传感器采用单体封装设计,体积小,抗干扰性强,防护等级为 IP68。

计轴设备的车轮传感器通过可调节位置支架安装于桥墩上,靠近轨道梁,传感器的上平面平行于轨道梁上表面,同时平行于车轮,用来探测车轮上的感应钢板;轨道模拟支架则靠近车轮传感器支架安装,用于探测传感器是否松动脱落;计轴接收磁头和发送磁头均安装在车轮传感器内,检查对象不是车轮而是车轮下面的感应板。接线盒内包含发送线圈和接收线圈,不仅能够检测车轮对数,还能检测列车运行方向。此种安装方案避免了对轨道梁土建结构的影响,可直接安装于所需位置的桥墩盖梁上,降低了施工安装难度。计轴安装如图 8.6-3 所示。

图 8.6-3　计轴安装图

8.6.3　天线安装

本工程车地通信网络采用 A、B 双网冗余，区间采用天线方式进行无线信号覆盖，考虑到安装及维护的便利性，将天线立柱安装于上下行线路之间的疏散通道处，A、B 双网定向天线安装于同一立柱上。天线安装如图 8.6-4 所示。

图 8.6-4　天线安装图

8.6.4　信号机安装

本工程信号机采用支架安装方式，区间信号机采用三角支架安装方式，在桥墩侧边施工过程中提前预埋6根螺栓,后期安装三角支架及信号机立柱。车站位置处的信号机采用吊装方式,采用U形螺栓固定于车站梁处,信号机高度需根据车站环境进行调整。信号机及支架处在室外较为复杂的环境中,需进行防腐蚀处理。信号机安装如图8.6-5所示。

图8.6-5 信号机安装图

8.6.5 紧急停车按钮安装

本工程线路大部分采用高架车站,站台空间小,如采用传统单独立柱方案,会占用站台面积,过多的障碍物也会阻碍乘客流动且不利于乘客疏散。本工程将紧急停车按钮和站台的综合资讯牌进行融合设计,减少了对站台空间的占用,使得站台布置更加和谐自然,提高了站台整体的美观度。紧急停车按钮安装如图8.6-6所示。

图8.6-6 紧急停车按钮安装图

8.7 全自动运行系统独立安全评估

8.7.1 全自动运行评估范围及标准

核心设备系统开展系统化、规范化的安全评估,可以识别全系统的风险,多专业分析安全控制措施,检查安全控制措施是否落实到位,适应了全自动运行系统发展的需要,真正起到保障全自动运行系统运行安全的作用。全自动运行的核心系统与行车安全有直接相关的系统,包括信号、车辆、站台门、通信、综合监控、云平台等;与行车不直接相关但是路网内曾发生过安全事故的系统(由主管单位确定)可进行安全评估。

各系统安全保障工作应该按照国际通行的安全管理标准开展,具体标准如下:
(1)《轨道交通 可靠性、可用性、可维修性和安全性规范及示例》(GB/T 21562—2008)。
(2)《轨道交通 通信、信号和处理系统 控制和防护系统软件》(GB/T 28808—2021)。
(3)《轨道交通 通信、信号和处理系统信号用安全相关电子系统》(GB/T 28809—2012)。

8.7.2 全自动运行系统工程评估原则

全自动运行系统各设备级安全评估可由一家或多家评估机构完成,全自动运行系统级安全评估机构为整个全自动运行系统发布安全授权,在发布授权时应遵循下列原则:
(1)各设备系统评估机构负责该设备系统及其外部接口的安全评估。
(2)全自动运行系统级的评估机构采用相互认可的方式接受其他评估机构的评估结论,并进行全自动运行系统集成的安全评估。
(3)全自动运行系统工程安全评估采取互相认可的方式接受产品级安全证据。
(4)产品级的安全认证为通用产品安全认证和通用应用安全认证。通用产品或通用应用的相互认可是全自动运行系统(各)评估方对相关评估范围的设备系统产品已评估证据的接收,该通用产品或通用应用的既有评估证据在满足相关标准的前提下,可直接取信;但若有需要,可进行检查。
(5)安全评估机构应对通用产品或通用应用开展相互认可评估活动,以判断通用产品或通用应用是否满足特定工程应用的要求。

8.7.3 全自动运行系统工程评估方法

1)伴随项目生命周期的方法
安全评估专家将伴随全系统开发过程同步执行评估活动。依据相关标准所描述的项目生命周期范围,评估工作将涵盖危害分析、风险评估、系统需求、系统/子系统设计、生产、安装集成、系统确认,系统验收前的试运行(包含变更)。

2)基于证据的抽样化评估方法
信号系统供应商负责提供安全证据,独立安全评估方通过审核、文件检查、测试见证等工作形式获取和评价客观证据,主要关注和判断标准要求的相应过程和技术是否得到执行和满足。

该评估方法需要检查的内容主要有:
(1) 铁路标准合并其他规范。
(2) 标准中针对所有安全功能/子系统的安全概念。
(3) 评估需求的识别和追溯。
(4) 评估系统安全概念和危害分析。
(5) 着重评估系统级文件。
(6) 评估应用设计、数据准备、系统集成、实现安全相关应用条件。
(7) 评估系统集成、测试阶段的验证和确认文件。
(8) 评估安全论据、验证和确认报告。

3) 对通用产品和通用应用部分采取交互认可的方法

交互认可旨在建立目标环境下最快捷的产品/系统或过程的部署方法。

对于信号系统,通用产品和通用应用的安全评估采取交互认可的方法,不再对该部分进行重复工作。交互认可中各级安全认证的关系如图8.7-1所示。

交互认可的方法应依据相关标准要求,需要检查的内容包括:
(1) 既有认证依据信号系统项目合同要求的标准执行。
(2) 机构认证由被认可的评估机构提供。
(3) 既有认证的组件没有被改变,即没有机械、电子/硬件或软件的变更。
(4) 既有认证的应用条件同样适用于信号系统项目要求的温度、湿度、防尘等环境条件,或载重、机械强度、使用频率等运行条件。

如果上述条件中的一项或多项准则不能得到满足,但是仍希望采纳交互认可作为基础,那么信号系统供应商需准备详细论证,论述对以上准则的偏离并不影响既有认证产品应用于该项目设备系统。如果该论证经评估被认为是有效和完整的,交互认可的原则仍可使用。

相关通用产品/通用应用的安全论据须可获取,并将作为该项目设备系统特定应用安全论据中"相关安全论据"的部分被整合。

8.7.4 全自动运行系统安全评估活动

1) 全自动运行系统级安全评估活动

全自动运行系统级的安全评估内容包括但不限于对系统级的危害分析、专题危害分析、功能实现的评估,协调设备级之间的评估争议问题,发布系统级安全授权等。

(1) 系统级危害分析的评估

工程初期应开展全自动运行系统级的危害识别分析,并将危害记录作为各系统开展危害分析、安全管理的重要输入。

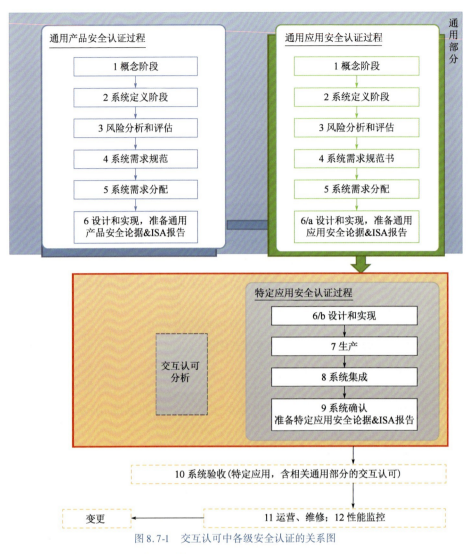

图 8.7-1 交互认可中各级安全认证的关系图

(2) 系统级的专题危害分析的评估

在项目执行过程中,如出现下列情况应开展专题(特殊)危害识别分析。专题(特殊)危害记录应作为相关系统后续开展危害分析、安全管理的重要输入。

① 新方案、新设备、新应用。

② 利益相关方达不成一致意见。

③ 对安全有重大影响。

(3) 系统级功能实现的评估

负责全自动运行系统级的安全评估机构负责评估设备系统承包商/集成商/供应商所开展的测试活动:

① 评估范围设备系统的系统集成测试。

② 评估范围设备系统的系统确认测试。

③ 评估范围的设备系统的联调联试。

④全自动运行功能的稳定性测试。

⑤全自动空载试运行。

（4）系统级的安全授权

负责全自动运行系统级的安全评估机构在发布各阶段系统级安全授权时，应评估：

①各设备系统是否满足该阶段安全授权所应具备的功能，包括检查各设备系统功能是否具备和系统间的接口是否具备发布安全授权条件。

②各设备系统之间的安全应用条件是否满足该阶段安全授权目的。

2）全自动运行设备级安全评估活动

（1）设备级安全评估内容

安全评估机构基于《轨道交通　可靠性、可用性、可维修性和安全性规范及示例　第2部分：安全性的应用指南》(GB/T 21562.2—2015)、《轨道交通　通信、信号和处理系统　控制和防护系统软件》(GB/T 28808—2021)及《轨道交通　通信、信号和处理系统　信号用安全相关电子系统》(GB/T 28809—2012)，开展全自动运行系统特定应用安全评估，主要安全评估内容包括但不限于：

①生命周期阶段文档检查。

对于全自动运行系统生命周期各阶段承包商/集成商/供应商应提交的文档，安全评估机构开展的安全评估活动包含项目的各个阶段，可根据实际情况调整提交文档和评估活动。

②安全审计。

安全审计主要包含对承包商/集成商/供应商的质量管理审计、安全管理审计、测试见证。

质量管理审计内容包括质量管理体系、组织机构、文件控制、采购生产及运行维护管理、不合格控制、配置管理以及分包商管理等。

安全管理审计内容包括安全计划实施、安全组织结构、安全分析活动、系统危害记录、验证和确认工作、变更控制管理以及安全培训等。

测试见证包括旁站承包商/集成商/供应商的调试、评估范围设备系统的联调联试，以及应评估机构的要求而开展的测试。

（2）设备级的安全授权

负责全自动运行设备级的安全评估机构在发布各阶段系统级安全授权时，应评估：

①本设备系统已控制当前阶段的风险，满足当前阶段授权要求。

②本设备系统安全运用限制条件已移交给限制条件接收方。

③系统和其他设备输入给本设备的安全运用限制条件已接收且关闭。

3）全自动运行系统安全评估交付

全自动运行系统安全评估主要交付下列安全评估工作文档，评估方可根据实际工程项目，与业主方达成一致进行调整：

（1）安全评估计划。

（2）评估意见。

（3）安全审计计划/报告。

（4）试车线投入使用安全授权。

（5）停车场/车辆段投入使用安全授权。

（6）单车动车调试安全授权。

（7）多车动车调试安全授权。

（8）空载试运行安全授权。

（9）载客试运营安全授权（各评估范围的设备系统和安全系统）。

（10）最终安全评估报告/证书（各评估范围的设备系统和安全系统）。

4）版本升级评估

全自动运行系统试运行授权后，某一个评估范围设备系统的相关变更应向其他相关评估范围的设备系统提交变更影响分析报告，须与主管单位达成一致，完成设备系统的工厂测试和现场测试，完成必要的系统级联调，且通过安全评估机构的评估。

8.7.5 全自动运行各系统产品安全认证 SIL 等级要求

各系统涉及安全相关的功能应满足如表 8.7-1 所示的 SIL 等级要求。

各子系统 SIL 等级要求　　　　表 8.7-1

序号	系统	子系统	SIL 等级
1	车辆	车门	SIL 2
		常用制动	SIL 2
		紧急制动	SIL 4
		TCMS	SIL 2
2	信号	ATP	SIL 4
		CBI	SIL 4
		计轴	SIL 4
		轨道电路	SIL 4
		ATO	SIL 2
		ATS	SIL 2
3		站台门	SIL 2
4		综合监控	SIL 2
5		列车自主感知系统	SIL2 或者 SIL4
6	通信	传输、无线	SIL 2

8.8 结论与建议

与传统 CBTC 系统相比，全自动运行系统可以提供全方位的安全防护。

从列车运营角度来看，全自动运行系统可以为正线运营与车辆基地车辆运行提供全面风险防控。传统 CBTC 系统仅为正线运营提供碰撞和脱轨安全防护；在车辆基地，一般由司机负责列车运行安全，系统仅提供基础超速防护功能。

从现场作业的员工角度来看，全自动运行系统引入无人区概念，构建出封闭的列车运行轨道，增加轨旁 SPKS 开关，提供进入无人区后的安全防护，确保轨旁作业员工安全。传统 CBTC

系统无法提供自动防护手段,员工现场作业安全完全靠管理手段完成。

从乘客乘降角度来看,城市轨道交通系统需要考虑乘客换乘过程中车门和站台门的安全联动,列车具备启动条件检查,避免乘客在车厢间、车辆和站台间受到伤害,确保乘客乘降过程的安全。全自动运行系统通过增加安全检测设备,对单个车门和站台门进行授权等手段,全面防护各类异常场景,实现乘客乘降安全的全面自动防护。传统 CBTC 系统乘客乘降安全主要由司机负责,司机通过瞭望、一系列操作规程和信号系统有关车门的允许指令保证乘降安全。

从应急角度来看,城市轨道交通系统面临较多的紧急情况主要包括火灾、轨面障碍物检测、人员触电和恶劣天气。全自动运行系统通过增加检测设备、将成熟的应急预案操作过程纳入系统范畴,在出现异常的情况,系统第一时间自动进行安全防护,保证轨道交通系统安全高效运作;当设备无法进一步处理紧急事件时,要求运营人员介入系统安全防护工作。传统 CBTC 系统在出现上述紧急情况时,会将列车驾驶权完全交给司机、运营方制定各类应急预案,通过应急演练等方式确保应急安全。

根据人因工程研究成果可知,即使是经过培训的有经验的操作人员,其失误概率也达到 $0.1‰ \sim 1‰$,而全自动运行系统关键安全控制设备的故障概率为一亿分之一至十亿分之一。全自动运行系统通过自动化技术和智能化运行,从列车运营、现场作业员工、乘客乘降和应急等角度,通过设备或技术手段替代大量的人员操作,不仅提高相关操作的可靠性,同时也大幅提升了整体系统的安全性。

9 车辆基地创新技术

车辆基地是承担跨座式单轨车辆停放、整备、运用、检修以及各种运营设备、设施保养维修的重要基地,是保证线路正常运营的必备设施,具有占地大、投资多、涉及专业多、牵涉面广等特点。车辆基地设计中合理确定检修修程及周期、运用检修工艺流程、运营维护关键设备,对合理控制车辆基地检修设施规模、降低工程投资、提高检修质量、降低检修成本具有重要意义。本章对车辆修程与修制进行研究,提出不同车型跨座式单轨的检修修程及检修周期,并对车辆基地设计创新及方案比选进行研究,以供类似工程设计参考。为了提高跨座式单轨车辆检修效率及检修质量,确保车辆的运行安全,本书提出了跨座式单轨主要运营维护设备的关键技术方案。

9.1 检修修程及检修周期技术创新

9.1.1 国内研究现状

《跨座式单轨交通设计标准》(GB/T 50458—2022)中规定车辆检修修程和检修周期,详见表 9.1-1。

车辆检修修程和检修周期表　　　　　表 9.1-1

类别	检修种类	检修周期		检修时间
		里程(万 km)	时间	
定期检修	全面检修	60~80	6 年	40d/列
	重点检修	30~40	3 年	30d/列
日常维修	换轮	15	1.5 年	10d/列
	三月检	3	3 月	3d/列
	列检	—	3~6d	4h/列

注:表中检修时间是按每列车 6 辆编组,并按部件换件修确定。

《轻型跨座式单轨交通设计导则》(T/CAMET 04001—2018)中规定,轻型跨座式单轨换轮检修时间为 10~20d。而芜湖轨道交通在建设中,单轴转向架车型制造商依据国内实际情况

9 车辆基地创新技术

提出的车辆检修修程和检修周期,详见表 9.1-2。

车辆检修修程和检修周期表　　　　表 9.1-2

类别	检修种类	检修周期		检修时间
		里程(万 km)	时间	
定期检修	全面检修	140		40d/列
	重点检修	80		30d/列
日常维修	换轮、年检	10	1 年	3d/列
	六月检	6	6 月	2d/列
	三月检	3	3 月	2d/列
	月检	1	1 月	1d/列
	列检	—	2d	4h/列

重庆跨座式单轨自 2005 年正式运营以来,积累了多年的安全运营经验,重庆跨座式单轨检修修程提出"大修"修程及相应的检修作业内容,提出"大修时间宜为车辆使用至半寿命,可结合二次全面检修实施",同时还提出跨座式单轨的"厂修"修程,检修周期为"车辆运行 12 年应进行厂修"。目前国内对跨座式单轨检修修程和检修周期的相关规定及研究,对跨座式单轨车辆基地的设计起到了指导性作用。

9.1.2　研究的必要性

(1)《跨座式单轨交通设计标准》(GB/T 50458—2022)对跨座式单轨检修修程及检修周期的规定是针对日立大型列车制定的,目前该规范未兼容国内多家车辆制造商研制的轻型跨座式单轨车型。

(2)《跨座式单轨交通设计规范》(GB/T 50458—2022)编制时间较早,其编制参考了日本跨座式单轨的车辆检修体系,但随着科学技术的不断发展,车辆设计采用信息化、集成化、模块化等技术,车辆关键部件设有自诊断和故障记录功能,车辆性能有了较大的提高,使用寿命逐步延长,同时随着运营经验的丰富,车辆检修时间也逐渐缩短,而该规范与车辆技术的发展不同步。

(3)目前,国内对跨座式单轨的检修修程在其他规定和研究中提出"大修"或"厂修"规定,但现有跨座式单轨设计规范中并无全面修及以上高级修程的规定,导致车辆基地在工程设计时容易遗漏车辆"大修"或"厂修"的相关设计,造成基地功能不完善。

(4)目前,国内对跨座式单轨的检修修程在其他规定和研究中提出车辆运行 12 年进行厂修的规定,但未明确具体检修里程,导致在工程设计时无参考的检修里程,造成车辆基地设计中计算规模不明确。

9.1.3　研究内容

1)国内成熟运用的机车、车辆检修修程及检修周期发展研究

(1)以国内成熟运用的国铁电力机车为例,随着大功率交-直-交传动技术的成熟运用,交流机车已逐步取代直流机车。同时,列车性能、检修设备、管理水平、检修人员的技术素质和经

验的提升,机车修程及检修周期也逐步优化。

19 世纪 80 年代,我国电力机车检修周期及定期检修公里,详见表 9.1-3。

检修周期表　　　　　　　　　　　　　　表 9.1-3

检修种类	检修周期(万 km)	检修时间
厂修	80～96	20d/台
架修	20～40	5d/台
大定修	10～12	3d/台
小定修	2.5～3	1d/台
中检	1.25～1.5	0.5d/台

20 世纪 90 年代,我国电力机车检修周期及定期检修公里,详见表 9.1-4。

检修周期表　　　　　　　　　　　　　　表 9.1-4

检修种类	检修周期(万 km)	检修时间
大修	160～200	20d/台
中修	40～50	5d/台
小修	8～10	2d/台
辅修	1～3	1d/台

2015 年,中国铁路工程总公司公布了和谐型交流传动机车修程修制改革方案的通知,相应的电力机车检修修程及检修周期,详见表 9.1-5。

检修周期表　　　　　　　　　　　　　　表 9.1-5

检修种类	检修周期		停修时间(d)	库停时间(d)
	里程(万 km)	时间(年)		
C6	200	12	40	30
C5	100	6	15	12
C4	50	3	7	5
C3	25	1	3	2.5
C2	13	0.5	2	1.5
C1	7	0.25	1	0.5

(2)以国内成熟运用的地铁车辆为例,依据多年的地铁工程设计情况,本项目延长了定期检修周期。将大修、架修和定修周期由 100 万～120 万 km、50 万～60 万 km、12.5 万～15 万 km 分别改为 120 万 km、60 万 km 和 15 万 km。可见,随着列车性能、检修设备、管理水平的改善和检修人员技术经验的提升,机车修程及检修周期也逐步优化。不仅保证了车辆运行安全,还避免过度修产生的浪费,达到延长寿命、提高运用效率、降低检修成本的目的。

2)国内机车、车辆检修制度研究

目前,国内机车、车辆检修制度主要分为计划修、状态修以及临修。计划修是指按计划对车辆进行的检修。状态修是按照车辆各零部件在运行中的状态和表征这些状态的参数确定检修时间和内容,需要对车辆状态不断观测和记录,然后进行必要的维护和修理。临修是一种在指定检修周期外,列车发生故障之后进行修理的非预防性维修。

跨座式单轨车辆主要采用预防性计划修,预防性计划修是状态修的发展和延伸。通过持续采集列车不同系统的数据，实时监测列车状态，并利用一定的预测算法检索出这些数据，一旦发现了表征潜在故障的指标就启动检修程序，在故障即将发生而还没有发生前，对列车相关部件进行检修或更换。这种检修制度能够充分利用列车各部件的工作寿命，在车辆各部件临近损坏时才进行修理或更换，减少了临修工作量及检修成本，降低计划修的检修频率、在修时长等，从而显著地降低车辆的维修成本和提高车辆的利用率。

9.2 车辆基地工艺布置创新设计

9.2.1 国内外现状

目前国外开通跨座式单轨线路的国家包括日本、美国、马来西亚、澳大利亚、新加坡、巴西、阿联酋、印度、俄罗斯等，但其运营里程均较短，车辆基本功能布局、设备配置等较为简易，无法适应国内跨座式单轨运量里程长或作为中小城市主干线的要求，其布局及设备配置对于低运量或旅游线路可供借鉴参考。

重庆目前已开通运营跨座式单轨线路里程达98km，其中2号线全长31km，设置了大堰村车辆基地、白居寺车辆基地各1处；3号线全长67km，设置了童家院子车辆基地、道角车辆基地、环城北路停车场各1处。重庆跨座式单轨采用日立大型单轨技术，其车辆基地主要针对大型单轨车辆的运用及检修。

9.2.2 创新设计的必要性

芜湖轨道交通1号线、2号线作为国内首次采用的轻型全自动运行跨座式单轨线路，其车辆基地的设计在国内也尚无案例和经验。为使车辆基地建成后更能适用于芜湖轻型跨座式单轨车辆的检修需要，提高检修质量、效率和设备利用率，通过设计创新，优化芜湖轨道交通1号线、2号线车辆基地设计，合理布局车辆基地总平面，以实现车辆基地承担跨座式车辆运用检修工作的需求。因此，对轻型跨座式单轨车辆基地优化创新设计具有极大必要性。

9.2.3 创新设计内容

1）资源共享创新设计

本工程在国内首次实现轻型跨座式单轨车辆基地与车辆厂资源共享。项目立项时，芜湖市已达成轨道交通发展产业引进协议，充分利用单轨车辆制造厂设备能力，减少1号线、2号线高级修设施的设置，最大限度地实现资源共享，降低车辆基地工程投资及运营期修车成本，提高检修质量，以及修车效率和设备利用率。设计中对车辆基地选址及布置进行创新设计研究。

(1) 选址研究

①方案一：单轨车辆制造厂迁至1号线白马山基地段址区

由于各条线路的车辆进出白马山车辆基地路径最短，单轨车辆制造厂迁至白马山车辆基地最为理想，但受白马山用地面积较小的限制，没有单轨车辆制造厂发展条件，故该方案不可行。

②方案二:将2号线延长2.7km至单轨车辆制造厂

该方案工程投资大,同时延长2号线无客流支撑,且与建设规划批复不一致,故该方案不可行。

③方案三:单轨车辆制造厂迁至梦溪路车辆基地段址区

梦溪路车辆基地段址区面积够大,且在该地建工厂符合芜湖市产业规划发展。

综合比选,本工程推荐在梦溪路车辆基地段址建设单轨车辆制造厂。

(2)资源共享布置研究

梦溪路车辆基地与单轨车辆制造厂合建,全面修、大修任务由单轨车辆制造厂承担,实现车辆基地与单轨车辆制造厂资源共享,本工程结合周边地形及工厂初步规模,提出车辆基地南侧建厂和东侧建厂两个方案。

①方案一:车辆基地东侧建厂

车辆基地设置停车、列检及洗车等运用设施,设置月检、换轮及重点修设施,其中试车线设置于车辆基地东侧,从试车线最北端引入单轨车辆制造厂,详见图9.2-1。

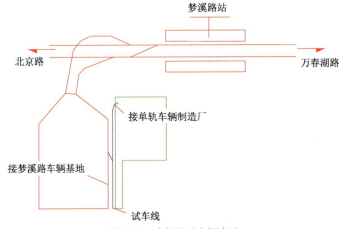

图9.2-1 车辆基地东侧建厂

该方案试车线位于车辆基地东侧,从试车线北部引入单轨车辆制造厂内,工艺流程顺畅,工厂对外衔接条件及展示效果好,占地面积小,且预留了工厂远期发展条件。

②方案二:车辆基地南侧建厂

车辆基地设置停车、列检及洗车等运用设施,设置月检、换轮及重点修设施,其中试车线设置于车辆基地西侧,从试车线最南端引入单轨车辆制造厂,详见图9.2-2。

该方案试车线位于车辆基地西侧,从试车线南侧引入单轨车辆制造厂内,工厂对外衔接条件差,无远期发展条件。

通过分析阿尔斯通工厂的建设规模,结合预留车辆基地高级修规划方案可知,方案一工艺流程顺畅,工厂占地面积较少,单轨工厂靠近万春湖路及赤铸山路,对外衔接条件好,能更好地展示芜湖引入企业的形象,车辆基地有较好的发展条件,基地内股道有延长的条件。结合以上因素,故推荐选用方案一。

2)车辆基地总平面布置创新设计

芜湖市在国内首次采用横列式总平面布置轻型跨座式单轨车辆基地。目前,常见的车辆基地总平面布局主要有横列式、倒装式、纵列式三种形式。

9 车辆基地创新技术

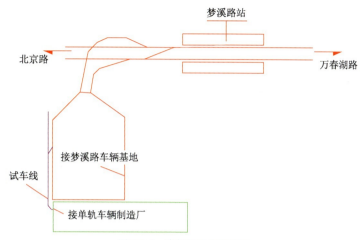

图9.2-2 车辆基地东侧建厂

方案一：横列式总平面布局,详见图9.2-3。横列式总平面布局运用库线群与检修库线群横列式平行布置,可使得总平面结构紧凑,占地面积较少,投资规模小。

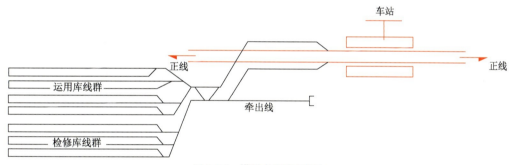

图9.2-3 横列式总平面布局

方案二：倒装式总平面布局,详见图9.2-4。倒装式总平面布局将检修线群与运用线群倒装布置,车辆检修走行为"之"字形,存在折角作业,检修调车作业效率较低,对于全自动运行车辆基地而言；该方案明确划分无人区与有人区。

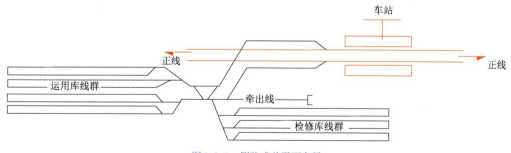

图9.2-4 倒装式总平面布局

方案三：纵列式总平面布局,详见图9.2-5。纵列式总平面布局将检修线群与运用线群纵列式布置,适用于车辆基地总规模较大、存车数较多、用地条件好(需足够的长度)的车辆基地。对于全自动运行车辆基地而言；该方案明确划分无人区与有人区。

203

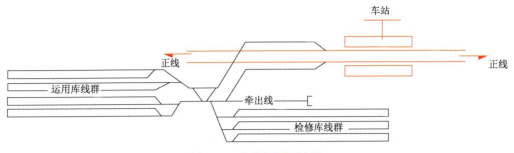

图 9.2-5　纵列式总平面布局

车辆基地总平面方案比较　　　　　　　　　　　　　　　　　　　　　　表 9.2-1

比选项目	方案一:横列式	方案二:倒装式	方案三:纵列式
工艺流畅性	流畅	有折角作业,调车效率低	流畅
无人区与有人区划分	需要一定的措施	明确	明确
占地面积	较小,选址地形宽度上限制较小	较小	最大,适宜于狭长地形条件
投资	道岔数量少,铺轨长度短,投资较小	投资较小	道岔数量高,铺轨长度长,投资高

梦溪路车辆基地现场地形在宽度上的限制较小,但有一定的长度限制,同时需要考虑其检修规模。因此,认为方案一、方案二均可行。但方案一的工艺流畅性较好,有利于保障车辆的检修效率,且投资与方案二相近。故推荐方案一横列式为最佳方案。

3)生产车间布局创新设计

(1)全自动区域防护分区创新设计

运用区(停车列检)及至出入段(场)线和咽喉区、转换轨、牵出线、试车线、洗车线及试车线等相关区域为全自动驾驶区域,详见图 9.2-6。

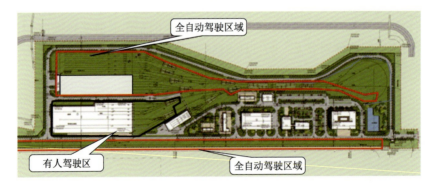

图 9.2-6　全自动驾驶区域示意图

方案一:2 股道分区方案

2 股道分区方案(图 9.2-7)将每 2 股道列检线作为一个防护分区,分区之间设置防护围栏进行分隔。列检库共 6 股道,设置 3 个防护分区。每个分区设置独立的 SPKS 开关、五防锁等安全保护措施。

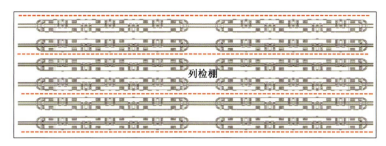

图 9.2-7　2 股道分区方案示意图

方案二:1 股道分区方案

1 股道分区方案(图 9.2-8)将每股道列检线作为一个防护分区,分区之间设置防护围栏进行分隔。列检库共 6 股道设置 6 个防护分区。每个分区设置独立的 SPKS 开关、五防锁等安全保护措施。

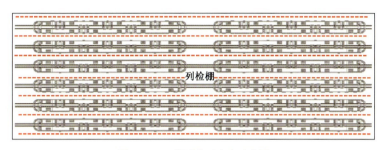

图 9.2-8　1 股道分区方案示意图

方案三:6 股道分区方案

6 股道分区方案(图 9.2-9)将 6 条股道列检线作为一个防护分区。列检库共 6 股道,设置 1 个防护分区。

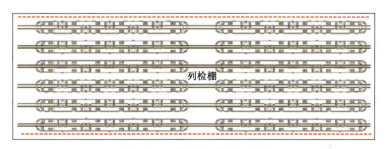

图 9.2-9　6 股道分区方案示意图

全自动区域防护分区方案比较详见表 9.2-2。

全自动区域防护分区方案比较　　表 9.2-2

比选项目	方案一:2 股道分区	方案二:1 股道分区	方案三:6 股道分区
工艺流畅性	流畅	流畅	流畅
人员控制	控制在 2 股道区域内	控制在 1 股道区域内	控制在 6 股道区域内
隔离设施投资	适中	最高	最低
作业干扰	适中	最小	干扰大
作业时间	全天候	全天候	仅夜间收车后

考虑到隔离设施投资及人员干扰程度,本工程选择投资适中、作业干扰适中且能全天候作业的分区方案,故推荐方案一为最佳方案。

(2)停车作业蹬车平台方案

停车线承担本线部分配属单轨车辆停放,需进行蹬车作业,对车辆内部进行清洗。根据车辆车门位置、车辆停车位置以及需求,本工程设计了3个方案。

方案一:分段蹬车平台方案

分段蹬车平台方案根据列车首尾车门位置,将蹬车平台分段设置,2股道共用一个蹬车台,具体详见图9.2-10。

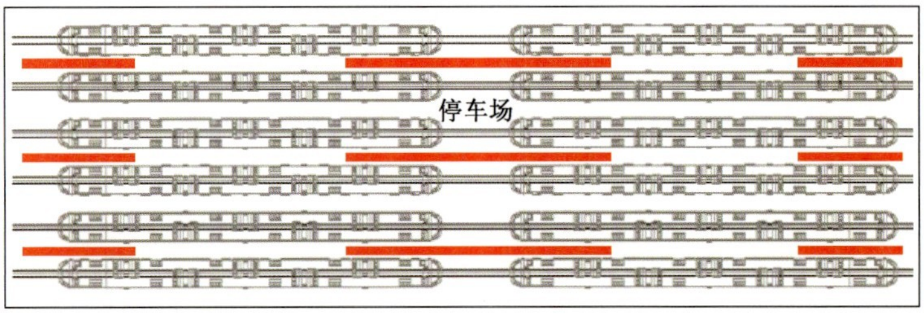

图9.2-10　分段蹬车平台方案示意图

方案二:通长蹬车平台方案

通长蹬车平台方案根据两列车从头至尾两端车门位置设置蹬车平台,2股道共用一个蹬车台,具体详见图9.2-11。

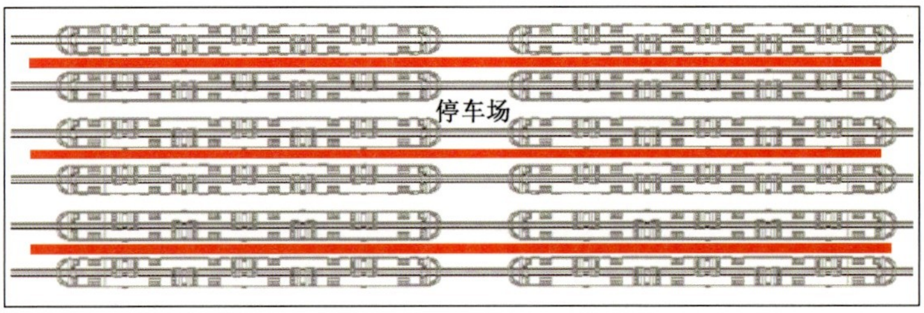

图9.2-11　通长蹬车平台方案示意图

方案三:蹬车梯方案

蹬车梯方案在每列车首尾车门位置设置一个蹬车梯,2股道共用一个蹬车台,具体详见图9.2-12。

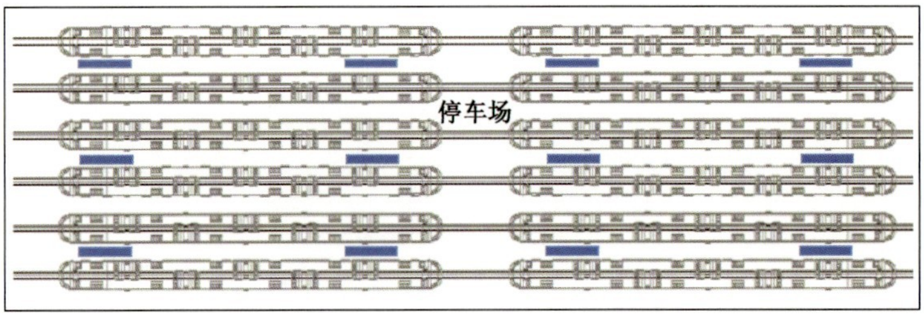

图9.2-12　蹬车梯方案示意图

停车作业蹬车平台方案比较详见表 9.2-3。

蹬车平台方案比较　　　　　　　　　表 9.2-3

比选项目	方案一：分段蹬车平台	方案二：通长蹬车平台	方案三：蹬车梯
工艺流畅性	流畅	流畅	需进入地面，走行距离长
平台投资	适中	最高	最低
安全性	高	高	地面增加隔离设施，安全性低

综合考虑作业人员安全性及设备投资等情况，方案一工艺流畅、投资适中，且具有较高的安全性，故本工程推荐使用方案一。

（3）转向架检修流水作业线布置

轻型跨座式单轨的转向架检修流水作业线由转向架清洗、转向架拆解、构架检修、转向架组装、试验、转向架存放等区域组成，主要配备起重机、转向架运输转盘、转向架清洗间、转向架检修平台、转向架分解专用工具、构架检修测量工具、构架检修工具、构架翻转专用吊具、转向架跑合试验台、转向架吊具等检修设备，满足轻型跨座式单轨转向架的检修需求，检修效率高，详见图 9.2-13。

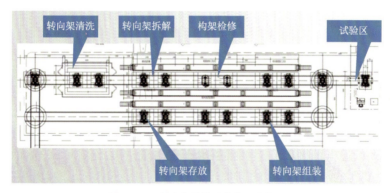

图 9.2-13　转向架检修流水作业线布置

（4）静调电源布置

针对单轨车辆每辆车一个电源接口且为非对称布置的特点，静调电源设备首次采用 1 路输入 6 路输出方式，同时优化布局静调电源设备位置，减少电缆长度及静调电源设备数量，满足静态调试作业需要，详见图 9.2-14。

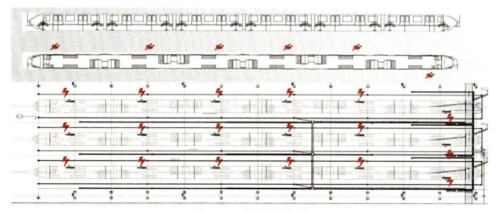

图 9.2-14　静调电源布置

(5)洗车机布置

洗车机清水池、沉淀池等辅助设施设于轨道梁下方,充分利用了轨道梁下方空间,节省占地面积及房屋面积,实现轨道交通由平面向立体发展、提高国土空间利用效率的目的,详见图 9.2-15。

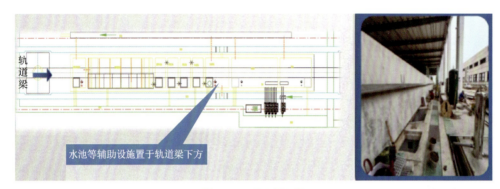

图 9-2-15　洗车机布置

9.2.4　结论及建议

本工程通过车辆基地与车辆制造厂合建,实现了资源共享。在保障车辆检修质量的同时,提高修车效率和设备利用率,实现"专业化、集中修",降低了工程投资,同时合理布局车辆基地总平面图,成为轻型跨座式单轨车辆基地的典型案例。本工程设计时优化无人驾驶全自动区域防护分区、人员蹬车作业方式、转向架流水作业线、静调电源柜布置、洗车机水池布置,满足轻型跨座式单轨车辆运营检修作业需求。

9.3　车辆走行部智能检测技术研究

9.3.1　国内外现状

目前,国外正在运行的跨座式单轨交通尚未运用车辆走行部智能检测技术,重庆轨道交通 2 号线白居寺车辆基地洗车线上设置了集电靴检测、水平轮压力检测设备,但未设置覆盖走行轮等其他部件的智能检测设备,走行部检测主要在列检、月检台位采用人工作业方式,且车底部作业空间狭窄,人工测量工作量大,人工劳动强度大。

9.3.2　研究的必要性

走行部智能检测技术在地铁、普速铁路、高速铁路中均有成熟应用案例。当列车以一定速度通过走行部智能检测系统时,该系统可实时采集/收集走行部相关部件外观尺寸及技术参数等信息,从而为列车走行部的主要部件提供状态评估、安全监测、维修指导、故障预警、健康管理服务与支持。但由于跨座式单轨的走行部具有采用橡胶轮胎、转向架骑跨轨道梁上且被裙板覆盖的技术特点,开发跨座式单轨车辆走行部在线监测系统难度较大。国内外跨座式单轨走行部检测主要采用在车辆基地内人工静态检测的作业方式。

与人工静态检测相比,走行部智能检测技术可大大减少作业人员劳动强度,提高检测效率及检测质量;与随车在线检测相比,走行部智能检测系统可减少对车辆的改造,并降低改造成本,对实现状态修复,确保列车运行安全具有重要意义。

9.3.3 走行部常见故障分析

(1)走行轮、水平轮磨耗

轮胎与轨道梁直接接触,承受着复杂的外力,在列车行进过程中轮胎面与轨道梁不断地进行摩擦接触,导致轮胎面不断磨损消耗,当车轮的磨耗量超过一定限度时将可能引起重大的行车安全事故。因此,轮胎磨耗状况直接影响列车的运行质量。

(2)走行轮、水平轮鼓包、胎面脱落或凹陷等缺陷

轮胎鼓包、掉块等缺陷会使胎面产生严重受力不均现象,加速轮胎损坏,造成行车事故。

(3)水平轮压力不均衡

水平轮起到平衡单轨列车的作用,左右水平轮常处在受力不均状态,单侧水平轮压力最终由转向架来承受。当某侧长时间受力超过允许压力载荷,可能会对转向架造成破坏。

(4)集电靴磨耗、断裂

列车运行过程中,集电靴接触受电网摩擦产生磨耗。当磨耗值超过警戒值后,可能产生拉网的情况,严重情况下可能导致接触网被拉断;如果集电靴发生接触不良,则会产生拉弧现象,造成烧断接触网和烧坏集电靴授流核心部件等问题,导致列车因无法从接触网取电而停车,严重威胁列车安全运行。

集电靴碳滑板在使用过程中产生裂纹,将严重影响列车授流。集电靴产生裂纹还是集电靴断裂的前兆。当裂纹较大时,还可能直接导致集电靴滑板断裂,使列车无法正常授流,导致停车事故。

9.3.4 走行部智能检测关键技术

1)走行部智能检测系统工作流程

光电开关检测到列车,发出触发信号;自动车号识别模块启动,拍摄车体上车号图案,进行识别;列车行驶至智慧梁处,依次开启水平轮360°外观检测、水平轮磨耗检测、水平轮压力检测、集电靴磨耗/表面状态检测、走行轮360°外观检测、走行轮磨耗检测模块;对数据分析处理,将检测结果上传至现场控制室,通过远程信息传输通道,传送到现场控制台,系统工作流程详见图9.3-1。

2)走行部智能检测系统整体布局

检测系统设置于入库必经之地,现场检测单元主要采用光学图像检测方法,设置相机、光源、触发装置等部件。

3)走行部在线监测系统组成

(1)智慧梁

智慧梁为钢板连续梁,由标准跨距智能监测轨道梁、支柱、支座构成。智能监测轨道梁由

顶板、侧板、筋板组成，侧板及顶板上设置轮胎磨耗监测及 360°外观监测口、集电靴磨耗及外观监测口、水平轮压力监测口，智慧梁结构如图 9.3-2 所示。

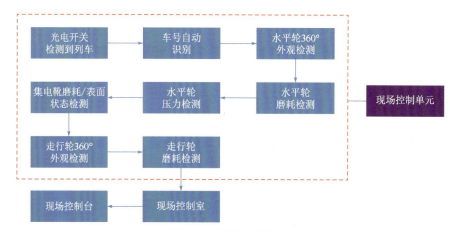

图 9.3-1　系统工作流程

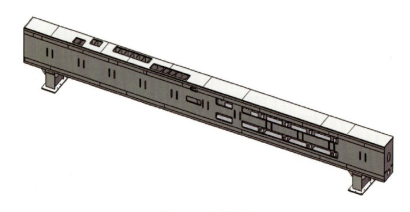

图 9.3-2　智慧梁结构

（2）列车轨位检测系统

列车接近布置于智慧梁的开关之前，当列车入库时，光电开关发出的扩散型光束被光电开关阻挡，光电开关产生高电平，向检测系统发出触发信号，控制车号自动识别相机进入采集状态，同时将其他检测设备唤醒至待机状态。

（3）车号自动识别系统

车号自动识别系统主要由传感器设备、车号自动识别相机与灯光模块、本地服务器组成，系统可按车号信息对检测数据进行跟踪、统计、分析。

（4）走行轮/水平轮磨耗检测系统

走行轮/水平轮磨耗检测利用光截图像测量技术实现，激光线光源沿一定入射角度投射到车轮上，形成包含轮胎花纹深度信息的光截曲线，再通过高分辨率 CCD（电荷耦合器件）相机拍摄车轮外形光截曲线，经图像采集、处理后获得车轮外形轮廓及关键外形几何尺寸，同时为了保障检测系统的高精度需求，采用多个测点完成轮胎检测，检测原理如图 9.3-3 所示。

(5)走行轮/水平轮360°外观检测系统

在单轨列车行驶的过程中,CCD相机正面拍摄车轮面,采用多个相机间隔一定距离拍摄,车轮运行一周,就能拍摄到踏面一周的全景图。本系统采用自下而上的补光方式,在机械原理方面更加有利于检测车轮缺陷,缺陷在检测相机中的成像更明显,走行轮/水平轮360°外观检测原理如图9.3-4所示。光源自下而上补光,如果车轮上有掉块缺陷,光线会被这些缺陷所阻挡,在成像中会显现出一定的阴影,人眼复核会更容易找到车轮缺陷。

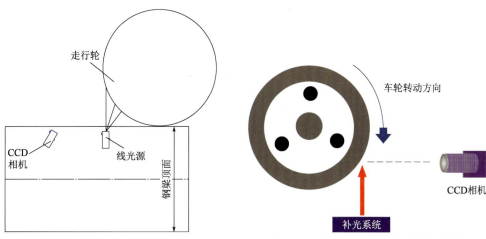

图9.3-3 走行轮/水平轮磨耗检测原理　　　图9.3-4 走行轮/水平轮360°外观检测原理

走行轮/水平轮360°外观检测整体布局如图9.3-5所示。

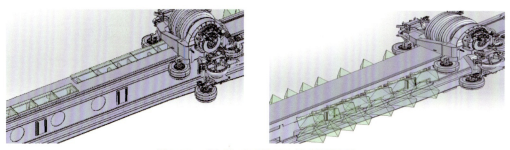

图9.3-5 走行轮、水平轮360°外观检测布局

(6)水平轮压力检测系统

水平轮压力检测系统利用高精度电阻应变传感技术来定量测量轮梁接触区域的走行轮压力,通过水平轮对智慧梁的压力变化来反映水平轮的压力。依据测得所有水平轮的压力值,可以绘制出整车水平轮压力的变化曲线。

(7)集电靴碳滑板磨耗/表面状态检测系统

智慧梁内布置激光探测器和高速图像传感器,当车辆通过时,激光探测器对集电靴的碳滑板部位发射激光,高速图像传感器同时获取该部位的数字图像,再通过数字图像分析技术,可以准确计算出碳滑板厚度、缺口大小、断裂、点蚀等参数及缺陷。

(8)现场控制室/远程控制室

现场控制室由配电箱、控制箱、工控机、通信箱、UPS等设备组成,实现基本检测单元的供电、控制,数据和图像的采集、分析、存储,并与远程控制中心进行通信。

远程控制室能控制检测系统的运行,具备数据分析、数据输入/输出接口、数据联网管理等功能。同时还具备远程启动、复位和控制基本检测单元及设备间设备的功能,监控设备的运行状况,管理检测结果,提供用户访问界面和数据联网管理。

9.3.5 结论及建议

芜湖轨道交通1号线、2号线的白马山车辆基地、保顺路停车场、梦溪路车辆基地各设置了一套覆盖车号识别、水平轮压力检测、集电靴磨耗、走行轮磨耗的走行部在线监测系统。芜湖轨道交通1号线2021年11月建成通车,运营中可对该系统进行验证,并不断优化,以便提高监测覆盖面,提高检测质量及检测效率,降低运营维修成本,减少作业人员劳动强度,同时有利于实现状态修或预见性维修,确保跨座式单轨车辆的运行安全。

9.4 新型换轮设备研究

9.4.1 国内外现状

目前,巴西圣保罗单轨车辆段内设置升降-平移式换轮设备,换1列6编组列车轮胎需要时间约5d,如图9.4-1所示;车体支撑采用手动车体支撑装置,如图9.4-2所示。

图9.4-1 巴西圣保罗单轨换轮设备

图9.4-2 巴西圣保罗单轨车体支撑装置

重庆大堰村车辆基地、白居寺车辆基地、童家院子车辆基地、道角车辆基地、环城北路停车场借鉴日本单轨设置了升降-旋转式轮换设备。该设备换1列6编组列车轮胎需要10d,效率较低。重庆跨座式单轨车辆换轮设备如图9.4-3所示。

芜湖轨道交通1号线、2号线为国内首次建成的轻型跨座式单轨系统,白马山车辆基地、梦溪路车辆基地借鉴巴西圣保罗单轨的做法,在两线分别设置了升降-平移式轮换设备,并改进手动车体支撑装置为电动架机车车体支撑。芜湖跨座式单轨车辆换轮设备如图9.4-4所示。

图 9.4-3 重庆跨座式单轨换轮设备

图 9.4-4 芜湖跨座式单轨换轮设备

9.4.2 研究的必要性

换轮设备是跨座式单轨车辆维修的关键设备,换轮设备的换轮效率决定了换轮库的规模,同时对作业劳动强度、检修质量均有较大的影响,现有换轮设备存在如下主要问题:

(1)换轮效率较低。以换 1 列 6 编组列车轮胎为例,重庆升降-旋转式换轮设备换轮时间约为 10d,换轮时间长,作业效率较低,造成换轮检修列位多、换轮库规模大、工程投资高等问题。

(2)劳动强度大。重庆升降—旋转式换轮设备需人工用换轮支撑装置支撑车钩端的支撑方式,人工劳动强度大。

(3)土建接口复杂。重庆升降—旋转式换轮设备基础大,深4.2m,结构复杂,土建工程投资高,施工精度低,且相邻轨道梁内需预先预埋安装件,施工难度大,接口复杂。

(4)库内整洁度差。库内设有大型基坑或架车机,地面设备较多,库内杂乱。

(5)设备机械化、智能化程度较低。

针对现有换轮设备存在的问题,本工程研发新型换轮设备,对减少作业人员劳动强度、提高检修效率、减少工程投资、节约检修成本、适应状态修等具有重要意义。

9.4.3 新型换轮设备系统关键技术

(1)新型换轮设备整体方案

新型换轮设备采用升降-平移的形式拆装列车转向架,整列车可同时拆装,也可对任一需要更换的转向架进行拆装。设备由转向架升降平移机构、车体支撑机构、轨道钢梁以及控制系统组成,设备整体方案见图9.4-5。

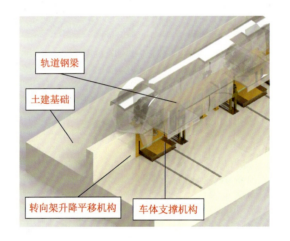

图9.4-5 换轮设备整体方案

(2)转向架升降平移机构

转向架升降平移机构由走行组件、升降组件、定位组件、升降平台等部分组成。走行组件主要实现机构的平移功能;升降组件是升降平台的驱动结构,同时还具备导向功能;定位组件用于车体的定位停车;升降平台用于承载单轨转向架,左右两侧设计组合轴承,组合轴承与升降组件的导向装置配合保证升降动作的稳定可靠。

当列车停在位置控制点处,升降组件由油缸带动升起,顶紧转向架。顶紧稳定后,进行转向架拆卸工作。拆卸工作完成后,升降组件由一台减速电机通过万向联轴节带动两台螺旋升降机下降,驱动升降平台下降,完成转向架的下降,实现转向架与车体的分离。安装转向架时与此过程相同,顺序相反,转向架升降平移机构详见图9.4-6。

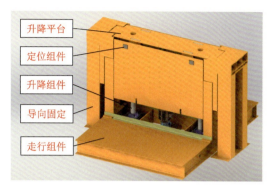

图9.4-6 转向架升降平移机构组成

(3) 车体支撑机构

车体支撑机构由框架、支撑机构、平移机构和称重模块组成,可实现转向架移除情况下车体的固定。该设备有平移和升降功能,非工作状态下隐藏于轨道钢梁之下,保持地面平整,同时起节约空间、平整地面与美观场景的作用。

车体支撑四个为一组,分别支撑每节列车的四个架车点。四个车体支撑同步升降,保证列车的平稳支撑。车体支撑机构侧面设置导向轮轨道面,当车体支撑处于待机状态下,列车可以自由通过。支撑机构主要为丝杠螺旋升降机,具有自锁功能,安全可靠。车体支撑机构详见图9.4-7。

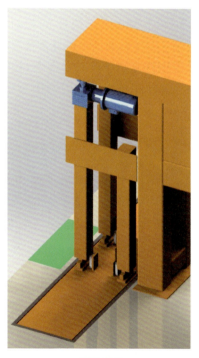
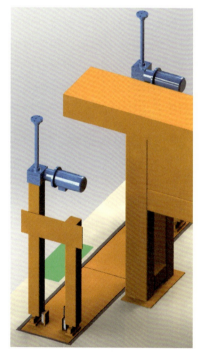

a) 默认状态　　　　　　b) 工作状态

图9.4-7 换轮设备车体支撑机构组成

(4)轨道钢梁

轨道钢梁由优质结构钢焊接而成,代替现浇混凝土梁,接口简单,不仅满足列车通过要求,还降低了土建施工难度。钢梁立柱之间留有一定空间,可以存放液压站以及车体支撑等机构,轨道钢梁详见图9.4-8。

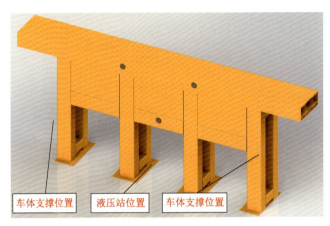

图9.4-8 换轮设备轨道钢梁组成

(5)控制系统

控制系统控制转向架升降平移机构与车体支撑机构,完成转向架升降拆装的整个工作流程。同时,该系统作为信息处理核心,收集各个部位传感器信息,并进行分析处理和故障诊断。系统内部搭载高性能处理器,可以快速处理各种程序和传感的数字信号,可以对各安全传感器的信号进行实时采集,对整个检修过程实时监控,对于设备出现的一些异常情况可以及时作出响应,确保设备安全可靠运行。总控制台(或现场控制器接受总控制台指令)控制换轮设备可选择落下任意一个转向架或全列车转向架。现场控制器和总控制台的操作为互锁关系,只允许使用现场控制器或总控制台操作,确保换轮作业安全可靠。

9.4.4 新型换轮设备特点

(1)换轮效率。以换1列6编组列车轮胎为例,新型换轮设备换轮时间约为1d,效率高,新型换轮设备与前述重庆市其换轮工作量对比,具体计算结果详见表9.4-1。

新研发的换轮设备换轮工作量计算对比表　　　表9.4-1

项目	MA 型车	MB 型车
换轮列数(列)	76	76
现有换轮设备计算换轮列位(列位)	3.56(取值4)	1.78(取值2)
新型换轮设备计算换轮列位(列位)	0.33(取值1)	0.33(取值1)

由表9.4-1可见,在换轮列车数量相同的情况下,新型换轮设备的使用可大大减少换轮列位,减少换轮库面积,提高换轮效率,节省工程投资及运营检修成本。

(2)转向架升降平移机构及车体支撑均实现自动化,降低了人工劳动强度。

(3)采用钢轨道梁代替现浇混凝土轨道梁,接口简单,施工方便,车体支撑在非工作时为隐藏状态，库内整洁度高。

（4）设备智能化程度高，设备车体及转向架支撑机构均设置压力传感器，电机设置电流及温度传感器，可自行检测，发现异常状态及时报警或者停机，以免因设备故障对设备本身或者列车造成损害。

（5）设备具有列车在线智能监测功能。

①到位检测：进入检修工位时，给出驻车信号，并接入牵引控制系统，实现自动停车入位。

②重量检测：当车体支撑单元支撑起车体，并且列车解开编组后，可对车辆进行第一次称重。当作业结束，并且转向架装回后，进行第二次称重。通过检测检修前后重量差值，超限报警。同时，车辆重量作为列车检修数据存入数据库。

③水平轮压力检测：当列车驶入或驶出时，导向轮与稳定轮经过平衡检测模块的轮胎压头，水平轮压力检测模块实时传输压力数据到信息系统，对比压力限值，超过限值报警提示，作为转向架安装的检测手段。

9.4.5　结论及建议

通过研发新型换轮设备，可实现1天换完整列6编组列车轮胎，缩短了换轮时间，可减少换轮列位及换轮库长度，减少了换轮股道数量，进而减少了占地面积及房屋面积，大大节省了工程投资。采用电动车体支撑装置，降低人工劳动强度。同时，车体支撑装置不工作时应为隐藏状态，提高了库内整洁度，方便零部件的运输及检修。土建基础简单，接口少，工程实施难度小，施工便捷，从而提高了经济效益。

该设备集成了水平轮压力检测和车体称重功能，可提供转向架进行状态评估、安全监测、维修指导、故障预警、健康管理的服务与支持。该设备可降低运营维修成本，减少作业人员及劳动强度。同时，该设备还能实现状态修或预见性维修，确保跨座式单轨车辆的运行安全，具有重要的经济效益和社会效益。

10 跨座式单轨智慧技术应用与展望

近年来,包括城市轨道交通在内的各个行业内的建设单位、设计单位、监理单位、集成商等,普遍都对项目怎么做,或者做成什么样子才能称得上智慧,到底什么叫智慧城轨、智慧单轨,这项技术智慧在哪里,智慧技术能有些什么好处等问题存在疑问。要回答这些问题,恐怕还是要把"智慧"这个命题追根溯源,正名而后言顺,在方法论上根本地解决近年来在智慧命题上的认识问题。

智慧是生命所具有的基于生理和心理器官的一种高级创造思维能力,与部分技巧、技能不同,智慧是一种综合的功能,表现为通过思考、分析问题,从而解决问题的综合能力。中国城市轨道交通协会组织编制的《中国城市轨道交通智慧城轨发展纲要》中将智慧表述为"利用先进技术同时赋能于人和物质(设备),以期实现自主采信、学习、决策达到更高效能"。这里提到的"更高效能"可能并不完全准确,其问题在于智慧的能力或者一项技术的智慧性体现的核心在于其是否能够实现问题解决的综合能力及其思考分析能力,而非达到何种层次的"更高效能"。

在新一轮产业变革和科技革命的浪潮推动下,我国城市轨道交通行业的信息化建设步入快速发展阶段,并且建设成果初具规模,改变了传统的建设模式、经营方式和服务手段。但鉴于全国城市轨道交通建设起步不一,所处阶段不同,特别是对"轨市城道交通 + 信息化"的认识程度深浅有别、信息化标准因地而异,各个城市轨道交通的信息化进程参差不齐,应用程度和水平差异较大,服务产品开发和管理信息应用尚不适应当前形势发展的需要。与此同时,随着大数据、物联网、云计算、人工智能、区块链、5G(第 5 代移动通信技术)、卫星通信等新兴信息技术的飞速发展,智慧城市轨道交通的建设已经起步,要求加强城市轨道交通智能智慧建设行业指导的呼声越来越大,及时研究相关政策的条件趋于成熟。在这个背景下,中国城市轨道交通协会以"交通强国,城轨担当"的使命感,顺应行业发展需求,适应发展需要,研究编制了《中国城市轨道交通智慧城轨发展纲要》这一纲领性文件。

对于中低运量的跨座式单轨而言,智慧化建设及应用相关技术的研究尚处于初期阶段,目前仍缺少针对单轨智能智慧建设的技术政策、技术规范等相关指导性文件。因此,有必要在《中国城市轨道交通智慧城轨发展纲要》的引领下,结合中低运量跨座式单轨的特点,针对跨座式单轨指挥技术的顶层设计规划进行研究,采用合理的智慧跨座式单轨相关技术、理念,促进单轨交通信息化的健康发展和智慧跨座式单轨的有序建设。

智慧技术应用的关键问题首先是将智慧技术实现的总体路线、实现方式、效果预期赋予技术本身,使其按照设定好的程序完成预期目标;其次,城市轨道交通智慧技术的应用是复杂的、全面的系统性问题;再者,智慧技术或者智慧技术体系是为人服务的,可以省去大量的人力工作量,管理人员要恰当地应用智慧技术体系,才能发挥其优势。

本章将从智慧技术体系应用的关键问题、跨座式单轨关键智慧技术、运营管理体系的建立、对城市轨道交通可持续发展的意义等方面进行探讨。

10.1 跨座式单轨智慧技术体系应用的关键问题

城市轨道交通智慧技术是涉及城市国民经济可持续发展并为之服务的综合性重大命题,包括智慧技术应用如何适应各种城市轨道交通制式特点、如何建立与工程实际相适应的智慧体系建设标准、如何为城市轨道交通工程的自我造血能力开源节流、如何与整个城市的智慧化体系相融合等问题。

10.1.1 智慧跨座式单轨的标准

近年来,智慧技术层出不穷,面对市场上涌现出的眼花缭乱的新技术,各地建设单位、设计单位等在面对这种情况有些不知所措。在新基建大潮的涌动下,智慧技术应用的标准规范体系尚未形成,而各种技术研讨论坛、供货商市场拓展共识,总是有一种让人觉得智慧技术不全用上就要落后于时代,落后于发展的错觉。

考虑到跨座式单轨与其他制式城市轨道交通的相同点或相似点,在确定智慧技术体系的标准问题上两者并无根本的区别。针对跨座式单轨制式的系统性特点,具体技术应用上的区别在后续节中进行阐述。

概括来说,智慧城轨就是利用先进信息技术深度赋能交通基础设施,全面提升对建设工程的精准感知、精确分析、精细管理、精心服务能力,同时有效控制城市轨道交通工程建设运营能耗水平,从而使感知设施、传输网络、北斗时空信息服务等先进技术在交通运输行业实现深度覆盖。

10.1.2 智慧跨座式单轨建设的目标

交通系统性科学是人类社会最复杂的系统性学科之一,应以一项系统工程的智慧性体现在哪些方面来理解智慧化技术的应用对交通工程的好处。鉴于此,可以明确智慧跨座式单轨建设的两个方向目标:

(1)应将有利于显著提高乘客乘车体验和服务水平的先进性技术应用作为主要目标方向。

(2)应将有利于显著提高运营维保自动化和智慧化程度,能够实现减员增效的技术应用作为主要目标方向。

智慧单轨建设应该重点关注三个问题,一是要重点关注采用技术对于解决建设、运营问题的针对性、有效性,技术应用要基于自身需求;二是要选用有经验、较强实力的供货商、集成商合作方;三是要在后期运营过程中注重本地化运维团队的培养,确保智慧跨座式单轨各系统运营良好。

总而言之,抓住智慧化应用需要解决跨座式单轨建设、运营中存在的问题,将有助于工程的全生命周期成本控制,为各地建设单位、设计单位在选择智慧技术方案应用提供了根基。基于这个根基指导工程建设,实现前文提到的智慧跨座式单轨建设的两个方向目标,这样的跨座式单轨就可以称为智慧跨座式单轨。跨座式单轨的智慧化建设不能一蹴而就,其发展步伐不应停止,其深度也应该由浅而深逐步推进。

10.2 跨座式单轨关键智慧技术

10.2.1 车辆

1) 车辆全自动运行系统

车辆全自动运行系统是以现代信息技术及自动化技术为基础,提升列车运营服务水平,增强系统装备的功能和性能为目的新一代城市轨道交通系统。在全自动运行系统中,传统司机的工作职能一部分由车辆自动控制系统负责,另一部分则移交到控制中心去完成。跨座式单轨车辆按照全自动运行设计,可实现线网互联互通的全自动运行系统,主要功能见图 10.2-1 和图 10.2-2。

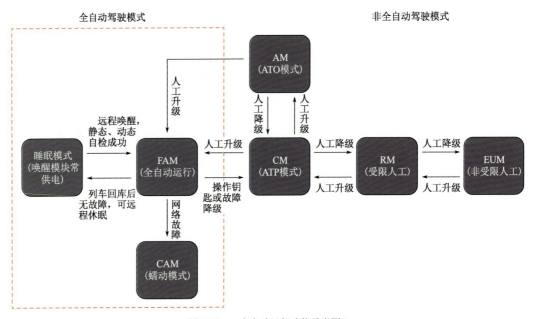

图 10.2-1　全自动运行功能示意图 1

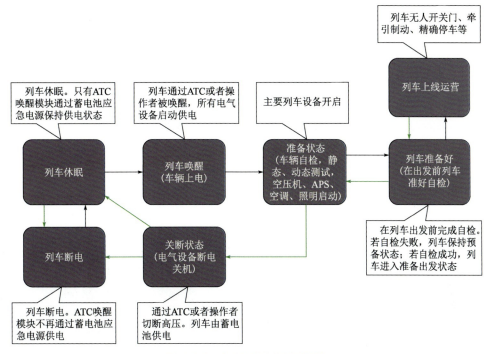

图 10.2-2　全自动运行功能示意图 2

2）车载诊断系统

车载诊断系统采用总线网络控制方式，具有列车运行和故障信息自动采集、存储、处理和显示及对列车辅助设备的控制功能。车载诊断系统为列车驾驶、性能测试、维护检查及辅助设备控制提供业务支持，列车主要设备的运行状态、故障信息可通过读出器将数据读出和打印。系统具有断电后数据存储功能。

车载诊断系统具有如下功能。

（1）重点零部件检测

系统主要完成对牵引系统、制动系统、车门系统及辅助设备系统的检测。

（2）自诊断功能

系统具有列车出库前检测功能，提供乘务员业务支持功能、检修作业的支持功能、客室空调控制功能。

3）主动环境感知系统

列车主动环境感知系统作为列车的"眼睛"，能够全方位感知周边环境，实现全场景覆盖，并源源不断输出感知结果给信号系统，用于车辆控制等科学决策，最大限度确保行车安全。

主动环境感知系统采用传感器融合技术，使用激光雷达、摄像头等多个传感器，按照一定的规则进行信息的相互配合与整合，从而实现对环境某些特征的描述。通过运用深度学习算法训练大量的行驶数据，视觉传感器采集和处理的信息能力将得到有效提升，为环境感知提供更可靠的识别能力。列车主动环境感知系统的核心功能如下。

（1）防撞：对列车前方障碍物（车辆、人或其他物体）进行高可靠性、高精准度识别，并提供预警和施加紧急制动。

（2）定位：基于机器视觉和激光雷达对周围环境感知和高精度地图的匹配，实现自主定位。

（3）测速：使用毫米波雷达和 IMU 中的加速计对车辆的实时速度和加速度进行测量，实现测速异构设计。

（4）测距：基于 4G/5G 或 LTE 的无线通信，实现视距范围外的通信列车车距的计算，并提供预警。

（5）瞭望：全自动运行线路替代司机履行远程瞭望和实施紧急制动输出的职责。

（6）RM 运行：信号系统降级后，在 RM 模式下，列车继续以一定的速度运行，提高运营故障恢复效率，减轻司机和乘客压力。

列车主动环境感知系统拓扑如图 10.2-3 所示。

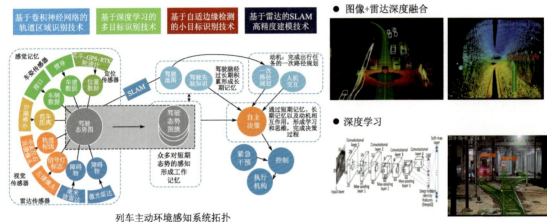

图 10.2-3　列车主动环境感知系统拓扑图

列车主动环境感知系统还可与轨旁感知单元实现信息交互，通过轨旁智能单元，获得更远"视距"，达到"车轨协同感知"，实现列车自主安全防护，如图 10.2-4 所示。

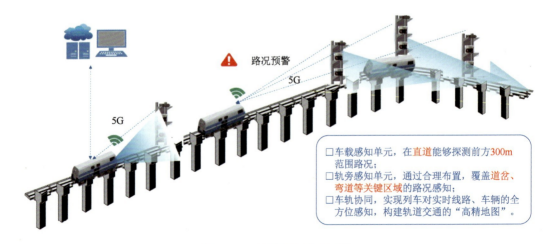

图 10.2-4　车轨协同感知示意图

4）一体化控制平台

针对目前车辆控制系统设备多、网络拓扑复杂、信息共享程度低等问题，智慧跨座式单轨应构建统一的车辆控制平台，精简车辆控制系统架构，改变"一个系统，一套平台"的传统控制方式，降低全生命周期成本。

研制可重构、可扩展、高算力的一体化控制平台，融合信号、车辆控制系统，可减少传输延迟环节，提升控制精度。一体化控制平台通过虚拟数据总线、数据融合、数据加密、高效安全控制等措施，开展安全标准的安全计算机平台架构设计；通过功能分布集成框架，实现一套硬件承载 SIL4/SIL2/SIL0 不同安全等级的应用程序，使不同功能的应用软件按照安全等级部署在不同等级的功能域，节约了大量硬件资源；通过提供标准化接口，实现所有资源和信息的共享访问。

一体化控制平台需要通过不同层次的划分与模块化设计，实现硬件的动态扩展和即插即用。参考工业互联网架构，一体化控制平台逻辑架构由四层组成。

（1）感知和执行层：准备列车控制所需要的传感器与执行器，通过标准化的列车网络与平台进行连接。

（2）通信层：通过不同的有线与无线网络的适配器，实现一体化控制平台对外的数据交换。

（3）平台层：通过可扩展的模块化的计算资源，实现一体化控制平台计算资源的共享与共用，从而实现承载不同安全等级的应用软件。

（4）应用层：通过硬件资源时间与空间的隔离，实现不同应用软件使用硬件资源互不影响。

针对列车控制系统网络拓扑复杂、接口繁多等问题，使用基于时间敏感网络（TSN）技术的综合承载网络作为统一的骨干网实现所有车载设备的互联，真正实现整车网络的统一综合承载，简化网络结构，同时保证重要信息的时延、抖动、丢包等关键功能。基于时间敏感网络技术的综合承载网络，为车载设备间的信息共享提供统一的网络传输通道，综合承载 TCMS、门控、制动、PIS、CCTV 等子系统的数据传输；在单节车厢内构建车厢无线网络，实现非安全设备的数据传输与控制，减少车辆网络布线。

基于 TSN 核心的流量调度技术，实现网络数据时间片的最优分配。利用 TDMA（时分多址）技术将时间分割成等长的分散片段，将周期性实时性传送的数据放进专门的时隙中，借助 IEEE 802.1Qbv 协议调度器技术实现对数据流和周期性的实时数据流的优先级划分。结合不同业务数据的优先级设置不同时隙的优先级划分，实现关键数据传输的实时性和确定性传输。

综合承载网络拓扑图、列车智能服务架构图分别见图 10.2-5、图 10.2-6。

① 车厢乘客信息服务

车窗使用 OLED（有机发光半导体）透明显示屏或在车门上方增加清晰且可视范围广的屏幕，为乘客提供包括但不限于以下信息：当列车在区间运行过程中，动态地图显示列车的线路信息，包括到达各站时间信息等；在列车到站前，展示全网线路图，定位列车位置，基础设施导航信息，获取车站出口、卫生间、电梯或直梯等在车站内的相对位置，以及换乘出口信息，为乘客提供便捷的换乘或出站服务；在列车运行过程中，"车窗"提供沿途车站周边景点、建筑介绍，让乘客一览城市风光，营造独特的旅行氛围。

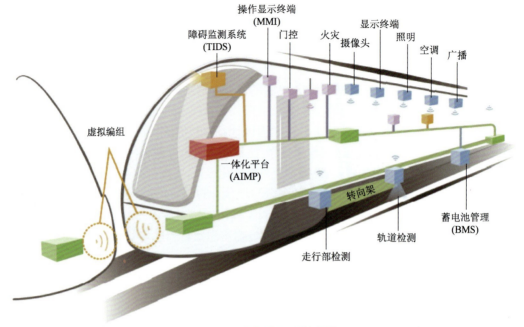

图 10.2-5 综合承载网络拓扑图

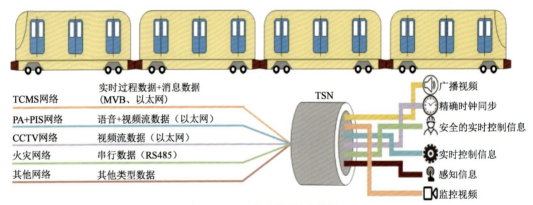

图 10.2-6 列车智能服务架构图

②车厢环境监测

基于物联网在车厢加装空气质量传感器,实现列车全覆盖的环境识别检测,主要检测内容涵盖与乘客、运营相关的环境数据,包括温度、湿度、PM_{10}、二氧化碳等。

③车厢拥挤度监测

在列车车厢增加视觉传感器,实现对车厢内乘客视频图像信息的采集。通过构建的多层神经网络对采集到的乘客标志样本集进行训练,对图像数据进行辨识和分类,识别乘客特征标志。通过汇总分析信息,结合车厢承载阈值,判断并监测车厢拥挤程度。

④车厢乘客异常情况监测

在列车车厢增加视觉传感器,结合深度学习技术,利用异常行为检测算法和模型,实现车内乘客晕倒、乘客挥手求助等异常行为的识别和报警。针对应急事件下监控对象的运动状态,建立异常动作模板,通过计算视频片段动作轨迹与模板的匹配程度,判断异常情况的发生。

⑤司机行为分析与检测

利用司机驾驶室摄像头及计算机视觉技术,从采集视频中提取司机有效特征,结合深度学习技术,进行跟踪和理解学习,通过眼睛眨眼频率、眼睛闭合时间、嘴巴张开程度、头部运动的计算,综合判定驾驶员疲劳程度。在列车行驶过程中,全天候监测驾驶员的疲劳状态,当发现驾驶员出现瞌睡行为时,对此类行为进行及时分析,完成语音报警。

10.2.2 道岔

跨座式单轨系统是车辆骑跨于梁轨合一的轨道梁上行驶的轨道交通制式,属于中运量的城市轨道交通系统。道岔是跨座式单轨交通系统中三大关键结构之一,其作用是实现车辆在行驶过程中的转线、折返运行及车辆基地内的调车作业。跨座式单轨系统的安全、可靠运行,与道岔系统有着密不可分的联系。

跨座式单轨道岔种类较多,按结构主要有关节型、关节可挠型、换梁型、枢轴型等类型。目前国内跨座式单轨道岔通常采用传感器向信号系统反馈道岔的位置及锁闭信息,对道岔故障进行在线诊断的设备与技术尚不完善。为保障行车安全、提升道岔运维技术水平,对跨座式单轨道岔进行故障在线诊断系统的研究是十分必要的。

根据现场人员的维修经验,可将跨座式单轨道岔故障分为六类:
(1)由道岔机械结构件引起的故障。
(2)由道岔转辙电机、锁闭电机内部器件引起的故障。
(3)由道岔控制系统器件引起的故障。
(4)由人为原因或者器件失效引起的故障。
(5)由温度、湿度和轨道梁变化引起的故障。
(6)由道岔出现异物引起的故障。

为了监测不同类型的道岔故障,道岔故障在线诊断系统按工作原理可划分为三个子系统,分别是基于传感器技术的数据采集子系统、基于图形识别技术的数据采集子系统以及数据智能分析子系统,其逻辑流程图如图 10.2-7 所示。

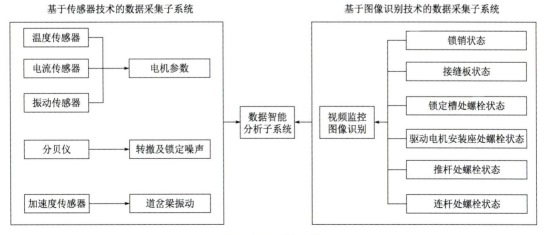

图 10.2-7　逻辑流程图

其中，基于传感器技术的数据采集子系统通过各参数指标在线检测道岔的驱动电机、锁定电机、道岔梁的振动等运行状态。基于图形识别技术的数据采集子系统对内部关键控制点和相关零件的运行状态进行视频监控及图像识别。

数据智能分析子系统负责对采集的信息进行分析处理，当发现异常时及时上报给外部系统（如综合维修中心、BAS 系统等），并将数据归档，将参数绘制成曲线便于后期调取研究。其数据传输方式如图 10.2-8 所示。

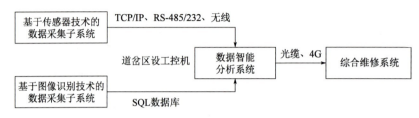

图 10.2-8　数据传输方式示意图

数据库结构如图 10.2-9 所示。数据智能分析系统包括查询所有道岔状态（含道岔梁位置、振动、交通灯颜色、锁定及驱动电机状态、锁销位置、螺栓松紧、台车噪声等）、按车站查询道岔状态、道岔状态异常报警、调取过往报警记录、管理用户信息等功能。

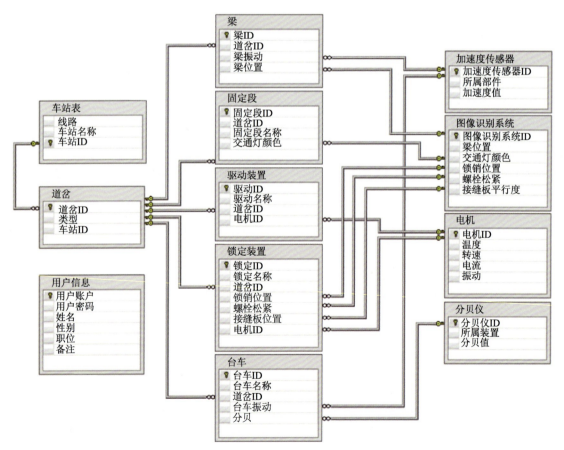

图 10.2-9　数据库结构示意图

10.2.3 信号

1)行车综合自动化系统

传统信号系统主要由自动监控系统(ATS)、列车自动防护系统(ATP)、列车自动运行系统(ATO)和计算机联锁系统(CI)组成。其中ATS子系统由信号系统单独建设,由调度中心配置单独的行调人员主要负责此业务和查看多个工作站页面显示,各系统界面较为分散。

行车综合自动化系统集成主要包括了三种方案,三种方案系统集成水平依次递增。方案一,界面集成,由综合监控专业将信号ATS、CCTV等系统界面集成于综合监控软件中,综合监控单独开辟一页面用于其他系统,底层逻辑处理均由各自专业负责处理;方案二,硬件集成,各专业应用服务器单独设置,历史服务器由综合监控专业统一设置,由综合监控专业负责将各专业界面整合至同一平台中;方案三,硬件和软件深度集成,ATS和综合监控专业合设一套服务器,软件深度整合至同一平台,由一个平台负责ATS和综合监控软件的底层处理。目前方案二在全自动运行系统中应用较多,深度集成方案涉及软件底层逻辑处理,实施难度较高。

在全自动运行系统应用的大趋势下,行车综合自动化系统也得到了越来越多的应用,深度集成有利于调度人员快速地操作,有利于系统的联动控制,是未来技术发展的方向。

2)全电子联锁系统

全电子联锁系统是通过计算机以全电子执行单元为主要技术手段实现联锁关系的信号设备。全电子联锁系统取消了传统计算机联锁中的继电器接口,采用电子执行单元直接控制信号设备,采集信号设备状态,并实现信号设备状态的在线监控。

全电子联锁系统主要由联锁主机、电子执行单元、维护子系统等组成。联锁主机执行联锁主要控制逻辑,是全电子联锁的核心设备,通过安全网与ATP、ATO等子系统通信。

电子执行单元一般采用2乘2取2结构,由通信板、主机板、电源板组成。通过微电子技术,可以对模块各个元器件进行智能检测,在设备故障时给出精确的故障诊断信息。电子执行单元既可以对轨旁设备进行控制,比如信号机的开放和关闭、道岔的控制等,又可以对轨旁设备状态进行监视,通过采集轨旁设备的模拟量信息,判断这些设备的状态。

全电子联锁相对于传统继电器联锁具有很多优势:

(1)高安全性、高可靠性

全电子联锁可采用多重可靠性冗余技术、安全硬件异构技术等安全技术设计,对系统运行过程中的失效进行检测和防护,确保系统的高安全性、高可靠性。

(2)高可用性、高可维护性

电子执行单元板卡采用热插拔设计,方便维护,具有自诊断、故障准确定位等功能。

(3)易扩展性

全电子联锁标准化、模块化设计,可适应不同规模、不同配置的车站和车辆基地,易于升级、改造。

3)列车自主运行系统

列车自主运行系统属于信号系统新的发展方向,车车通信可采用无人驾驶技术,以列车自主防护为基础,是将传统的车地两层分布式列车运行控制系统与车载网络控制、牵引和制动等系统高度融合的控制系统。

（1）列车自主运行系统架构

列车自主运行系统主要由 ATS 子系统、车载 ATC 子系统、目标控制器（OC）子系统、数据传输（DCS）子系统和维护管理（MMS）子系统等系统组成。

中央及车站 ATS 子系统与传统 CBTC 构成相同，主要包括数据库服务器、应用服务器、通信前置机、行调工作站、运行图编辑工作站、派班工作站和监视工作站等组成。

车载 ATC 子系统主要由车载控制单元（含线路资源管理功能、传统 CBTC 系统轨旁区域控制器和联锁功能）、列车自动运行设备、应答器接收模块及测速传感器等组成。

目标控制器（OC）子系统主要由轨旁目标控制器、信号机、道岔、计轴等组成，接收和执行来自车载设备的命令，监测目标状态，并将状态信息发回车载设备。

数据通信（DCS）子系统主要由 LTE 核心网、BBU、RRU、轨旁天线或漏缆组成。

（2）列车自主运行系统与传统 CBTC 系统差异

对于传统 CBTC 系统而言，轨旁区域控制器计算控区范围内所有列车的移动授权，是列车运行控制的核心设备；中央 ATS 指挥所有列车的运行，是列车运行控制的指挥棒。

基于车-车通信的列车自主运行系统就是将传统 CBTC 系统的中央、车站、区间设备的功能转移到车载控制器实现，车站和区间少布置甚至不布置设备，依靠车载设备来实现列车运行控制的大部分功能。列车自主运行系统有效减少了轨旁机柜数量，从而减少了信号设备用房面积，信号机房典型设备布置对比见表 10.2-1。

信号机房典型设备布置对比表　　　　表 10.2-1

传统 CBTC 系统		列车自主运行系统	
机柜名称	数量	机柜名称	数量
ATS	1	ATS	1
DCS	2	DCS	2
ZC	1	OC	2
CBI	3		
微机监测	2	微机监测	2
组合柜	9	全电子	2
防雷分线柜	2	防雷分线柜	2
接口柜	2	接口柜	2
计轴机柜	2	计轴机柜	2
电源屏	4	电源屏	4
UPS	1	UPS	1
电池架	2	电池架	2

传统 CBTC 系统由轨旁设备、ZC（地面区域控制器）、CI 实现运行间隔控制、道岔控制等功能，全部由车载设备来实现；ATS 的时刻表也可以下载到各个列车上，列车可自主办理进路。基于车-车通信的列车自动运行系统由车载设备根据各列车的位置信息确认线路中列车的位置及顺序，后面运行的列车向前车请求其位置信息和所需的资源信息，前车周期性地向后车发送其实时位置信息和所需要的资源信息，使得后车可以立即更新其速度。通过实时计算动态更新，保证系统的行车间隔。列车根据前方障碍物状态、前方列车的位置信息，计算当前行车许可。列车基于自身计算的行车许可计算速度控制曲线，并汇报给中心。

4）虚拟编组

虚拟编组是指通过列车之间的实时信息交互与感知，按照调度命令实现多列车非接触式的编组运行以及自动解编功能，以满足多样化运营需求，如大客流长编组运行、小客流短编组节能运行。

虚拟编组采用车-车通信以及智能感知技术，实现车群信息的实时共享，突破了列车间物理连挂的限制，引入协同制动安全防护模型，基于列车行为轨迹预测的车群协同控制，实现超近距离、超大行车密度的列车高效平稳控制技术，从而大幅度提高线路运输能力和效率。通过建立动态拓扑结构的车群网络，增强车群通信的稳定性和灵活性，配合线路上实时客流情况，在任意时刻对线路上任意数量列车的耦合关系进行建立、维持或解除，实现按需灵活编组，提高列车服务灵活性，更好地匹配不断变化的乘客需求。

虚拟编组技术对城市轨道交通各个方面都提出了更高的要求，是对传统理念和专业技术上的全方位的重大突破。虚拟编组技术能够进一步提高单轨系统的运输能力和灵活性，并降低建设运营成本。列车虚拟编组功能如图 10.2-10 所示。

（1）提高单轨系统的运输能力：缩短列车追踪间隔，实现列车连续进出站，满足高峰时段的客流需求，解决高峰运能不足的难题。

（2）提升运输组织的灵活性：灵活配属列车数量，在线进行编组与解编，解决客流不均衡、列车灵活调配的难题。

（3）降低建设运营成本：减小车站规模，利用小编组追踪运行满足客流需求，降低土建成本；高峰小间隔高密度运行，平峰低密度运行，减少运营列车数量，降低列车牵引能耗。

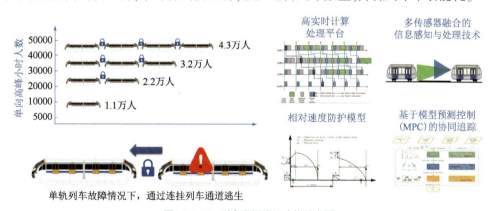

图 10.2-10　列车虚拟编组功能示意图

10.2.4　自动售检票系统

城市轨道交通自动售检票系统多按照标准 5 层系统架构，单程票卡一般采用非接触式 IC 卡，自动检票设备普遍采用传统门式自动检票机。随着技术的发展和迭代，精简架构的 AFC 系统，采用更加简易的单程票以及轻量化的自动检票机，智能语音交互以及检票过闸无感化等技术，可以为 AFC 系统带来更加集约化、智能化的改变。

1）精简架构的 AFC

随着互联网支付以及云计算技术的快速发展，基于云平台的"互联网+AFC"系统架构成为主流建设模式。依据智能单轨的云部署需求,智能单轨的售检票系统应采用三层的架构以代替传统架构的五层架构模式,使系统更为简洁,利于软件部署与系统维护。在传统的五层架构中,五层级分别为:清分清算系统(ACC)、线路中央计算机系统(LC)、车站计算机系统(SC)、车站终端设备以及车票。而采用云平台的三层架构部署时,可将ACC层、LC层系统部署在云计算平台,车站系统可在云计算平台部署,也可保留在车站本地部署(在云中心与车站的网络可靠性不能100%保证的情况下,建议将SC层部署在车站设置的服务器上),车站设备层与多元化票务层。典型的云部署AFC系统架构如图10.2-11所示。

图10.2-11 云部署AFC系统架构图

多元化车票是 AFC 系统最底层部分,同时也是 AFC 系统的核心,是实现"一票通"乘车的凭证。此外,多元化车票还包括虚拟车票,如电子二维码车票、基于 NFC 技术模拟的虚拟车票、生物特征车票(生物特征识别支付)等。

2)单程票"去卡化"

单程票作为城市轨道交通自动售检票系统的重要组成部分,具有使用量大、成本高、流失率高、难管理等特点。该票卡由自动售票机或人工售出,通过入站闸机进站,经出站闸机回收后可以循环使用。在已投入使用的城市轨道交通系统的单程票封装形式,主要包括卡式和筹码式。传统单程票的使用,需要经过票卡采购、编码初始化、票卡调拨(配送车站)、乘客购票、乘客进出站(乘车)、回收/分拣、清洗(一定周期)、票卡调拨(车站车票不均衡)等流程,如图 10.2-12 所示。

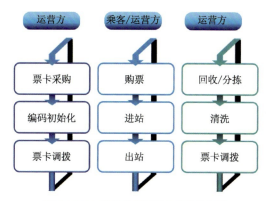

图 10.2-12 传统单程票票务流程示意图

单程票的流通管理,以及相关硬件的维护,给城市轨道交通的日常运营带来了大量的工作。而实现单程票"去卡化",相应的硬件设备、占用的用房及设备空间均可减少,对于简化运营流程,减轻运营负担具有积极意义。单程票"无卡化"可以通过二维码电子票、人脸单程票、可识读证件单程票等方式实现。

3)售检票设备轻量化

伴随着人工智能技术的迅猛发展,闸机通行逻辑控制技术也迎来了新一轮技术变革。新一代闸机基于计算机立体视觉技术,通过安装在通道顶部的立体视觉传感器,结合人工智能计算,能让检票机精确识别乘客和行李类型,具备高精度的三维检测能力,能够精确识别儿童与成人,行李和婴儿车、轮椅等,并保证安全通行。通过计算机视觉和 AI 技术能够识别刷卡人,防止他人插队的逃票行为,避免不必要的纠纷。此外,计算机视觉智能闸机还具备以下优点:

(1)更高效通行效率

通过机器视觉和 AI 计算,闸机能够比传统的对射式传感器闸机具备更多的智能识别能力,给予多样化的通行控制,确保乘客和随行物品的安全,如乘客推行大件行李在前方进入到通道内、乘客进入通道内部后刷卡等,并具备软件进化能力。

(2)高安全性

通过计算机视觉和 AI 技术完全避免扇门误动作(夹人、夹行李等情况),并可通过参数调整,使安全性和防逃票的矛盾平衡。3D 检测能力使闸机具备识别成人与儿童,并通过通行策略保障儿童在成人前部和后部均能安全通过。

(3) 设备占地面积小

机器视觉智能闸机采用剪式门阻挡机构,设备长度可缩短至1.4m以下,设备厚度可降低至180mm(普通通道);采用拍打门技术的闸机长度可缩短至1.6m以下,设备厚度最薄可为140mm,对车站的站厅占用面积大幅减小,留出更多的空间,能够尽可能消除对车站的拥挤感。

(4) 更可靠易维护

计算机视觉智能闸机通过集成化的设计,大幅提高设备集成度,大幅提升了设备的可靠性,数字化物联网化的接口可为运维系统提供更加丰富的运行数据,主动报告设备的健康状况,大幅降低设备运营的维护工作量。该系统具备紧凑的模块化设计和丰富的自检功能,设备在出现故障后更易维护,更快恢复正常,降低对运营的影响。

4) 集约型智能客服中心

跨座式单轨作为中低运量的交通工具,人流量相较于大运量的地铁线路要小很多,且车站多为高架站,车站整体空间较小。因此,对于客服设备的综合功能要求较高,应考虑一机多用、设备占地面积小、智能化程度高、无人值守等要求。因此,客服类设备应综合考虑设置智慧客服中心的设备方案。

智慧客服中心宜根据车站是否为换乘站以及服务人群类型进行区分,在周边有景区或客运中心的换乘站设置可有人值守的环形智慧客服中心,在主要服务周边通勤客流的标准站和边远站设置无人值守的岛式智慧客服中心。

智慧客服中心应支持人工服务和自助服务双模式。设备外形不宜高于1.3m,具备有人值守的环形柜台壳体内,应分别在面向付费区和非付费区各嵌入智慧客服中心,全功能自动售票机1台(非付费区)和全功能售票机1台(付费区),同时设置1台票房售票机(包括操作员一体机、读写器、乘客显示器等模块)供工作人员提供人工票务等服务。无人值守的岛式柜台应在付费区和非付费区设置除票房售票机之外的以上各类设备。

智慧客服中心应至少具备以下功能:

(1) 智慧人机交互

智慧客服中心应具备语音识别交互功能和视频交互功能,高灵敏度的触摸显示功能,且具备在现场嘈杂的环境中准确识别乘客的输入需求,并通过声音和显示等手段反馈。智慧客服中心应具备知识库学习功能,不断收集乘客的问询和处理需求,以更新知识库和判断策略。人机交互应具备热点问题排序功能,结合后台AI服务根据乘客的输入(包括语音、触摸选择等)给出当前热点问题排序,给予乘客最方便的选择和处理方案。智慧客服中心应具备丰富的音视频指导,各功能模块布局合理,符合人机工程学且具备声光电的指引,帮助乘客以灯光、声音、视频等方式快速掌握设备的使用方法,并完成所需的业务处理。

智慧客服中心应具备远程连接客服中心的功能,通过远程音视频连接,可以寻求客服专员的帮助,包括在线解答和处理问题、远程辅助操作设备等功能。

(2) 票务处理

票务处理功能包括但不限于:

①对车票进行查询、分析、无效更新、发售(纸质二维码出站票)、赋值、充值、延期、退款、交易查询等处理。通过智慧客服中心,可处理车站乘客投诉,对行政收款进行记录。

②涉及城市一卡通、市民卡、全国交通一卡通、金融 IC 卡等所有票种的处理需求应与相关系统的要求相符。

③应可按照安装位置的不同,设置为不同操作类型,使设备功能集中使用,如单独为非付费区服务、单独为付费区服务、兼顾非付费区及付费区服务等。

④乘客在付费时,可以选择缴纳现金、电子支付或从车票上扣除等付费方式,并可打印有关车票及现金处理单据。乘客可在终端界面获得电子发票管理系统入口二维码,乘客通过手机扫描该二维码,输入发票抬头,完成电子发票开票操作。

⑤智慧客服中心可供乘客对线网内所有车票的车票内数据进行查询,包括金额、余额、有效期、交易记录等。通过触摸屏和乘客显示器以中英文两种方式显示车票查询信息、票务服务信息,包括购票指南、票价表、运营时间等。

⑥在与车站及清分中心通信中断的情况下,智慧客服中心应能在单机运行模式下工作。可储存足够的设备数据,包括状态、寄存器及交易数据。所保存的数据达到上限后删除最旧的数据。在与车站或清分中心通信恢复后,智慧客服中心能向车站计算机发出上传数据请求。

(3)乘客自助操作

乘客自助操作实现乘客资讯信息查询操作,包括线网地图、列车运营时间、到发列车拥挤程度、票价表、站内导航、换乘查询、单轨商业、周边地理信息查询等。当乘客通过自助操作失败,或不会操作时,乘客可通过智慧客服中心一键呼叫集中客服中心人工坐席进行音视频通话。

乘客可通过智慧客服中心实现实名信息注册(姓名、身份证、人脸特征、掌静脉、手机等),具备人脸生物特征码、身份证读取等功能,乘客可根据需求选择录入面部信息、掌纹信息等,以实现无感检票及精准客服功能。其中,特殊乘客可在人工帮助核实的基础上注册,注册成功后的乘客可通过边门进出车站。

10.2.5 供电系统

1)智能照明系统

照明系统直接关系到城市轨道交通运营安全、服务质量、节能环保、运营成本等多个方面。在满足运营安全、国家节能要求的背景下,智能照明系统越发体现出其节约能源、控制灵活、经济高效等优点。

智能照明系统按照其实现功能主要分为输入输出模块部分、现场控制部分、监控调试部分 3 个部分,如图 10.2-13 所示。

智能照明系统通过预先设置运营模式和运营场景,实现车站对不同季节、不同时段、不同区域照明灯具的自动调控,通过时钟控制器、照度传感器等智能设备的运行与判断,优化灯具开启时间,延长灯具使用寿命。

2)能源管理系统

城市轨道交通运输系统是耗电大户,能源

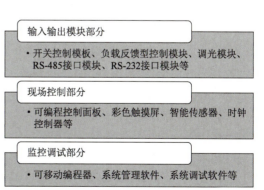

图 10.2-13 智能照明系统功能架构组成图

管理系统通过集中监测管理节能控制照明、风机、电梯、给排水等设备,实现设备运行状态监测、设备故障告警监测、设备连锁控制、定时模式控制;通过运行时间累计跟设备用电量海量数据进行对比分析,挖掘节能空间,从而实现设备节能降耗。

运营人员通过车站点选择、能耗类型(电)选择对各车站站点、各分项能耗做出报表。其中,查询日期可精确到日、周、月、年或自定义,实时掌握各车站站点任意时间或时间段的耗能情况,并做出各分项情况报表。设备通用报表分析可以帮助站点管理人员计算能源消费在设备生产经常成本中所占比例,实现车站站点自主能源审计管理。

3)接触轨可视化接地系统

接触轨可视化接地系统(图 10.2-14)能够实现可视化远程自动挂(撤)地线功能,对不同供电分区的接触轨带电状态进行检测、显示,对现场接地节点设备内的接地开关实现控制、监视、联锁/闭锁,并将各信息快速显示在操作台及控制计算机动态图形画面中,实现检修调度员全面监控的目的,确保作业安全,极大地提高了施工要点的有效利用率。

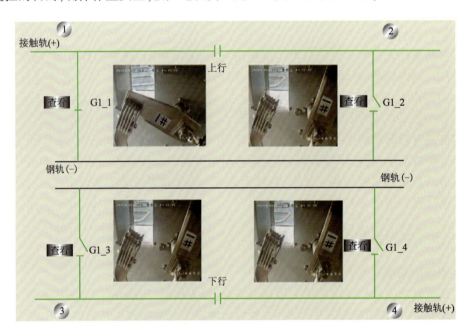

图 10.2-14　接触轨可视化接地系统界面

4)智能供电系统

城市轨道交通智能供电系统构成如图 10.2-15 所示。

智能调度系统:满足系统正常运行与事故处理的需求,具有无人监视、系统自愈、自动控制等智能功能。

智能运维系统:面向供电设备的运维需求,具备无人巡检、移动监视、供电设备的全生命周期管理等功能。

智能供电设备:完成智能调度系统与智能运维系统功能所需的全景数据采集与继电保护功能,包括电气量采集、控制、保护、视频和设备在线监测等功能。

图 10.2-15 智能供电系统构成图

(1) 智能调度系统

变电所综合自动化系统部署于牵引降压混合所和降压混合所内,通过与智能供电设备保护测控装置的接口,实现智能供电系统三遥、定值、录波等数据的采集和传输,并通过冗余的 1000M 双环网通信网络与智能电力监控主站系统进行数据交互。

智能电力监控主站系统部署于线路 OCC 中心,并在运维中心和主所及车站各值守点部署供电提示终端,实现与变电所综合自动化系统的接口,除具备常规的电力监控功能外,还综合应用 BIM 技术,实现运前供电设备状态自动巡检、故障综合告警展示、可视化遥视、全景化实景展示、定值比对、故障报告等高级功能,提升电力监控系统的智能化程度,降低调度员和运维人员工作强度。

智能调度系统部署于线路 OCC 中心,提供自动化、标准化的供电调度天窗作业流程、可视化演练及安全卡控功能,实现对供电调度员天窗作业的一体化闭环管理,提高作业效率和安全可靠性。智能调度系统架构及功能组成见图 10.2-16。

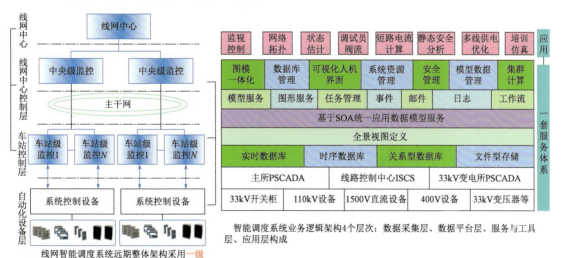

图 10.2-16 智能调度系统架构及功能组成示意图

(2)智能运维系统

智能运维系统包含变电所辅助监控系统、接触网检测监测装置、智能供电运行检修管理系统和供电检测监测及 PHM 系统四部分。其通过全面整合供电系统中各分散孤立的检测监测子系统和运维子系统,形成统一的、综合的、协调联动的综合智能运维系统(图 10.2-17);通过先进的传感检测技术实现对供电系统全方位的数据采集;通过图像智能识别技术实现对变电所的可视化自动巡检;通过对供电系统检测监测、监控、人工巡检等多源数据的采集和融合,实现设备全生命周期的运行检修管理;通过融合 BIM 技术,实现运维数据的全景可视化展示;通过大数据挖掘及人工智能技术实现对供电系统的状态评估、故障预测和辅助维修决策等高级功能。

图 10.2-17 智能运维系统示意图

变电所辅助监控系统部署于牵引降压混合所和降压所内,通过图像采集、环境监控和智能图像识别,并汇集融合供电设备全方位的在线监测数据,实现变电所供电设备的可视化自动巡检、动环设备等的协调联动控制等功能,并通过 1000M 单环网通信网络与供电检测监测及 PHM 系统接口,为变电所无人值守提供技术支撑。变电所智能巡检机器人如图 10.2-18 所示。

图 10.2-18 变电所智能巡检机器人

智能供电运行检修管理系统基于 BIM、移动应用和 BMP 技术,实现供电系统从计划、检修、评估、分析等全流程的智能化闭环管理、可视化的综合信息展示、全生命周期的设备管理等功能,提高供电系统运行检修的安全性、高效性,防止漏检漏修和过度修。

供电检测监测及 PHM 系统通过采集和深度融合变电所和接触网的全方位感知数据和视频图像数据,运用 BIM 技术、数字孪生技术、大数据挖掘和 AI 技术,以全生命周期内检修成本最低和系统整体可靠性最高为优化目标,实景呈现供电设备状态,实现变电所无人值守、故障诊断、故障预警、健康状态评估和辅助维修决策等高级功能,促进供电系统从周期修、故障修到状态修的转变。设备状态实时监测如图 10.2-19 所示。

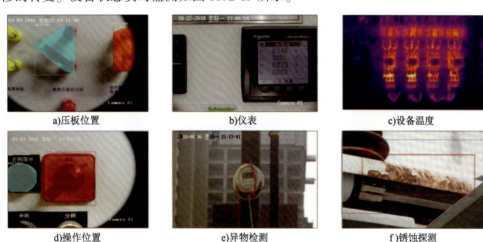

图 10.2-19　设备状态实时监测

(3) 智能供电设备

智能供电设备包含智能中压、直流和低压配电设备三部分,由一次设备本体集成保护测控装置、在线监测装置而成。智能供电设备通过优化变电所保护测控功能,提高供电系统保护的速动性和选择性;通过在常规供电设备基础上增加在线监测智能化设备,采集供电设备的运行状态和动态参数,全面感知和实时掌握供电设备的健康状态;通过提升供电设备的智能化程度,实现供电设备智能控制和智能运行,实现供电的输送和分配,并确保提供高可靠、高稳定的电源,为跨座式单轨用电设备安全可靠运行提供保障。

智能供电设备主要包括牵引整流变压器、整流器、35kV GIS 开关柜、1500V 直流供电设备等。

智能供电设备采用"一次设备本体 + 传感器 + 智能组件"的形式。与一次设备本体有安装配合的传感器、智能组件,与一次设备本体采用一体化设计,优化安装结构,保证一次设备运行的可靠性及安全性。

10.2.6　智能运维

1) 跨座式单轨运维需求分析

(1) 建设智能一体化运维平台,信息互联互通的需求

在智能运维方面,回溯和总结过去几年城轨智能运维的发展,我们不难发现:在构建整个智能运维生态体系过程中还存在诸多问题,比如各专业智能运维系统分散建设,缺乏顶层设计

和统一的管理平台,不同线路或系统的运维综合管理信息化程度差异大、企业智能运维管理创新能力不足,专业与专业之间的融合互通性较弱,缺乏统一的运维管理体系、技术和评价标准等。因此,有必要建设一套智能一体化运维平台,打破专业壁垒,实现信息互联互通,打破信息孤岛困境,真正实现系统全方位、全专业、全周期的运维管理。

(2)全生命周期管理的需求

跨座式单轨系统现有的建筑设施采用的传统管理模式具有人力物力消耗大、工作强度高、管理效率低等难以克服的缺点,越来越不能满足现代化建筑的运维管理需求。其主要体现在建设期的数据缺少管理和导入,导致后期对隐蔽工程进行维修和维护不便,浪费人力物力,大大降低了其可靠性。

为改变上述现状,就迫切要求利用信息化将传统管理模式进行脱胎换骨的改造,以全新的建筑工程信息化管理方式来服务于设施运维。随着BIM技术的日趋成熟,项目全生命周期管理成为可能。凭借BIM技术的三维可视化、信息一体化、协同化等优势,建筑设施存在规划阶段、设计阶段、施工阶段、运营阶段等各阶段的各类属性数据进行全生命周期管理。这不仅带来了设计表达方法的改变,也增强了项目相关方的信息共享,促进更有效的互动,实现建筑设施运维管理的便捷性。

(3)业务移动化的需求

目前,跨座式单轨系统的日常巡检中,设备运行状态数据大多为人工纸质记录,这样必然会造成数据错记、漏记等现象,同时数据的使用性极低,造成信息浪费。另外,传统的作业受现场时空限制,运维人员的负担极大。运维人员需要根据调度到现场进行数据采集,同时调度排班也存在一定的不准确性和不合理性。这都将会造成很大的人员浪费和资源浪费。

因此,需配合智能一体化运维平台建设移动客户端及移动信息采集设备,实现实时采集现场数据,不再派运维人员现场作业采集数据,达到准确存储,不错记、不漏记、不遗失的目的。如需要现场工作人员,则配备移动终端,实时接收排班信息,接收系统作业指导,极大提高作业准确性,减少人力浪费,节省人工支出。

2)智能一体化运维平台建设中心层实施方案

由于跨座式单轨主要在中小城市建设,其投资更低,人员配备数量更少,智能一体化运维平台应是一个高度集中、高效运行、智能管理的软件平台,全线网所有的运维管理及作业均在此平台下进行。平台在全面集中管理的同时,也应做到精细化管理,细化各子模块,创建多个中心层应用服务模块,且细化至各专业服务模块。智能一体化运维平台应用层框架如图10.2-20所示。

其中,运维中心层是智能一体化运维平台的顶层服务模块,为全线智能运维中心提供全面运维管理使用。其功能主要包括基础业务管理、设备设施运维管理、监控管理、能源管控、资产知识管理、预警预案、决策分析、移动管理平台等。其数据主要来源于专业服务层采集的信息共享数据池。运维中心层对共享的数据信息进行统筹分析管理,制定维修计划,将维修计划下达至专业服务层。

专业服务层是智能一体化运维平台针对各专业运维需求的底层服务模块,是具有运维中心层功能延伸开发的,针对专业相关设备设施运维进行专项管理,包括车辆专业、车辆检修、供电专业、通号专业、工务专业、机电专业、道岔专业等。运维人员在针对专业设备实施运维时,使用该配套专业软件模块进行数据采集、监控、作业、记录。

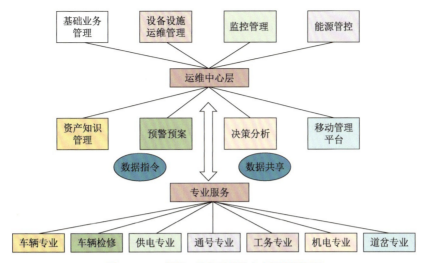

图 10.2-20 智能一体化运维平台应用层框架图

3）智能一体化运维平台

智慧一体化运维平台是基于云平台建设的可弹性伸缩的综合的现代化平台，包含了从智能设备到云的组件，包括边缘计算、物联网络、云平台、服务应用等组成部分，基于前端智能化设备数据采集，通过各种网络制式的数据传输，利用 AI、大数据、IoT 平台等技术手段，对各业务系统进行统一整合、统一管理、统一联动，实现安全、高效、智慧的运维及服务管理。

智能一体化运维平台的功能层结合实际运维需求，归纳为 8 个模块，分别为基础业务管理、设备设施运维管理、监控管理、能源管控、资产知识管理、预警预案、决策分析、移动管理平台。

4）智能一体化运维平台建设服务层实施方案及监测手段

专业服务层是智能一体化运维平台针对各专业运维需求的底层服务模块，是具有运维中心层功能延伸开发的，针对专业相关设备设施运维进行专项管理，包括车辆专业、车辆检修、供电专业、通号专业、工务专业、机电专业、道岔专业等。同时，平台针对配套专业软件模块应配置相应的监测手段，以及时采集所需的信息。

（1）车辆专业

车辆专业的应用即建立车辆智能检测综合管理模块，包括车载智能检测功能、轨旁智能检测功能和车辆健康履历管理功能。主要针对车辆本身运行数据进行采集管理。

①车载智能检测功能

车载智能检测功能（图 10.2-21）主要包含走行部专家系统、空调专家系统和车门监测系统。

②轨旁智能检测功能

鉴于跨座式单轨列车的特殊性，在入库线咽

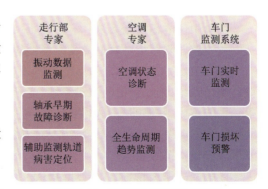

图 10.2-21 车载智能检测功能结构图

喉位置,检测系统需要对入库线长度约 10m 的轨道梁进行整体更换,更换为包含检测设备的内部空心的钢制走行梁,简称为智慧梁。智慧梁对车辆走行部、车底等进行监测,包括走行轮的掉块检测、磨耗检测、偏磨检测,水平轮的掉块检测、磨耗检测、偏磨检测,稳滑板的磨耗检测、表面检测等。

轨旁智能检测系统由现场检测单元、现场控制室、数据传输通道、远程控制室构成。其中现场检测单元主要采用光学图像检测方法,设置相机、光源、触发装置等部件;现场控制室主要包含电控柜和设备间;数据传输通道为通信光纤,确保数据传输链路的稳定性和可靠性;远程控制台(室),包含控制主机和路由器,提供人机交互操作。

③车辆健康履历管理功能

智能一体化运维平台可从车辆装备调配、车辆装备的日常管理和车辆装备的维修等方面分析车辆装备健康情况,完成从车辆启用一直到退役报废的全生命周期履历管理。同时,平台设置车辆正线应急管理系统,对列车核心设备实时故障反馈、司机实时操作结果反馈。

(2)车辆检修

车辆检修为车辆基地构建智能场段的管理模块,主要针对车辆基地对车辆的检修管理、检修设备本身的运维管理以及作业人员的管理。可实现车场信息综合展示、辅助调度决策,实现管理信息与生产信息无缝对接;可实现车辆基地的人(管理、操作)、机(车辆、设备)、料(备件、工具)、法(业务、流程、规范)、环(环境)的综合信息化管理。

跨座式单轨车辆质量控制以运用检修作业管理为核心,围绕车辆修程的检修规范、检修工艺和检修流程的特点来设计,实现检修的生产调度管理、检修的过程管理、检修过程及检修后的质量跟踪等业务。检修管理信息系统包含生产计划管理、检修过程管理、物料配送、质量管理四大模块。每个模块涉及业务管理及流程,主要实现车辆从年月计划管理到出段管理的全过程。

检修系统提供用户端权限管理、运行监控日志、后台支撑等辅助管理功能,以提高应用系统运行维护管理效率,确保系统稳定运行。

(3)供电专业

智能一体化运维平台为供电专业建立供电集约运维系统,包括智能防雷及接地故障预警监控系统、供电中压电缆监测系统。

①智能防雷及接地故障预警监控系统

智能防雷及接地故障预警监控系统主要可实现防雷器劣化状态预警、雷击情况监控、SPD后备保护器脱扣状态监测及参数调整、雷击事件统计、雷击强度、雷击时间,故障事件统计、接地电阻监测等功能。

②供电中压电缆监测系统

电缆线路监测系统是对电缆及附属设备运行状态进行动态管理的有效手段,是供电系统安全、稳定运行的重要保障。该系统由视频监控子系统、局部放电监测子系统、载流量及护层电流监测子系统、绝缘介损监测子系统、光纤测温子系统(含接头温度监测)台主应用管理平台等子系统组成,并能够与 FAS 系统、环境监测系统、安防系统、通信系统进行有机结合。以建立一体化的电缆运行管理平台,实现对电缆本体和电缆运行环境的实时监控以及高压电缆突发事故应急指挥等功能。

③接触网故障预测与健康管理(PHM)系统

接触网 PHM 系统能够评估接触网服役状态,预测其变化趋势,给出对应的维修策略,并可进行故障预测及剩余寿命估计,最终形成一套从系统到零部件的接触网闭环健康管理体系。通过对数据中心、接触网管理信息系统及其他系统上传数据处理、特征分析、人工智能挖掘,进行性能预测、故障诊断、健康管理,并形成维修决策,指导接触网维护,进而提升接触网运行状态。PHM 系统数据流及功能架构如图 10.2-22 所示。

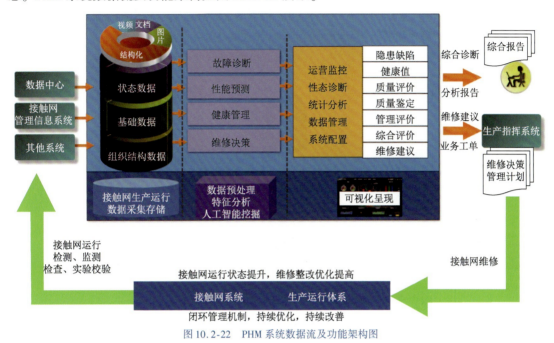

图 10.2-22　PHM 系统数据流及功能架构图

④跨座式单轨靴轨检测监测系统(5C)

跨座式单轨靴轨检测监测系统通过传感器、网络、计算机等技术,对靴轨授流系统进行全面的综合检测监测,其组成见表 10.2-2。

跨座式单轨靴轨检测监测系统(5C)系统组成表　　　　表 10.2-2

序号	系统名称	载体媒介	主要功能
1	综合靴轨监控装置(C1)	综合检测车	随综合检测车在线路上周期性巡检,对接触轨的参数状态、靴轨关系进行综合检测
2	接触轨检查在线监控装置(C2)	运营列车	列车运行时监测接触轨的运行状态,实现全天候动态监测
3	高精度接触轨检查监控装置(C3)	接触轨作业车	随接触轨作业车周期性地对接触轨零部件几何参数进行高分辨率成像检测,在检测数据的自动识别与分析的基础上,形成维修建议,指导接触轨维修
4	集电靴视频检查装置(C4)	场段出入库区域	在场段出入库区域采用定点监测的方式,监测列车集电靴滑板的技术状态,指导消除故障缺陷,确保靴轨运行状态良好
5	接触轨地面监控设备(C5)	隧道出入口/道岔平台	在隧道出入口、道岔平台区域设置定点监测设备,监测接触轨挠度变化、振动、接触轨温度、膨胀接头补偿间隙等

具体来说,跨座式单轨靴轨检测监测系统安装在综合检测车、接触轨作业车或运营列车上的接触轨检测装置、接触轨悬挂状态巡检装置,以及布置在轨旁结构体上的接触轨地面在线监

测设备。

a. 接触轨检测装置

接触轨检测装置安装在接触轨作业车或综合检测车上，通过车载在线检测方式，实现跨座式单轨接触轨各项参数的实时采集、分析，从而推测预知故障，以便有的放矢地维护处理，预防事故于未然，为接触轨运营维护检修后提供相应的参考依据。其主要功能包括接触轨几何参数测量，接触轨动态接触力测量、接触轨硬点测量，接触轨磨耗量测量，修正得到接触轨静态几何参数，检测数据位置偏差在一跨以内。接触轨安装参数检测原理拓扑如图10.2-23所示。

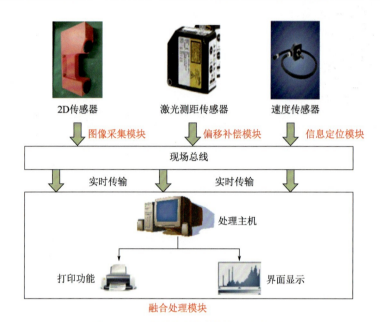

图 10.2-23　接触轨安装参数检测原理拓扑图

接触轨检测装置采用4个二维激光测距传感器和4个激光测距传感器的方式测量接触轨到轨道梁的侧面、垂直距离，安装示意图见图10.2-24。

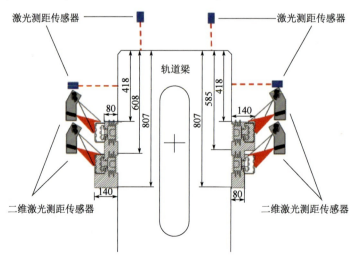

图 10.2-24　传感器安装示意图(尺寸单位：mm)

将同一时刻图像采集模块所测量的数据,同时传送到数据中心,进行数据处理分析,实现实时检测功能,并同步进行显示、存储及报表打印。

b. 接触轨悬挂状态巡检装置

跨座式单轨接触轨悬挂状态巡检装置安装于跨座式单轨运营列车或维修工程车上,采用了基于激光雷达技术与图像目标识别技术相结合的定位点触发抓拍方式,实现了对跨座式单轨接触轨的高清成像;通过图像智能分析软件实现对关键零部件的脱落、缺失、破损等缺陷智能识别,为跨座式单轨接触轨悬挂的日常维护提供客观依据。其主要功能包括准确定位定位点位置,可实现接触网定位点支持与定位装置区域零部件高清抓拍,数据的车地无线传输,悬挂典型零部件缺陷智能识别,图像检索、查看、回放及缺陷手动标记与确认,历史数据对比分析。

接触轨悬挂状态巡检装置设备主要包含前端设备、数据分析、主控站。其中,前端设备主要用于采集现场资料,数据分析主要用对比分析处理,主控站用于储存及上传相关数据。

c. 接触轨在线监测装置

跨座式单轨接触轨在线监测装置用于监测接触轨关键零部件,能够在线监测关键零部件及设备的状态参数,以及在不同气候条件下运行状态,提供标准值、警示值、限界值,通过有线或无线方式远程传输监测数据并实时报警,提供数据自动分析报告,监测结果用于指导接触轨及供电设备的维修。在线检测装置主要包括分段绝缘器、道岔过渡弯头、膨胀接头及隔离开关等。

接触轨在线监测设备主要包含三个部分:前端设备、数据传输通道、主控站。前端采集设备部分采用高清晰工业摄像机、自动云台设备,附属设备保障设备稳定。

设备安装在轨道梁盖梁或道岔平台上,设计视野覆盖膨胀接头、道岔分段绝缘器,通过24h实时图像采集,监控关键部件状态;设备采用高强度结构件进行固定,避免过车时造成的图像失真;设备上方安装盖板,防止雨水和尘土对监测性能的影响。接触轨在线监测设备安装示意图如图10.2-25所示。

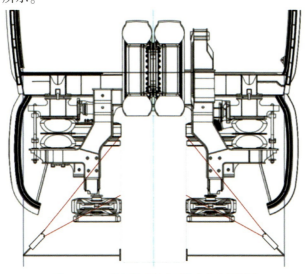

图10.2-25 接触轨在线监测设备安装示意图

(4) 通号专业

① 通信

通信专业将集中告警数据信息接入一体化运维系统,实现数据共享和分析。集中告警系统是利用计算机网络技术和计算机数据处理能力,对通信系统中的各子系统进行集中告警管理,将各子系统的告警信息集中在告警终端上进行显示,使维护人员能及时、准确地了解整个通信系统设备的运行状况和故障信息。其主要功能架构见图 10.2-26。

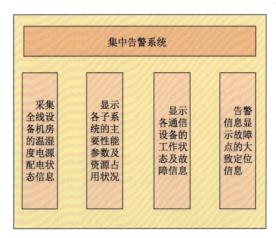

图 10.2-26 集中警告系统功能架构图

同时,集中告警系统加入以下维护功能:通过对主要设备或设备维修件的使用数据,统计得出一个维修周期/更换周期;对全线设备故障情况统计,分类汇总并形成报表。

由于通信系统各子系统的大多数服务器及存储设备由单轨云平台及大数据平台进行整合,通信集中告警系统对设备故障报警信息包括但不限于以下设备:通信各子系统的交换机设备、通信各子系统设备的主要板卡、通信各子系统各类终端设备。

② 信号

信号智能运维平台数据信息接入智能一体化运维系统进行数据共享和分析。

信号智能运维平台通过接口采集 ATS、ATP/ATO、CI、DCS、电源、计轴、车载等各系统数据,接收各相关系统的有效信息;对基础信号设备进行实时不间断的电气特性数据采集,实现信号系统综合监测;本系统通过对数据的智能分析,提前对设备故障隐患进行预警和告警,实现了设备的运行状态诊断;维护管理模块提供维修作业管理、备品备件管理功能。信号智能运维平台将设备、人员、作业高效地组合在一起,实现维护工作的全面数字化,提高了人员、设备、环境的协同性,最终构建了高效、智能化的维护支持平台。其主要功能包括中心数据汇总、数据实时存储、集中报警、线路设备数据统计、数据查询支持、数据回放支持、备件管理、报表生成等。

在设备状态及数据监测方面,信号智能运维平台可在线监测电缆绝缘测试、对地泄漏检测、外电网质量监测等基础信号设备的运行状态和电气性能,对采集数据进行故障分析处理、报警、数据统计、汇总、本地存储、本地数据回放、数据查询等功能。通过接口与智能电源屏、计轴、灯丝报警主机等系统通信,获取各子系统监测信息,提供统一的数据存储、显示支持。

信号智能运维平台实时监测道岔设备状态,通过数据收集、算法分析、模型迭代等手段不断完善系统预测的准确性,从而达到从传统故障修、计划修向状态修的转变。

在现实工单的电子化上,信号智能运维平台通过电子化工单实时了解维修状态,并可对检修作业过程质量进行有效评估,也可对缺陷情况进行审核,实现停用或放行的特情管理。

(5)工务智能运维系统

工务智能运维系统是运用信息化技术,依托线路状态、病害监测基础数据,应用大数据平台和网络信息技术智能分析,自动生成合理的作业流程和作业计划,通过调度指挥中心实现计划管理、应急管理。工务智能运维系统可有效地预防和整治线路病害,及时补偿设备损耗,确保线路均衡稳定,最大限度地延长设备使用寿命,提高工务运维管理水平,最终取得最大的安全效益和经济效益。工务智能运维系统具备以下功能。

①养护维修作业标准、作业计划、流程管理及安全管理功能

本功能包括对养护维修作业标准的管理,养护维修计划的制定、执行及维护,养护维修作业流程的控制,作业风险的提醒、控制等。

a. 作业标准管理

工务智能运维系统规范各项作业标准,建立安全预想知识体系,规避风险,提高作业安全;建立科学合理的问题分类体系(问题类别、原因、措施),为病害分析建立了可量化的基础,也为问题分析诊断提供了依据和优化策略。

b. 作业计划管理

工务智能运维系统通过建立"计划编制审批、检查进度及完成"的管理模式,实现检修计划的编制、审批、发布、分解、执行跟踪,优化工务检修策略,实现由现行的"超限修""故障修"和"周期修"向预防性维修转变,并为线路设备质量评价及项目预算提供依据。

c. 流程管理

按照工务部门的"检养修"分开的维修理念,工务智能运维系统将工单作业分为"检查工单"和"维修工单"两大部分,以工单为主线实现工务资产设备的检查、维修的全过程管理,工单将工作任务与工务资产、作业计划(人员、物料、工具、轨道车)、实际作业人员、安全预想、风险评价、关联问题、实际情况等有效地关联到一起,从而实现工务资产维修成本的全方位分析。

d. 安全管理

工务智能运维系统将安全风险管理贯穿作业全过程;针对不同作业项目对应的安全风险提示,量化评价作业风险值;建立安全问题库;与人员信息结合,卡控关键岗位的资质。

②检测数据管理

工务智能运维系统全面如实记录各种动、静态检测数据(静态手工检查、静态电子道尺、静态 PDA 数据、动态便携式添乘仪、动态轨检车、动态动检车、人工添乘、桥隧涵检测),实现由资产检测管理结果自动分析问题严重性、处理优先级,辅助制定计划(段指令计划、车间指令计划、线路质量评价)、资产检修作业、作业质量结果抽查的资产检修全过程跟踪管理模式。

③资产管理

资产管理主要研究三类,一是线桥隧设备,二是车间、工区管内的养护维修车辆、机具和材料,三是物料采购管理。能够通过资产管理系统实现资产的生命周期管理,为工务养护维修、检查提供决策和数据支撑。

a. 线桥隧设备

系统建立先进的、完整的工务资产模型,实现工务线路、道岔、道口、桥涵、隧道等台账管理,实时更新资产信息,定位跟踪资产状态,实现资产的全生命周期的管理。

b. 养护维修机具及材料

系统可实现段、车间、工区各仓库的物料、工具管理,实现车间、工区仓库入库、发料、退库、转移、调整、盘点等管理内容。

c. 采购管理

采购管理包括物资申请、入库、出库、调拨的整个流程,是对从物资需求计划到实际情况的使用情况的管理,并对库存进行实时更新;新旧材料从入库登记,到上线使用,再到下线时存放的位置及状态,整个历史流转全过程的管理。

(6) 机电专业

机电设备运维管理包含对车站、区间、车辆基地内等全线的机电设备,以及车站内的电扶梯屏蔽门、车辆基地内的工艺检修设备、票务系统等,可根据区域属性(区间、车站、车辆基地)进行二次划分,主要根据运营需求及管理模式来采取分级方案。其具体功能细项与运维中心服务层的设备设施运维管理模块相仿,但更加细化,主要针对单一的机电设备。

(7) 道岔专业

道岔专业建立道岔故障在线诊断系统,按工作原理可划分为三个子系统,分别是基于传感器技术的数据采集子系统,基于图形识别技术的数据采集子系统以及数据智能分析子系统。

① 图像识别系统设计

a. 适用范围

为保障跨座式单轨道岔在实施变轨操作时的安全性和可靠性,对内部关键控制点和相关零件的运行状态进行视频监控及图像识别。主要监测内容包括锁销状态、接缝板平齐状态、锁定槽处的螺栓状态等。

b. 系统功能

图像识别系统采集被监测点的图像视频信息,自动识别其状态,并将状态结果、图像及视频信息传给综合维修系统。本系统可定制通信协议,提供接口,与外部系统通信。

a) 锁销状态的识别

系统可判断锁销(图 10.2-27)是处于"伸出"状态,还是"收缩"状态。

b) 锁定槽螺栓的识别

定位锁定槽周围四个螺栓的位置,判定螺栓是否有松动、丢失(图 10.2-28)。

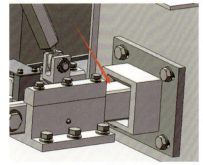

图 10.2-27 锁销示意图

图 10.2-28 锁定槽四周的螺栓示意图

c）接缝板平齐状态的识别

系统可检测接缝板在锁销处于"伸出"状态时，是否与道岔梁走行面平齐，识别精度为±1mm。检测接缝板的状态是否与锁销状态保持一致，如图10.2-29所示。

a)"闭合"状态　　　　　　　　　　b)"开启"状态

图10.2-29　接缝板示意图

（a）当锁销由"收缩"状态转为"伸出"状态时，接缝板由"开启"状态转变为"闭合"状态。

（b）当锁销由"伸出"状态转为"收缩"状态时，接缝板由"闭合"状态转变为"开启"状态。

d）故障自动报警上传

设备箱内的图像处理主机负责各摄像机的图像采集、实时分析识别，自动识别锁销、接缝板和螺栓工作状态，将状态信息实时上传。

（a）系统设置等待时间，当道岔梁对位轨道梁后，在设置的等待时间范围内，如果锁销仍然保持"收缩"状态，没有"伸出"至锁定槽内，则系统报警，将状态上传。

（b）系统设置等待时间，当道岔梁对位轨道梁后，锁销状态已经从"收缩"状态改变为"伸出"状态后，如果接缝板在设置的等待时间范围内仍未对齐，则系统报警，将状态上传。

（c）系统自动识别螺栓松动、丢失等故障，将故障信息及时上传报警。

e）实时视频上传

各摄像机监测的锁销、锁定槽螺栓、接缝板的实时视频既可保存在本地处理机上，也可通过网络上传实时查看(需要摄像机)。

②技术方案

换梁型道岔共需安装三组摄像机和一组图像处理主机。

换梁型道岔需要监测的部位包括锁销和锁定槽四周螺栓，可以通过在道岔梁的腔内正对锁销安装两组摄像机及补偿光源，实现状态的监测。

换梁型道岔需要监测的接缝板部位，可以通过在道岔梁外侧限界处，安装一组摄像机及补偿光源，实现状态的监测。安装高度为镜头中心与接缝板平齐部位等高。

这三台摄像机共用一台采集识别主机(设备箱)，安装于限界外。摄像机和主机之间通过网线和电源线连接。

如图10.2-30所示，摄像头安装在道岔梁端的腔内，即电机端。由于梁内空间受限，支架采用型材组合方式，既方便安装，又便于摄像机和补偿光源的安装及调节。摄像头应安装在接缝板撑杆两侧，支架为活动型，位置可调节。相机固定支架通过向外支撑锁紧在梁壁上来固定,摄像机线缆顺着既有电机线缆敷设至梁外设备箱。

如图10.2-31所示,摄像头安装在道岔两端的外侧,即电机端一侧。摄像机和补光灯安装在固定支架上,摄像机安装高度与道岔梁顶部保持在同一水平线。

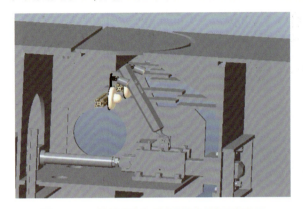

图10.2-30 换梁型道岔-道岔梁腔内设备安装位置及方式三维图

图10.2-31 换梁型道岔-道岔梁外侧摄像机安装位置及方式三维图

10.2.7 "云"技术

1)适用性分析

单轨云与大数据平台是智慧跨座式单轨的基础,是各类智慧化应用的载体。跨座式单轨通常运量较地铁小,车站规模也较小,已应用于地铁的城轨云及大数据平台技术方案满足单轨云的建设。研究的关键点是单轨云与大数据平台建设的模式,即自主建设还是租用公有云。对于线网线路数量较少的城市,尤其是初期通常仅有1~2条线路,云平台的优势无法充分地体现。同时,云平台的建设与运营维护成本较高,在跨座式单轨整体的投资中占比较大。此时,可以考虑租用公有云或者与当地智慧城市的云平台合建等方式,尤其是后者,可以直接将数据与智慧城市的平台打通,完善智慧城市中智慧交通板块的内容。

2)系统方案

(1)系统架构概述

智慧跨座式单轨系统整体采用基于云平台的架构部署方式,以统一平台化建设,轻量化应用,降低冗余,节省资源。本工程对云边端总体架构、系统集成方案、接口方案、信息获取方案进行研究,围绕"云、边、端"三个层次,结合人工智能、大数据、云计算、移动通信、BIM、工业互联网等智能技术,构建全息感知、泛在连接、边云协同、开放式、易扩展的智能运维综合管控系统平台。

(2)"云"层架构

工业互联网云平台具有计算资源集中、规模庞大,具备高可用性和高扩展性的特点,以虚拟化的方式共享资源。云端进行大数据的存储,利用大数据分析和机器学习建立模型。

"云"层采用分布式部署架构,提供ISCS、BAS、PSCADA、ATS、CCTV、PIS等专业应用软件所需的容器或微服务运行环境、软件运行所需要的通用功能服务及共享数据服务等。

云平台及大数据平台分为三层:

一是基于云平台的IaaS(基础设施即服务)层对计算资源、存储资源、网络资源等在内的基础架构进行管理,实现按需、自动化、可计量地分配基础架构资源,实现对资源使用情况和健康情况的监控和管理。

二是PaaS(平台即服务)层提供技术中台、数据中台、业务中台及开发、组态、运维工具,方便实现各专业应用。同时,平台采用主动防护、边界隔离、访问控制及检测审计技术,确保主机、网络、应用和数据安全。

三是SaaS(软件即服务)层基于IaaS层、PaaS层自行构建的各专业应用业务软件,功能涵盖数据接口、数据处理、人机接口等功能。

(3)"边"层架构

随着云平台边界的不断扩展,大量的设备接入网络,会在网络边缘产生巨量数据。构建边缘计算平台的目的,在于更好地协同数据处理、应用部署,在延时敏感、带宽有限的情况下,实现边缘弱网自治。两者相结合可降低数据生产与决策之间的延迟,并降低云端集中计算的成本。

(4)"端"层架构

"端"层主要由末端设备及智能传感器组成,是智慧跨座式单轨的监控及管理对象,也是数据的生产者及最终应用者。

(5)关键技术

①基于轻量级容器虚拟化构建标准化运行环境技术

运行环境构建时通过使用容器虚拟化技术,不需要额外的虚拟机支持,相比于虚拟机更加轻量,启动速度更快,同时可以轻松打包应用程序的代码、配置和依赖关系,将其变成容易使用的构建块,从而实现环境一致性、运营效率、开发人员生产力和版本控制等诸多目标。容器可以保证应用程序快速、可靠、一致地部署,其间不受部署环境的影响。容器还赋予对资源更多的精细化控制能力,让基础设施的使用效率更高,达到节能减排的目的。

②基于统一数据标准的数据接入、处理、共享和分析技术

基于统一的数据标准,对数据进行统一建模,使得城市轨道交通的海量数据采集、汇聚和分享成为可能,能够借此完成行车综合自动化、信号、通信等专业系统的数据接入,实现资源共享、跨专业数据价值挖掘,完成接入数据在各业务系统间的高效共享数据,达到简化业务系统接口、数据转化、数据集中存储和数据分享。平台利用大数据分析技术,结合城市轨道交通各专业的数据特点,实现对城市轨道交通多专业长跨度的数据分析,既提供标准通用分析算法,又提供算法开发能力,允许用户基于标准算法库,根据业务需要创建新的专业算法包,完成新算法的测试、训练和上线,以支撑城市轨道交通体系的长远发展,支撑轨道交通各业务系统向标准化和智能化演进。

③基于物联网接入、人工智能算法部署的边缘计算技术

边缘接入:支持基于工业以太网的OPCUA、MODBUS、SNMP、MQTT、HTTP等多种开放协议,可应用4G、5G、WiFi和窄带通信技术实现无线物联,并集成数据交互、协议转换等功能,管理系统对外接口。

边缘计算:依托虚拟化技术,为不同的业务系统灵活划分业务资源,提供满足要求的软硬件运行环境,使得各系统安全隔离、灵活扩展,同时可搭载轻量级、低延时、高效的AI算法实现边缘计算。边缘计算可更好地协同数据处理、应用部署,在延时敏感、带宽有限的情况下,实现

边缘弱网自治。可降低数据生产与决策之间的延迟,提升控制响应效率,同时边缘节点可滤除无效数据,只将有效数据上传至云端,降低云计算及存储资源。

④基于云边端架构的边云协同技术

边云协同技术通过对边缘层设备的资源共享、功能整合、软件定义减少设备种类,合理利用硬件资源,实现实时监控和设备智能应用(诊断、节能、识别等),构建车站"插座",实现设备的即插即用,实现边缘层设备与云端设备的"边云"协同(图10.2-32)。

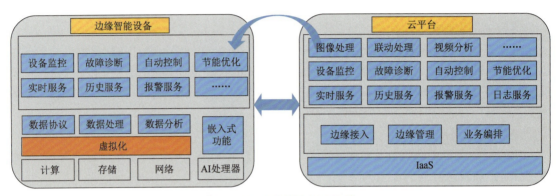

图10.2-32　边云协同技术架构图

⑤大数据分析技术

文件管理层采用 HDFS 作为分布式文件管理系统,管理文档、视频、图片、日志等文件类型数据。

存储层采用 Hbase 存储现场监测数据和作为历史数据持久化存储的平台,采用 ES 数据库存储日志、事件和告警等检索频率比较高的数据。

计算层采用 Spark 作为机器学习功能支撑的平台,选择 Hive 和 Sparksql 作为数据挖掘平台,选择 Storm/Streaming/Flink 作为实时计算的平台。

编排调度提供基于浏览器的算法编排界面,以算法模板的方式管理用户提供的算法模型,支持基于 SQL 语句、Shell 脚本和扩展 jar 包的方式定义算法逻辑,以流程化的方式编排算法执行的顺序;支持周期触发、定时触发、条件触发和人工触发等不同形式的灵活调度方式。

基于上述技术,全方位采集各个业务系统各个环节的数据,并将这些数据汇聚起来进行深度分析,利用分析结果反过来指导各个环节的控制与管理决策,并通过效果监测的反馈闭环,实现决策控制持续优化。

10.2.8　XR 技术应用展望

1)运营和客服应用方面应用

国家"十四五"规划明确提出要加快数字化发展,建设数字中国,并且将云计算、物联网、大数据、虚拟现实和增强现实等产业列入数字经济重点产业。在虚拟现实和增强现实领域,具体内容包括:推动三维图形生成、动态环境建模、实时动作捕捉、快速渲染处理等技术创新,发展虚拟现实整机、感知交互、内容采集制作等设备和开发工具软件、行业解决方案。

扩展现实 XR(Extended Reality)是虚拟现实(VR)、增强现实(AR)和混合现实(MR)三者的集合,驱动城市轨道交通运营完成智能化转型,XR是关键性技术之一。

在具体的跨座式单轨运营管理环节中,XR设备可对物联网大数据进行实时采集、分析、过滤、存储等操作,同时能将数据信息以3D可视化的方式有效呈现。一方面,及时将实时信息与存储在云端的大数据进行比较分析,能够判断车站实时运营的状况、检查运营流程中的人事物状态是否符合流程标准;另一方面,数字化信息的收集与上传可以不断丰富运营管理库,使大数据分析的准确度得到提升,同时智能化模型得到迭代,最终将有效优化运营流程。

城市轨道交通是人们通行的重要工具,排队效率、列车准点率、智能化服务等是增强人们感受的重要方面。特别是在上下班及节假日高峰时期,运营人员可利用XR技术进行运营巡检、列车调度、车站管理等,可缩短等待时间,并提高列车准点率等。总而言之,利用人工智能技术提升服务质量是未来的重要趋势,随着XR技术和硬件设备的向前发展,实现更多智能化的运营场景已不再遥不可及,如运营指导、车站巡视、拓展培训、专家远程指导、乘客虚拟导航等。

(1)运营指导

XR技术及显示设备,能够在不占用运营人员双手的前提下,将运营处置流程、应急预案步骤、列车运行管理规章制度等有效信息通过显示设备展现给运营人员,从而提高运营管理的效率和准确率。不仅如此,由于物联网技术的普及和应用,设备之间的互联日趋广泛,不同设备的信息通过XR技术进行传递和共享,有利于优化运营策略,提升管理效率。

(2)车站巡视

基于XR技术的数字化巡视可为运营人员提供标准化、数字化、指导式的巡视内容,XR设备通过将巡检路线上如AFC、屏蔽门、卷帘门等设备虚拟化,通过数字孪生技术将实时的设备、运营数据在虚拟空间完成映射,从而对虚拟空间中设备的实时运行状态进行监管,运营值班员可快速进行巡视并保证巡视质量。它还可为管理人员输出数字报表,实现语音录入信息和高清晰度照片存档。

(3)拓展培训

城市轨道交通企业可基于XR技术开展运营培训,运营人员可以借助XR技术和设备,虚拟化体验运营处置流程和紧密设备操作,详细了解设备的组成结构和应急事件的处置方法,有助于加强记忆。

(4)专家远程指导

通过现场运营人员传回的第一人称视频车站实时运营画面,专家犹如亲临现场,并通过画面注释标记、推送多媒体信息,向现场技术人员下达精确指令,传递他们的专业知识。

(5)乘客虚拟导航

乘客可在车站XR设备区点击"AR引导"。随着设备摄像头的移动,用户可实时、清楚地在屏幕上看到建议的步行方向、离目的地的距离等信息,跟随虚拟箭头和虚拟标识,即可顺利抵达终点。XR设备应用于乘客虚拟导航可增强视觉效果,提高乘客在模拟乘车和站内行走过程中的沉浸感,训练乘客在发生乘车事故情况下的应急反应和处理能力,可辅助用于地铁应急培训。

总体来说,XR技术在城市轨道交通行业中的应用正逐渐渗透和发展,助力企业的数字化转型升级。随着相关技术的成熟与融合、硬件设备的革新,设备成本的进一步降低。

2）运维方面应用

XR技术通过借助AR、VR、MR等技术，将真实世界与虚拟世界相结合，打造一个可以人机交互的虚拟环境，可实现虚拟、真实世界之间无缝转换的沉浸式体验。

XR技术可应用的领域较为广泛，具体到城市轨道交通运维领域，可有效提升其智能化程度、降低运维成本、保障运维安全质量，应用模块包括但不限于：虚拟运维培训台、单兵检修辅助设备、故障诊断辅助设备等。XR技术将以往需要在实地实现的培训项目转移至虚拟环境，大幅降低培训成本、风险，并提升培训效率；通过可穿戴的单人检修辅助设备与故障诊断设备，可对检修人员进行实时的检修操作提示与故障诊断辅助，从而大幅提升检修质量，降低检修人员的经验、技能要求，推动城市轨道交通运维业务节本增效。

10.2.9 数字孪生技术应用展望

数字孪生是利用物理模型、传感器更新、运行历史等数据，集成多学科、多物理量、多尺度、多概率的仿真过程，在虚拟空间中完成映射，从而反映相对应的实体装备的全生命周期过程。

1）运营方面应用

推动数字化建设，是建设世界级城市轨道交通不可或缺的一环，也是建设智慧化城市的有效途径。数字化孪生的智慧车站解决方案，有物联感知、精准映射、虚实交互、数据融合、仿真推演、智能决策等六大特征。

（1）物联感知

物联感知结合云计算、边缘计算等技术，整合平台视频分析、客流算法预测、设备传感技术、门禁等资源，基于人脸识别技术、视频结构化分析和算法技术，建立人员、列车、人脸、设备、环境等资源库，实现多源事件的融合共享，可视化反馈设备、乘客、行车、环境等物理世界的内容，并可深度融合前端AI识别、人工智能等技术应用，对跨座式单轨全要素对象进行全时段智能监测和自动巡检，对各类异常事件进行智能分析、自动感知、及时预警、主动告警，实现全域态势的智能感知。具体有车站全景感知、乘客感知、设备感知、能耗感知等单轨车站全息感知。

（2）精准映射

数字孪生跨坐式单轨通过在地面、地下、建筑等各层面布设传感器，实现对跨座式单轨基础设施的全面数字化建模，以及对跨座式单轨运行状态的充分感知、动态监测，形成虚拟跨座式单轨在信息维度上对实体跨座式单轨的精准信息表达和映射，保障车站运营安全。

（3）虚实交互

虚实交互是目前人机交互领域的重要发展方向，虚实交互基于虚实结合技术，为用户提供一个充满想象力且具真实感的环境，可完成协同、沟通等目标功能。虚实交互基于实际车站信息，利用三维辅助技术，融合车站全要素数据，包含地理信息数据、建筑模型数据、基础设施数据、数据图层等，1:1构建车站三维模型；通过设备精细化建模，实现设备外观与零部件的三维包装展示，并赋予设备及零部件真实状态，更立体地了解设备运行状况；虚实交互可实现车站高效视频巡站，用户可通过提前设定巡检路线，定时定量在三维场景中进行漫游和视频、设备巡检，以此达到通过技术替代人工重复性工作，实现更高效地完成巡检作业。

（4）数据融合

数据融合通过应用云计算、融合通信、边缘计算等技术，全面整合并接入各类数据库平台、云服务数据平台、物联网平台等多源数据资源,通过数据中心平台实现业务数据的全面融合。支持视频监控,并可与行业专业分析计算模型等有效融合,如在视频巡站中展示巡视区域的设备状态、环境、乘客等信息,实现多源数据的智能关联分析,为用户决策提供全面而客观的数据支持和依据,让物理世界和承载数字孪生的虚拟空间无缝衔接。

(5)仿真推演

仿真推演强调通过仿真对实际系统进行分析和预测,为管理和控制实际系统的运行提供依据。不断注入新的现场数据,对各类数据进行解析处理,提取要素特征数据,将新的数据与仿真系统的结果数据进行比较,修正仿真系统模型,在新模型的基础上预测系统行为,为车站现场决策提供支持。一方面存储于平行仿真推演运行支撑库中,累积形成车站运营知识库;另一方面,基于当前数据的分析结果、历史数据等数据,结合车站实际管理,自动生成可能的预测结果,比如大客流预测。系统根据以往客流数据,判断大客流发生时间及客流规模,提前提示车站运营人员,有序指挥,避免造成现场混乱和降低乘客体验。

(6)智能决策

智能决策可帮助设计人员通过在"数字孪生跨座式单轨"上规划设计、模拟仿真等,将跨座式单轨可能产生的不良影响、矛盾冲突、潜在危险进行智能预警,并提供合理可行的对策建议,以未来视角智能决策原有发展轨迹和运行,进而指引和优化管理、提升乘客服务,赋予跨座式单轨服务更多"智慧"。比如在预测到有应急事件发生时,触发应急处置场景,启动应急预案,快速响应,可缩短应对时间,减少人财损失。

2)运维方面应用

在跨座式单轨交通运维系统中,基于全线数字化模型,研究设备的所有运行状态,通过收集升级后的输入设备的实时数据,与数字化模型相关联,近乎真实地反映设备运行状态,进行仿真模拟,研究运维作业中的不确定性优化、动态优化方法,并建立相应的模型和算法,进行优化集成,采用仿真技术,对运维作业方面进行仿真,仿真结果反馈至运维智能系统,形成动态的设备三维生产过程管理,实现数据孪生。

数字孪生可以支撑的应用包括但不限于:设备全生命周期管理、故障机理分析与检测、维修策略优化等。数字孪生技术可对线网整体运行状态进行动态评估,结合状态监测与故障预测技术,对即将或已经发生故障的设备进行及时定位,并根据当前线网运行状态生成最优的维修策略,有望改善单轨运营质量,提高系统稳定性。

10.2.10 基于5G的物联网技术应用展望

2019年6月,我国正式发放5G商用牌照。此后,国内的三大运营商开启了5G网络建设大潮。到2020年7月,3GPP R16协议版本宣告第一个真正的5G标准正式发布,5G网络建设和生态发展进入快车道。据工信部发布信息,截至2021年10月,全国建设5G基站总数超115.9万座,5G终端连接数达4.5亿户,全国在建"5G+工业互联网"项目超过1800个,加快拓展工业互联网和5G在国民经济重点行业的融合创新应用。

2020年5月,工信部发布《关于深入推进移动物联网全面发展的通知》(工信厅通信〔2020〕25号),建立NB-IoT(窄带物联网)、4G(LTE-Cat1,即速率类别1的4G网络)和5G协同发展的移动物联网综合体系,分别满足低、中、高不同速率要求的物联网场景。随着5G网络建设的加速建设、用户终端的普及以及 5G 技术标准的成熟和演进,5G 网络将在城市轨道交通领域的乘客服务、智能运维、高效运营等方面发挥网络赋能作用。5G 通信技术的 eMBB(增强型移动宽带)、uRLLC(超可靠低时延通信)和 mMTC(海量机器类通信)三大特性,以及高安全性和高可靠性,可以较好地满足城市轨道交通行业海量数字终端的接入需求,结合边缘计算、多模态融合网络和视觉计算技术,实现数据快速处理与自动化识别,保证全息感知实时化与智能化,为城市轨道交通信息系统建设提供全息感知的通信技术手段。

智慧跨座式单轨应建设高标准的数字化基础设施,并实现基础设施的互联互通,构建基于设备全息感知的开放、可持续发展的智慧跨座式单轨操作系统或大脑,赋能全息感知的安全管理、灵活适配的服务管理、移动便捷的内部管理,最终实现车站无人值守的管理模式,最大限度地提升管理运作效率。

全息感知的安全管理,是基于先进的物联网和传感器技术,将实现车站内外部人员情况、设备情况的全方位动态感知、智能分析预判,实现车站安全全景监控、预警、处理及策略生成。要求对车站及列车内乘客行为,各类机电设备运行状态,施工区域和施工人员的行为,以及外部入侵和恶劣天气等,实现全方位的智能监控和智能分析,及时识别危险信息并上报预警,自动联动处置,进行相应设备的模式切换、数据信息推送等。

灵活适配的服务管理,是基于 5G 的物联网技术,将服务管理由传统的固定、被动式响应,向主动感知、适配调整的人员与设备相辅相成的服务响应模式转变。要求设置适应需求的自助服务终端,建立自适应的环控检测体系,搭建客流实时监控与仿真系统,从而实现线网客流拥堵精准预测和诱导。

移动便捷的内部管理,是基于 5G 的移动性和大带宽技术,将摆脱传统车站固定式运作模式,实现移动化的车站管理。

实现上述基于全息感知的智慧跨座式单轨建设,必须规划和布置大量的物联网感知终端。现阶段基于"事件"触发的应急快速响应机制,也要求感知端必须具备灵活、动态调整的能力,传统基于有线的物联网终端难以满足要求。此外,车载监控的数据内容越来越丰富,数据量也不断增长,必须依托于 5G 的大带宽能力,才可能满足移动性和实时性的要求。因此,智慧跨座式单轨建设应基于先进的 5G 物联网技术,建设高标准的数字化轨道交通。

总体来说,基于 5G 的物联网通信技术,提升了人与物、物与物之间的通信能力,扩展了信息世界的想象空间,通过与大数据、AI 技术的深度结合将极大地丰富 ICT(信息与通信技术)技术应用场景,在城市轨道交通领域有着广泛的应用前景。

在频率使用方面,未来的城市轨道交通行业将出现公专结合的 5G 网络,运营商提供的 5G 公共网络为城市轨道交通的乘客提供便利的客运、票务、资讯等增值服务;运营商提供的 5G 公共网络行业切片作为城市轨道交通企业内部管理网络的补充,可用于提高日常运营管理的能力和工作效率;城市轨道交通企业也可以自建 5G 专网,作为生产网络通信平台的重要支撑,重点解决车地通信、海量智能终端接入等瓶颈问题,结合大数据、AI 技术为城市轨道交通的智能运维、应急安防等应用场景提供技术支撑。

10.2.11 区块链技术应用展望

近年来,区块链技术作为一种新的数据处理技术,受到各类业界人士的广泛关注,并在金融、物流、医疗等行业的应用取得了显著的成效,但在城市轨道交通行业中的应用还处于起步阶段。结合现阶段城市轨道交通发展的现状,未来区块链技术可在以下几个方面应用:

(1)在物资方面的应用:根据区块链去中心化的思想,在区块链物流系统中,物资的数据库更新、维护不再由公司内部的物资部门单独进行,而是由供应商、需求部门、管理部门、第三方物流共同进行,各单位之间进行信息交换和存储,共同保证信息的真实性和准确性,各节点之间互为备份,保证信息的高质量。用户可以根据需要自主获得物流过程的所有结果和记录自主管理物流信息,无论物流哪个环节出现差错,都可以进行追溯。

(2)在智能调度方面的应用:目前,城市轨道交通行业中传统的调度指挥信息系统是COCC,一旦指挥中心的数据库受到攻击,整个系统将陷入瘫痪。利用区块链技术可将数据传感器、网络通信、物联网结合,形成分布式传输网络,列车之间相互实施通信,不需要传统的调度指挥中心,在很大程度上降低了调度指挥系统被攻击的风险,提高了列车运营安全。

(3)在运维监测方面的应用:随着城市轨道交通智慧化的发展,重要设备的状态监测已成为行业内的研究热点,通过区块链技术将设备安全与物联网结合,能够在区块链上记录运行设备的相应信息,实现设备的全过程监控,并将相关信息传递到区块链中的其他节点,保证设备数据的真实性和可靠性,确保设备运行的安全。

(4)在通信网络中的应用:针对目前城市轨道交通通信网络安全问题,可通过区块链技术实现对网络资源的有效管控,建立网络节点不互信情况下的网络可信体系,从管理认证角度解决网络安全问题,进而全面提升城市轨道交通运营安全。

(5)在自动售检票中的应用:目前,城市轨道交通自动售检票系统采用中心化结构,而存在中心节点安全影响范围广的问题,可利用区块链技术去中心化,提升系统的安全性,并提升效率。

10.2.12　AI 算力平台应用展望

目前,AI 算力平台在城市轨道交通系统内的应用已经呈现出稳步增长的态势,主要功能包括数据标注、数据处理、算法研发、模型训练、模型评估、服务部署、设备管理等七大部分。

与传统的云平台不同,AI 算力平台主要为客户提供算法开发、部署使用,需要提供丰富的算力支撑。随着国内芯片行业的崛起和国外贸易保护主义抬头,芯片的国产化问题日益严峻。如何在不影响既有业务的情况下发展国产化算力平台是行业内面临的重要问题。

由于城市轨道交通属于数据敏感行业,行业内部对数据保密要求严格。传统的分包商和集成商算法能力薄弱,需要引入三方算法公司协助开发算法,而三方算法公司需要海量数据去训练自己的算法网络,业主往往无法在可控环境下对三方公司输出内部视频数据用于算法训练。因此,急需一种既可以提供可靠数据集测试,又能保护数据不外流的平台系统。

AI 算力平台能够方便地解决以上问题,总体架构与功能架构分别如图 10.2-33、图 10.2-34 所示。

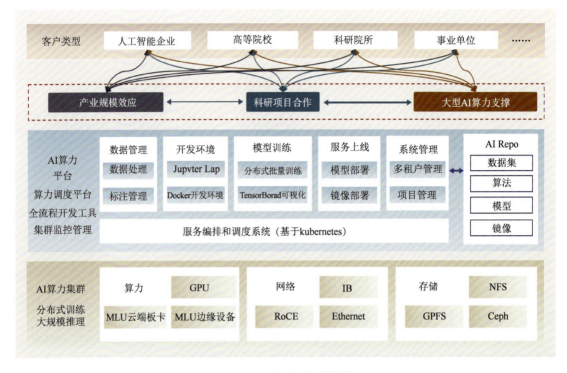

图 10.2-33　AI 算力平台总体架构图

图 10.2-34　AI 算力平台功能架构图

10.2.13 跨座式单轨智慧技术应用对运营管理模式的影响趋势

以地铁为代表的传统城市轨道交通制式中综合监控系统、自动售检票系统、乘客信息系统、视频监控系统均需在车站设置服务器以满足系统的计算、存储资源需求,且系统分离设置,系统服务器资源也是相互独立的。

随着系统集成技术的发展,尤其是云平台技术的发展应用,传统信息化系统分立设置服务器、网络资源的方式逐步得到了改观,各城市的轨道交通工程在建设时越来越多地采用信息化系统云平台部署的方案,如呼和浩特地铁、太原地铁等。传统城市轨道交通采用中心级、车站级两级管理,通过应用云平台、智慧客服中心、互联网移动支付、视频智能分析等智慧技术中心级、车站级、现场级三级管理的运营管理模式打破传统模式,简化了管理流程的技术条件。

国内Ⅱ型大城市跨座式单轨制式高峰断面客流一般为1.5万人/h,客流规模相对较小,更适用无人化的智慧客服中心。跨座式轨道交通制式车站机电设备数量和联动功能复杂度相对较低,提供乘客信息、车站服务设施的主动式、沉浸式服务,使得以高架体系为主的跨座式单轨交通简化传统两级管理、三级控制的可行性更大。

未来城市轨道交通线路的运营管理模式将基于智慧技术的应用而向重中心级或区域中心级集中式管理、轻车站逐点密集化管理发展,其中车站级提供信息化系统计算、存储资源的服务器设置方案有以下几种:

(1)区域中心车站管理模式

基于系统的相连性及现代传输网络的可靠性和高速性,将以往的单一车站为控制单元改为按区域划分控制单元。每3~5个车站编为一组,每组设一个区域中心车站,其余为卫星站。控制中心只需与区域中心车站联络,而区域中心车站需向其负责的车站人员发出指令。仅在区域中心车站设立车站综合控制室,负责监视和控制所有附属车站运作。卫星站设一简易消防控制室,备有消防控制盘,多职能工作站和通信设备,作为紧急事故的就地指挥处。

区域中心站配置系统服务器、操作员工作站作为云平台的备用设备。卫星站通常是邻近区域中心站的车站,可配置远程工作站或可视运营管理水平不配置远程工作站。系统构成如图10.2-35所示。

(2)线路中心级管理模式

线路中心级管理模式在区域中心车站管理模式的基础上,对车站信息化系统设备配置进一步简化设计,即线路车站所需的计算、存储资源均部署在云平台上,在车站设置视频智能分析、移动互联网支付、智能客服中心等智慧技术,取消车站运营管理人员干预,将区域中心站的管理职能统一纳入线路中心级,车站信息化系统实时数据的存储和处理、网络管理、后台服务、数据存储及人机界面调用等功能统一在线路中心级实现。系统构成如图10.2-36所示。

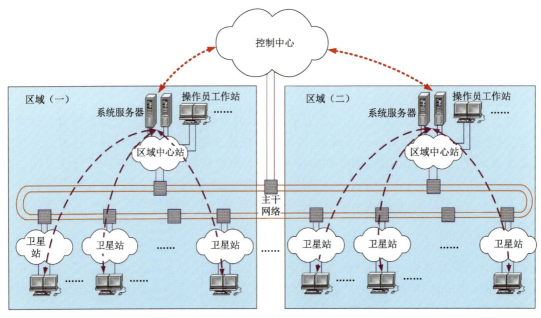

图 10.2-35　区域中心车站管理模式方案构成图

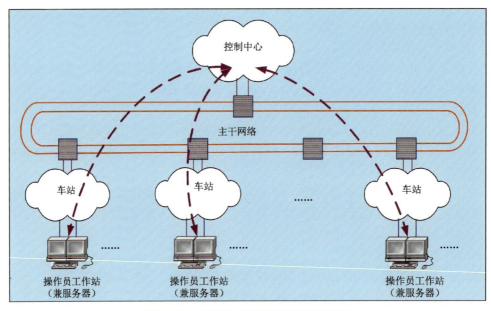

图 10.2-36　线路中心级管理模式方案构成图

10.3　智慧技术应用与可持续发展的关系

我国城市轨道交通的发展正处于成熟后的上升时期,城市轨道交通发展带来诸多便利,同时也相应产生了一系列经济、环境、社会、安全方面的问题,以跨座式单轨交通制式为代表的中低运量轨道交通制式在国内的应用比例还处于较低的水平。通过分析跨座式单轨制式优点和发展历程,其在国内很多城市的发展前景巨大。

实现城市轨道交通的可持续发展的重要性体现在经济可持续、社会可持续、环境可持续、安全可持续、空间可持续等五个方面,要理解智慧化技术在城市轨道交通体系中应用对可持续发展的意义,可以通过近年来国家推动贯彻碳达峰、碳中和的发展理念来理解。

2021 年,《关于完整准确全面贯彻新发展理念做好碳达峰碳中和工作的意见》和《2030 碳达峰行动方案》先后发布,为我国实现"碳达峰、碳中和"目标制定了时间表和路线图,标志着碳达峰、碳中和的政策体系正式建立。据统计,2018—2020 年期间,全国城市轨道交通总能耗与平均人公里能耗增长趋势分别如图 10.3-1、图 10.3-2 所示。可以看出,城市轨道交通的能耗需求总量很大,且呈逐年增长趋势,同时国内新开通城市由于客流处于培育期,平均人公里能耗虽逐年降低,但是仍高于国际平均水平,城市轨道交通行业可持续发展压力依然很大,绿色低碳发展面临着诸多挑战。

图 10.3-1 总能耗增长趋势

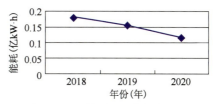

图 10.3-2 平均人公里能耗增长趋势

国内关于城市轨道交通可持续发展的观点有如下三种:环境友好与资源节约、安全便捷技术创新、投融资效益的可持续发展;节约资源、环境友好、技术创新和安全便捷的可持续发展;系统的经济贡献、环境保护和社会责任这三大要素有机结合的可持续发展。国内众多城市在城市轨道交通+物业开发方面作了很多的尝试,本节将重点研究智慧技术应用及其对城市轨道交通实现低碳环保、节能减排的作用。

本节引入建设工程全生命周期能源消耗的概念进行定性分析,包括建设期投资、运营期能源消耗两大部分。建立分析模型如下:

城市轨道交通平均人公里能耗 = (建设期投资换算能源消耗 + 运营期能源消耗)/客运周转量

为将投资换算为能源消耗,在此引入单位国内生产总值(GDP)能耗的指标,即:

单位国内生产总值(GDP)能耗 = 能源消费总量/GDP

根据国家统计局发布的单位国内生产总值(GDP)能耗数据,近年来单位 GDP 能耗趋于平稳(图 10.3-3),本节选取 2018 年(0.59)、2019 年(0.57)、2020 年(0.57)单位 GDP 能耗的平均值进行计算,即取单位 GDP 能耗为 0.576t 标准煤/万元。

首先,城市轨道交通工程建设期投资选取两个分析比较基础数据来源,一是在 2021 年底开通试运营的芜湖轨道交通 1 号线、2 号线(跨座式单轨);二是考虑到城市人口、经济发展水平、线网规模等因素,在近年开通地铁线路的城市中选取 Ⅱ 型大城市,并选取一个省会城市为参考。

其次,城市轨道交通工程运营期能源消耗选取两个分析比较基础数据来源,一是在 2021 年底开通试运营的芜湖轨道交通 1 号线、2 号线平均人公里能耗;二是 2018—2020 年期间全国城市轨道交通平均人公里能耗。

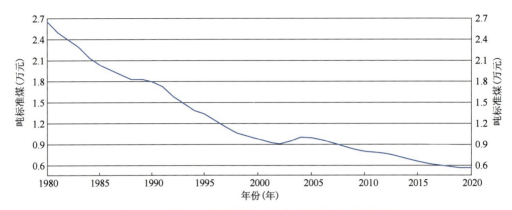

图 10.3-3　单位 GDP 能耗数据变化趋势（数据来源：国家统计局）

芜湖轨道交通 1 号线、2 号线共 46.20km，总投资为 140.84 亿元，每公里平均投资为 3.05 亿元；洛阳轨道交通 2 号线线路全长 11.22km，经批复的总投资为 148.32 亿元；洛阳轨道交通 1 号线工程路全长 22.35km，经批复的总投资为 180 亿元，每公里平均投资为 8.09 亿元。常州地铁 1 号线全长 34.24km，总投资为 213.30 亿元；常州地铁 2 号线全长 19.79km，总投资为 144.69 亿元，每公里平均投资为 6.63 亿元；太原地铁 2 号线全长 23.65km，总投资为 194 亿元，每公里平均投资为 8.2 亿元。

将相关数据带入上述模型计算，太原、芜湖、洛阳、常州能耗数据对比趋势如图 10.3-4 所示。

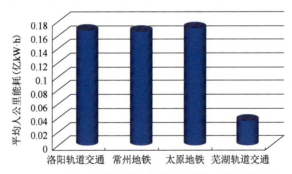

图 10.3-4　纳入建设期投资的各城市轨道交通能源消耗对比

注：芜湖轨道交通运营期能耗按照实际能耗、客流计算平均人公里能耗，其他城市运营期能耗取 2018—2020 年期间全国城市轨道交通平均人公里能耗。

纵观人类社会文明发展史，实际上是一部不断追求以较少代价换取较大收获的探索史，从社会经济活动与碳排放的角度理解，就是用较少的碳排放或者环境代价取得较多的社会经济效益。城市轨道交通被创造出来解决城市交通、发展空间等问题，这本身就是一个赋能于物、赋能于人的智慧化发展进程。随着经济社会的不断发展，跨座式单轨制式被创造出来以适应城市发展规划，解决新的交通发展问题，这同样是一个智慧交通适应可持续发展理念的不间断演进进程。

在芜湖轨道交通工程的建设实践中，制式上选择跨座式单轨，不仅有投资少、智能环保的优点，还适应城市可持续发展的要求。芜湖轨道交通本着节能减排的理念应用了部分机电设备系统智慧化技术,如根据跨座式单轨以高架敷设体系为主的特点,在两线 35 座车站全面采用智能照明技术,利用设置于车站的照度传感器,实现车站灯光的自动控制明暗,充分利用自然光的照度,在自然光不能达到车站照度要求时根据照度传感器采集数据自动启动相应照明灯具,达到节能的目的,应用效果良好。此外,两线还在部分车站设置光伏发电系统,利用自然光发电以供给车站用电,进一步实现了节能,降低了总体能耗;在自动售检票系统全面采用了移动支付技术,并与跨座式单轨工程资源开发结合发布轨道交通专用 APP,在推动乘客快速通行计费的同时,通过客户端向乘客主动推送乘车信息、资源开发信息,进一步扩大运营单位收益;在线路控制中心建立综合设备维修管理系统,实现了对全线包含道岔、部分车辆状态信息、全部暖通、给排水、供电系统、电扶梯、站台、通信、信号等机电设备系统的设备状态信息采集与监视,实现了关键设备的运行状态、健康状态趋势分析,为综合运维、机电设备状态修乃至趋势修的实现奠定了技术基础。这些智能化技术应用是跨座式单轨工程全寿命周期降低广义能源消耗的必要手段,也是城市轨道交通工程乃至城市可持续发展的必要手段。

综上所述,跨座式单轨在建设期投资及运营期能源消耗方面的可持续发展潜力是巨大的,尤其适用于国内Ⅱ型大城市的城市轨道交通线路制式。应用有利于乘客服务、运营维保、节能减排的智慧化技术,对城市轨道交通节能减排具有重要意义。

10.4 智慧单轨与智慧城市的融合

10.4.1 智慧城市发展及现状

智慧城市是将新一代信息技术充分运用到城市的各行各业,以形成城市信息化的高级形态,实现信息化、工业化与城镇化深度融合,重点在于提高城镇化质量,实现精细化和动态化管理,并提升城市管理成效和改善市民生活质量。智慧城市的核心是以人为本,目的是提升城市管理效率,同时为城市居民提供更加便捷、高效、友好的生存环境。智慧城市主要目标特征见图 10.4-1。

图 10.4-1 智慧城市主要目标特征

自 2012 年以来，国家大力推进智慧城市建设，相继发布的智慧城市试点城市和地区达数百个，旨在建成一批特色鲜明的智慧城市，以智慧城市的聚集和辐射带动作用，大幅提高综合竞争优势，实现保障和改善民生服务、创新社会管理、维护网络安全等目标。

从整体架构上看，智慧城市可细分为智慧交通、智慧政务、智慧医疗、智慧社区、智慧文教等，一些特定城市还针对其自身城市资源禀赋扩展出智慧农业、智慧旅游等业务板块，如图 10.4-2 所示。智慧城市是一个极其庞大、综合性极强的系统性工程，虽然很多城市的智慧化建设与智慧城市的总体目标还存在一定差距，但是我国的智慧城市发展及建设还是处于世界前列。我国智慧城市发展中注重城市整体提升发展，典型城市案例有：深圳市通过不断努力已建成高度信息化与先进产业生态；北京市以政府为主导，开展城市大数据平台与智慧交通创新；正在建设中的雄安新区，坚持规划先行，智慧城市建设以"数字孪生"为基础模式；贵州省黔南布依族苗族自治州的智慧城市建设结合自身旅游资源丰富的特点，以智慧旅游为切入点，谋求以智慧城市建设带动经济发展、增强为民服务为原则，渐进式推动智慧城市建设。

图 10.4-2　智慧城市主要体系架构图

从以上城市案例可以看出，一方面智慧城市的建设总体目标是一致的，不同的是各个城市都在探索适用于自身经济社会特点的建设方式和切入点；另一方面，智慧城市建设的技术路线是一致的，包括智慧跨座式单轨在内的任何智慧化系统性工程的建设都包含前端基础数据的采集、数据的传输与数据的处理分析三个基本环节。

10.4.2　智慧跨座式单轨是智慧城市服务的延伸

无论各个城市如何基于自身经济社会特点和资源禀赋来划分智慧城市的业务板块，交通系统工程作为人类社会最复杂的系统性工程之一，在智慧城市建设中占有不可或缺的核心地位，是智慧城市的重点任务，而城市轨道交通又作为城市交通系统骨架的主干，其作用和重要性不言而喻。

跨座式单轨因其自身特点,适宜作为中等规模城市轨道交通骨干线路,以及特大、大型城市辅助线路,作为旅游专线、机场专线、园区线也具有极好的适应性,这也就决定了跨座式单轨可以成为中等规模城市、旅游景区、园区解决交通系统问题的较优选择。与传统地铁相比,跨座式单轨本身作为一项系统性智慧化创新技术,作为智慧交通的有机组成部分,对于一些中等规模城市甚至可以说是智慧交通领域不可或缺的制式选项。

此外,从智慧城市的技术层面创新来看,跨座式单轨智慧技术的应用还需要关注延伸智慧城市服务、与智慧城市建设有机融合等问题。下面从近年来开展跨座式单轨智慧化技术应用研究与智慧城市融合的例子来进一步说明。

2016年,芜湖轨道交通1号线、2号线启动可行性研究工作。在后续的可行性研究、初步设计、设备系统招标、施工图设计等各个环节,跨座式单轨智慧技术的应用,与芜湖市智慧城市的建设日益紧密,具体体现在面向乘客的智慧服务、面向城市管理者的数据采集上传、面向运营维保人员的数据整合分析等方面。面向乘客的智慧服务方面,1号线、2号线在开通后就全面采用了通行计费的移动支付手段,并建立了面向乘客的客户端APP,将乘客的乘车服务拉紧到乘客手持终端侧,提高了通行计费效率,降低了对售检票设备的运营维保成本,在通过乘客手持客户端向乘客主动推送轨道交通乘车服务信息,并以城市轨道交通资源开发的方式扩大营销收入,将城市轨道交通沿线乃至整个城市的商业业态全面地展现在乘客客户端,促进了城市轨道交通与城市各类业务模式的深度融合,将城市轨道交通与城市融为一体,集中体现了智慧单轨与智慧城市的融合。面向城市管理者的数据采集上传方面,1号线、2号线在建设过程中就预留了智慧城市云平台的互联互通接口条件,在开通前期,城市相关业务生态主管部门要求城市轨道交通上传的各类数据均能实现无缝衔接(如公安部门需要调取的城市轨道交通出入口、通道、闸机区域视频图像等),进一步促进城市轨道交通与智慧城市云平台的紧密连接,在公共安全等方面为智慧城市建设奠定了基础技术条件。面向运营维保人员的数据整合分析方面,1号线、2号线建立了面对机电设备系统的综合设备维修管理系统,实现了全线路机电设备系统各类设备状态采集、汇总、维修的整合,为运营维保单位实现对整个城市轨道交通系统综合维修维护提供了最为基础的技术条件。城市轨道交通内部各类设施设备状态信息上传至智慧城市云平台或其他综合信息管理平台(图10.4-3)已经具备了基础数据采集这一关键要素,有助于智慧城市建设中最大化发挥其他业务与城市轨道交通的联动,实现各类管理资源的最大化利用,也是智慧跨座式单轨与智慧城市融合的重要方面。

潍坊市轨道交通工程在智慧跨座式单轨与智慧城市的融合方面进行的探索更加超前。自2020年初,潍坊智慧跨座式单轨的研究就与城市大数据中心紧密配合,从底层各类数据采集、传输通道的建立、与城市大数据平台的衔接、数据机房的建设等方面进行了全面详细的规划,并将面向乘客的服务应用、面向运营维保的运营应用、面向提高智慧城市管理效率的数据迁移到智慧城市云平台,实现了与智慧城市的高度融合,避免了智慧城市建设重复投资,为新建城市轨道交通线路的城市提供借鉴。

综上所述,通过智慧化术应用,智慧跨座式单轨与智慧城市深度融合,可实现无人驾驶、物联网、共享出行等智慧出行方式的有机融合,使人与物的移动更快、更安全。通过相应交通数据互联与共享,有助于打造完备的城市公共交通智慧化服务体系,让出行更安全、更便捷、更高效。

图 10.4-3 城市综合信息管理平台体系架构图

附录 A
芜湖轻型跨座式单轨工程大事记

通过考察、横向对比国内外多种城市轨道交通系统后,芜湖市政府对跨座式单轨系统的经济性、安全性、环保性有了充分认识,毅然踏上了芜湖单轨规划建设之路。芜湖市结合本市经济、人口、客流需求特点,选择了车辆自重较轻、结构体量较小的轻型跨座式单轨系统。通过一系列设计、施工技术攻关后,在国内首次建设轻型跨座式单轨。采用轻型跨座式单轨系统的芜湖轨道交通1号线、2号线建成通车后,其小巧的结构、美观的造型、低噪声振动、占地少等优点获得芜湖市人民的一致肯定,在提高芜湖市公共交通供给、改善环境、优化城市结构、带动经济发展等方面已初见成效。本章重点介绍芜湖城市轨道交通决策、设计和建设过程。

A.1 决策经过

A.1.1 线网规划阶段

2010年,芜湖市启动谋划城市轨道交通规划建设。

2011年3月,芜湖市城市轨道交通线网规划第一稿完成。

2011年8月,芜湖市行政区划调整,原巢湖市的无为县并入芜湖,芜湖市城市总体规划和综合交通规划调整修编,对城市轨道交通线网规划进行调整修编。

2013年6月,城市轨道交通线网规划送审稿完成;7月,线网规划通过评审;10月,线网规划获芜湖市政府批复,系统制式初定为地铁。

A.1.2 建设规划阶段

2014年3月,芜湖市启动城市轨道交通一期建设规划(2016—2020年)编制。

2014年10月,经过多种制式的比较分析与论证、方案研究,确定芜湖市近期建设线路采用跨座式单轨制式,并于2014年12月完成建设规划修改稿。

2015年1月,受安徽省发改委委托,中资国际投资集团有限公司对《芜湖市轨道交通建设规划(2016—2020年)》进行了咨询评估;3月,建设规划主报告根据预评审意见进行修编,形成修编稿;

2015年5月,受国家发改委委托,中铁二院工程集团有限责任公司(以下简称"中铁二院")对《芜湖市轨道交通建设规划(2016—2020年)》进行评估。

2015年9月,原环保部对《芜湖市轨道交通线网及建设规划环境影响报告书》进行审查,并于2015年10月印发《关于〈芜湖市轨道交通线网及建设规划环境影响报告书〉的审查意见》。

2016年2月,经国务院批准,国家发改委以《国家发展改革委关于印发安徽省芜湖市城市轨道交通一期建设规划(2016—2020年)的通知》(发改基础〔2016〕311号)对芜湖市城市轨道交通一期建设规划进行批复。

A.2 设计过程

A.2.1 可行性研究

2015年8月,芜湖市启动1号线、2号线一期工程可行性研究主报告及客流预测、地灾(压矿)、规划选址、土地预审、地震安评、水土保持、节能评估、环评、安全预评价、社稳分析、系统制式、车辆选型、运营安全、综合交通接驳、交通疏解等专题研究。

2015年12月,芜湖市完成1号线、2号线一期工程可行性研究报告(初稿)编制。

2016年1—3月,芜湖市轨道办组织了客流、地灾、地震、环评、水保、节能、安全预评价等前置性专题审查,在专题审查意见基础上,1号线、2号线一期工程可行性研究报告(送审稿)修改形成。

2016年4月,1号线、2号线一期工程可行性研究报告报送安徽省发改委。

2016年5—6月,安徽省发改委委托中铁二院对1号线、2号线一期工程可行性研究报告进行审查,依据专家审查意见,修改形成1号线、2号线一期可行性研究报告(报批稿)。

2016年7月,安徽省发改委发布《关于芜湖市城市轨道交通2号线一期工程可行性研究报告的批复》(皖发改基础〔2016〕490号),批复2号线一期可行性研究报告。

2016年9月,安徽省发改委发布《关于芜湖市城市轨道交通1号线工程可行性研究报告的批复》(皖发改基础〔2016〕612号)批复1号线。

A.2.2 初步设计

2016年3月,芜湖市启动1号线、2号线一期初勘及初步设计工作。

2016年9月,1号线、2号线一期初步设计报送安徽省发改委。

2016年10月,安徽省发改委组织专家对1号线、2号线一期初步设计进行审查。

2016年11月,安徽省发改委发布《芜湖市轨道交通2号线一期工程初步设计的批复》(皖发改设计〔2016〕696号)、《芜湖市轨道交通1号线工程初步设计的批复》(皖发改设计〔2016〕697号),分别批复2号线一期、1号线初步设计。

A.2.3 施工图设计

2016年11月,芜湖市启动1号线、2号线一期详勘及施工图设计工作。

2017—2018年,车辆、机电设备系统等用户需求书分批次完成。

2017—2019年,车辆、机电设备系统等技术规格书分批次完成。

2017—2021年,全线施工图设计分类别、分专业、分批次完成。

A.3 建设历程

A.3.1 建设模式

芜湖市委、市政府决定1号线、2号线一期建设采用PPP(政府和社会资本合作)模式,即政府和社会资本合作实施1号线及2号线一期项目。确定PPP合作期30年,其中建设期3年,特许经营期27年。合作期内政府与社会资本共同成立SPV(特殊目的载体)项目公司,负责项目的投融资、建设、运营、维护等工作,回报模式为使用者付费、非票务收入及政府可行性缺口补贴,合作期满后SPV项目公司向政府方移交全部项目资产。

2015年12月,1号线及2号线一期PPP项目咨询服务确定咨询机构。

2016年2月,PPP项目完成初步实施方案及第一次市场测试。

2016年4月,PPP项目完成潜在社会投资人约谈工作(第二次市场测试)。

2016年10月,PPP项目完成物有所值与财政承受能力论证报告并经市财政局批复;完成实施方案编制并经市政府批复;完成资格预审。

2016年11月,PPP项目完成招标文件、PPP合同文件体系的编制及市政府审查工作。

2016年12月,1号线及2号线一期PPP项目社会投资人招标完成,确定中选社会资本(中国中车集团有限公司、中国铁路工程集团有限公司联合体)。

A.3.2 建设历程

(1) 1号线

2017年7月1日,全线开工建设。

2020年11月,车站主体结构完成。

2021年1月,全线轨通、电通。

2021年3月,线路开始综合联调。

2021年6月,线路通过项目验收、开始试运行。

2021年10月,线路通过初期运营前安全评估。

2021年11月3日,线路开通初期试运营。

(2) 2号线一期

2017年6月7日,全线开工建设。

2020年10月29日,2号线一期成功完成国内首个同时跨越两条高铁(宁安高铁、商合杭高铁)、一条普速铁路(皖赣铁路)的跨座式单轨轨道梁转体。

2020年12月,车站主体结构完成。

2021年3月,全线轨通、电通。

2021年6月,线路开始综合联调。

2021年9月,线路通过项目验收、开始试运行。

2021年12月,线路通过初期运营前安全评估。

2021年12月28日,线路开通初期试运营。

附录 B

工程科研成果

跨座式单轨交通为梁轨合一和适宜高架敷设的胶轮运输体系,与传统钢轮钢轨运输体系在区间结构、车站结构、道岔等方面存在明显差异。为保障芜湖跨座式单轨工程顺利建设,在芜湖轨道交通 1 号线、2 号线一期工程实施前,中铁工程设计咨询集团有限公司开展了一系列科研创新,附录 B 主要从土建和机电设备系统两个方面对主要创新成果进行介绍。

B.1 土建工程

B.1.1 轨道梁桥

1)连续刚构 PC 轨道梁桥关键技术研究

(1)研究目的

提出连续刚构 PC 轨道梁成套技术参数体系,为实际工程应用提供技术支撑。

(2)国内外技术现状

连续刚构 PC 轨道梁桥在巴西圣保罗单轨、美国拉斯维加斯单轨有应用实例,国内暂无应用实例。

(3)研究经过

该研究从 2013 年起前后持续 8 年时间,共包含 5 项课题,分别为中小型跨座式单轨交通轨道梁桥系统设计研究(中国中铁股份科研课题:2013-重点-8)、跨座式单轨采用框架墩的连续刚构轨道梁桥设计研究(中铁设计科研课题:产品-研 2017-7)、跨座式单轨交通工程应用关键技术研究(中铁设计科研课题:产品-研 2019-2)、跨座式轨道交通连续刚构施工质量控制研究(中铁设计科研课题:产品 – 研 2019-2-1)、跨座式的交通连续刚构通用图设计(中铁设计科研课题:产品-业 2019-1)。

(4)主要成果及意义

该研究建立了 PC 轨道梁"轨道梁-桥墩-基础"相互作用的计算方法,提出了竖向刚度、结构沉降、动力系数等成套技术参数体系,构建了新型跨座式单轨 PC 轨道梁桥"设计、制造、架设、精调"高精度成套建造技术。研究成果成功应用于芜湖市轨道交通 1 号线、2 号线一期工程。2 条线合计采用连续刚构 PC 轨道梁桥约 30 双线公里,节省工程投资约 6000 万元。自

2020年6月运行至今,社会各界反映良好,社会、经济和环保效益显著。

2)钢混结合轨道梁关键技术研究

(1)研究目的

形成跨座式单轨钢混结合轨道梁设计、施工关键技术,为实际工程应用提供技术支撑。

(2)国内外技术现状

钢-混结合轨道梁在日本单轨羽田延伸线、多摩单轨的部分工点有应用实例,其跨度在30～50m之间,为简支结构。重庆跨座式单轨仅采用了2孔40m钢轨道梁,无钢混结合轨道梁的使用实例;近年来,芜湖、安阳、桂林、汕头、蚌埠等城市轨道交通项目中大量采用了钢混结合轨道梁结构,其中芜湖轨道交通1号线、2号线一期工程已于2021年投入运营。

(3)研究经过

该研究从2013年起前后持续8年时间,共涉及课题4项,分别为中小型跨座式单轨交通轨道梁桥系统设计研究(中国中铁股份科研课题:2013-重点-8)、跨座式单轨交通简支钢-混结合梁施工质量控制研究(中铁设计科研课题:产品-研2019-2-2)、跨座式单轨交通连续钢-混结合梁施工质量控制研究(中铁设计科研课题:产品-研2019-2-3)、(40+60+40)m连续组合轨道梁负弯矩区抗裂研究(中铁设计科研课题:产品-研2018-6-1),同时还开展了大跨度简支轨道梁结构型式研究、轻型单轨交通疲劳关键参数研究等自立课题的研究工作。

(4)主要成果及意义

跨座式单轨钢混结合轨道梁共获2项国家发明专利、7项实用新型专利授权,发表3篇技术论文,相关成果纳入团体标准《轻型跨座式单轨交通设计导则》(T/CAMET 04001—2018)中,填补了行业空白。研究解决了钢混结合轨道梁在跨座式单轨交通工程中的应用等关键技术问题,取得了良好的社会效益和经济效益。跨座式单轨钢混结合轨道梁实现了轨道梁跨越能力与轻量化的完美结合,创新和丰富了我国跨座式单轨交通轨道梁桥技术,具有良好的推广应用前景。

3)转体法施工的T构单轨组合桥关键技术研究

(1)研究目的

本工程依托2号线一期工程建设,全面研究钢轨道梁与箱形预应力混凝土连续梁结合形成的新型组合桥结构,为跨座式单轨T构组合桥的推广提供理论技术支持。

(2)国内外技术现状

国内外暂无应用实例。

(3)研究经过

该研究从2016年起前后持续6年时间,包含课题为转体法施工的大跨度跨座式单轨组合桥设计研究(中国中铁股份科研课题:2017-引导-17)。

(4)主要成果及意义

研究提出了一种新型跨座式单轨组合桥结构,采用钢轨道梁和混凝土托梁组合结构,用全固结承轨台结构替代常规结构两者之间的支座垫石,有效降低结构整体高度1.3m,改善了节点处线路纵坡条件,提高了行车舒适度。该研究全面系统地研究该种新型跨座式单轨桥的受力特性,施工方式,动力特性等进行,研究了钢轨道梁和混凝土托梁之间的结合形式,保证可靠连接共同受力的同时,实现了钢轨道梁后期线形的便捷调整。研究成果丰富了跨座式单轨大跨桥梁结构形式,其经济、社会效益明显,具有良好的推广应用前景。

4)连续钢桁轨道梁关键技术研究

(1)研究目的

提出连续钢桁轨道梁成套技术参数体系,为实际工程中应用提供技术支撑。

(2)国内外技术现状

国内外暂无应用实例。

(3)研究经过

该研究从2017年起,前后持续4年时间,包含课题为轻型跨座式单轨大跨度轨道梁研究(中铁设计科研课题:产品-研2016-33)。

(4)主要成果及意义

该研究根据"梁轨合一"的特点,首次提出了一种新型跨座式单轨连续钢桁轨道梁桥型,将上弦杆兼作轨道,参与整体受力,有效地降低结构高度改善线路纵断面,提高行车舒适性,节约了工程投资。该梁型造型优美,结构轻盈,景观效果好,适应了现代化城市较高的景观要求。

该研究将不对称墩底转体技术应用于跨座式单轨交通建设领域,发展了轨道交通墩顶、墩底转体设计理论,构建了轨道交通转体建造方法,提高了结构的适用性,实现建设期对桥下高速铁路和高速公路"零"干扰。

工程采用不对称墩底转体施工的连续钢桁轨道梁桥造价降低约30%,进一步丰富跨座式单轨桥梁结构形式,为大跨度跨座式单轨桥跨越障碍物,降低对既有道路影响提供一种新的解决方案,具有良好的经济、社会效益。

5)车辆基地简支PC轨道梁预制拼装设计研究

(1)研究目的

提出采用普通承压支座代替铸钢拉力支座的预制拼装车辆基地简支PC轨道梁,进一步降低工程造价。

(2)国内外技术现状

国内外车辆基地轨道梁均采用铸钢拉力支座的简支PC轨道梁,未见有采用普通承压支座的PC轨道梁。

(3)研究经过

该研究从2013年起前后持续10年时间,共包含课题5项,分别为中小型跨座式单轨交通轨道梁桥系统设计研究(中国中铁股份科研课题:2013-重点-8)、轻型跨座式单轨大跨度轨道梁研究(中国中铁股份科研课题:产品-研2016-33)、装配化在单轨交通的研究与应用(中铁设计科研课题:产品-研2018-5)、跨座式单轨交通工程应用关键技术研究(中铁设计科研课题:产品-研2019-2)、车辆基地简支PC轨道梁预制拼装设计研究(中铁设计科研课题:产品-研2019-5-1)。

(4)主要成果及意义

该研究创新了跨座式单轨PC轨道梁结构,成功实现了用价格较低的普通承压支座代替了昂贵的铸钢拉力支座,大幅度节省了工程造价,具有良好的应用前景,并首次在跨座式单轨PC轨道梁结构中应用预制拼装结构,有利于桥梁可持续发展。

6)轨道梁线形控制关键技术研究

(1)研究目的

进行轨道梁线形控制理论研究,开发跨座式轨道交通轨道梁三维工法设计软件,提高轨道梁线形控制精度并达到毫米级,最终实现轨道梁从设计到施工的一体化流程。

(2)国内外技术现状

工程项目建设过程中,设计、施工数据分离,无法实现集成式管理。工作中采用文字、表格等传统平面设计方法,直观性、可视化效果欠佳。

(3)研究经过

从 1995 年起,课题组持续研究轨道梁线形控制技术,完成了多项科研课题和软件开发。共包含科研课题 5 项,分别为中小型跨座式单轨交通轨道梁桥系统设计研究(中国中铁股份科研课题:2013-重点-8)、轻型跨座式单轨大跨度轨道梁研究(中国设计科研课题:产品-研2016-33)、跨座式单轨交通工程应用关键技术研究(中铁设计科研课题:产品-研 2019-2)、跨座式轨道交通轨道梁制造及架设工法研究(中铁设计科研课题:产品-研 2019-2-4)、跨座式轨道交通轨道梁桥一体化设计软件(中铁设计科研课题:单轨-研 2020-1-2)。研发了系列轨道梁线形控制软件,包括轨道梁线形设计系统、轨道梁线形构造软件、基于 BIM 技术的轨道梁三维工程软件。

(4)主要成果及意义

该研究创建了轨道梁桥线形控制系统理论,提出系列空间变换原理,实现了轨道梁空间位置的精确定位。成功开发出一体化设计软件,实现对轨道梁设计、制造、架设数据的集成化管理和可视化查看,智能化程度高,能够极大地提高施工效率和施工精度。

7)跨座式单轨桥梁融冰雪技术研究

(1)研究目的

在我国北方冬季,当轨道梁上有积雪或者结冰的时候,由于摩擦因数降低,车辆行驶过程中的启动、制动性能会有所下降,容易造成车辆刹车失灵、制动距离增加等问题。针对这类问题,研究适应中国严寒地区(-30℃)的单轨桥梁融冰雪技术,保障跨座式单轨车辆在冰雪天气下能够正常运行。

(2)国内外技术现状

单轨轨道梁具有截面小、架设位置较高、线路较长等特点,路面外部融雪技术不易实现。目前,国内外并没有针对严寒地区切实有效的跨座式单轨桥梁融冰雪技术。

(3)研究经过

2013 年 6 月,跨座式单轨桥梁融冰雪技术研究正式启动。项目组经过对国内外现有除冰雪技术的调查研究,决定采用轨道梁电加热融冰雪技术。该技术作为子课题申报了中国中铁股份公司重大课题(轻型跨座式单轨交通系统集成及关键技术研究)、重点课题(中小型跨座式单轨交通轨道梁桥系统设计研究)、北京市科委重大专项课题(轻型跨座式单轨系统技术及工程化应用研究),2013 年 11 月—2014 年 3 月、2014 年 11 月—2015 年 3 月,项目组在吉林市进行了融冰雪试验,试验期间采集数据 30 余次,试验验证了理论计算方法的准确性和融冰雪的效果,同时也发现了一些新问题。试验后,项目组又进行了完善方案研究,对电加热融冰雪方案进行了优化设计。

(4) 主要成果及意义

跨座式单轨桥梁融冰雪技术将电加热技术与涂料技术成功地应用在轨道梁上,解决了冰雪天气下跨座式单轨车辆在轨道梁上的运行问题。我国北方地区的二三线城市较多,具有跨座式单轨较广阔的发展空间。融冰雪研究是跨座式单轨能够在北方城市成功推广的必然要求。该课题解决了跨座式单轨冬季运营的问题,保障了运营天数,为其在北方地区的推广提供有效的支持。该课题获得5项发明专利、4项实用新型专利授权。

B.1.2　建筑结构

1) 跨座式单轨轻量化技术研究

(1) 研究目的

随着国家政策的调整,二三线城市纷纷选择跨座式单轨作为其城市轨道交通的主干网络。车站作为交通系统中重要的组成部分,是市民在一座城市中接触最为频繁的场所,也是一座城市对外展示的窗口。车站正以其独有的特性成为一座城市的叙事空间和旅游打卡地。车站的布局是否合理、使用是否便捷、建筑风格是否与城市相得益彰直接影响轨道交通的运行效率和城市形象。因此,跨座式单轨车站的设计甚至成为城市管理者选择轨道交通系统制式的重要因素之一。

对于车站设计而言,车站设计的轻量化、模数化、建筑布局的合理化,对于有效提升建筑空间使用效率,降低对城市空间的景观影响,以及控制建设成本具有重要意义。

(2) 国内外跨座式单轨高架车站轻量化研究情况

跨座式单轨系统在全球多个城市有应用案例,如东京、冲绳和迪拜为中型单轨,圣淘沙为小型单轨。

国内跨座式单轨作为城市干线运营的仅重庆市及芜湖市,其余工程基本为区域组团的观光旅游线路或试验线。

目前,国内外关于高架车站轻量化的专题研究尚属空白。

(3) 研究经过

自2012年5月,项目组先后考察了西安、重庆、东京、千叶、多磨等地的城市轨道交通车站。与日立公司、庞巴迪公司进行了技术交流;2014年,项目组完成轻量化研究一阶段成果,并通过北京市科委的验收。

随着芜湖轨道交通的实施,结合工程实际需求、建设单位要求和城市管理要求,项目组深入研究了车站轻量化技术。

(4) 主要成果及意义

研究成果通过大量的案例分析,总结了城市轨道交通高架站的五大控制因素:列车编组长度、站台形式及站台宽度、车站平面布局、车站形态、色彩与材料、结构轻量化。针对五大控制因素系统地提出了实现车站轻量化的技术对策。

研究成果已经运用到芜湖轨道交通1号线、2号线一期的工程设计中,通过工程实践证明,芜湖轨道交通轻量化成果具有较高的完成度,特别是路中高架站的结构轻量化研究表明,钢混组合结构可以充分利用钢材和混凝土各自的材料特性,具有承载力高、刚度大、抗震性能强和动力性能好的特点;同时,有效缩小了构件尺寸,仅需路中设置3m宽绿化带,实现了节约用地的目标,对城市道路的需求最小。建成后的车站通过轻量化的处理手法实现了与城市景观的高度融合,深受市民喜爱,也成为同类城市参观学习的典范。

2)芜湖轨道交通站城一体化设计研究

(1)研究目的

站城一体化研究可以充分发挥轨道交通对城市发展的引领作用,促进车站与站点周边城市功能相融合。

在城市建成区,以满足交通需求为主,充分利用轨道交通客流量大的特征,以站点为核心,通过优化周边空间城市设计,实现城市愿景。在城市未建成区,结合产业布局规划,在站点步行范围内进行多层次、多元复合、集约高效的城市设计,在通勤过程中,完成购物及娱乐需求,提高出行效率,提升出行体验。

(2)国内外站城一体化设计研究现状

21世纪以来,随着城市化进程的不断加快,TOD在日本、中国香港、新加坡等亚洲地区得到了最佳实践。TOD理念的外延也在不断发展,其在城市发展过程中发挥的作用也在不断提升。随着世界各国对建设低碳城市、生态城市、公交都市等诉求的增加,TOD已不再是局限于对单个独立的公交车站和枢纽的开发,而是从一个"点"的开发上升到打造节点加走廊式的城市发展轴线。2008年,赛弗教授在"3D"原则的基础上,增加了基于站点节点的空间影响拓展"距离(Distance)"原则和基于公交走廊与区域功能发展的"目的地可达性(Destination Accessibility)"原则,形成了TOD的"5D"原则。

随着城市的飞速发展和不断进步,TOD的内涵与外延也发生着变化。TOD理念中的"公共交通"从最初的公交巴士干线到聚焦于城市轨道交通,进而拓展到高铁、港口、机场等大吞吐量的交通枢纽。

(3)研究经过

2015年始,研究团队采用文献研究、行业调研和专家咨询的方式,通过实地考察和案例收集,总结了国内外站城一体化设计模式,通过分析芜湖城市特点和一体化设计面临的现实挑战,提出具有芜湖轨道交通特色的站城一体化设计策略。

(4)主要成果及意义

研究成果从宏观层面、中观层面及微观层面系统地总结出适于中小型城市的城市轨道交通一体化设计策略,提出了城市轨道交通站城一体化的四种模式,并将其运用到芜湖轨道交通1号线、2号线一期工程中,为市民出行提供便捷舒适的出行体验,同时也带动了城市轨道交通沿线的经济发展,促进了建成区的城市更新。

3)跨座式单轨路中独柱车站组合结构车站天桥一体化抗震性能研究

(1)研究目的

研究天桥与车站主体搭接形式的受力状态,分析罕遇地震下结构的抗震性能,形成相关设计的指导性结论,完善关于类似结构形式的设计理论及方法,为今后单轨交通独柱高架车站设计项目提供理论支持。

(2)研究现状

跨座式单轨车站多设置在路中绿化带中央,并设置进出站人行天桥,由于道路现状的复杂性,天桥结构与车站主体结构的结合形式复杂多样。结合芜湖、蚌埠等地轨道交通项目设计情况,天桥与车站结构关系主要有脱开、搭接、刚性连接三种方式。

(3) 研究经过

本课题自 2017 年 5 月立项,2019 年 12 月通过中铁工程设计咨询集团有限公司验收评审。课题对单轨独柱车站天桥采用搭接方式时的整体抗震性能进行了分析,采用等效节点力法和建立站桥一体的整体模型两种方法对结构的抗震性能进行了计算分析与研究。

(4) 主要成果及意义

通过系统研究,该研究取得搭接方式天桥及独柱车站结构主体大震下的抗震性能分析成果,对搭接在车站结构上的天桥结构设计形成指导性结论,从而完善结构设计理论及方法,且成果可以直接应用于后续单轨独柱高架车站项目。

4) 跨座式单轨装配式组合结构车站研究

(1) 研究目的

跨座式单轨车站工程数量大,采用装配式建筑,可以减少现场作业,部件工厂生产现场安装,可以显著提高施工速度和效率,从而大大减少对道路交通的影响,具有显著的社会效益和综合经济效益。本项目研究应用装配式建筑,除了产生直接经济效益外,也是积极响应国家产业政策。

(2) 国内外装配式(技术)现状

目前,住建部已在建设领域积极推进预制装配建筑的使用,在 2016 年制定的装配式混凝土结构、钢结构、木结构三本国家标准中,对装配率提出了发展要求,并对国家投资的公共建筑和经济适用房等住宅强制采用装配式结构。

目前,国内轨道交通高架车站普遍采用现浇混凝土结构,预制装配技术应用程度较低,尤其是垂直受力构件(墩柱),尚无使用先例。芜湖轨道交通 1 号线、2 号线在设计时普遍采用的钢混组合结构,在结构形式上具备了装配式结构的特点,但在建筑、设备设计上仍为传统形式。因此,装配式高架车站的研究既符合国家产业政策,亦有一定的技术条件作为支撑。

(3) 研究经过

本课题研究自 2018 年立项,先后于 2021 年 6 月通过集团公司结题验收评审,于 2021 年 8 月通过股份公司结题验收评审。本课题通过专业调研、集成化设计、部品部件定型化设计、理论分析与计算、必要的试验等研究方法进行了系统的研究。

(4) 主要成果及意义

采用装配式建筑,可以达到部品部件的产业化、标准化,提高设计效率,同时符合国家和地方的产业政策,具有良好的经济效益和社会效益。装配式建筑是对跨座式单轨车站形式的一种丰富和提升,该课题成果应用可以提升公司的竞争力。该课题形成装配式组合结构车站研究报告,将研究内容标准化、部品部件定型化,并在此基础上编制系列标准图。

5) 跨座式单轨高架车站消能柱组合结构体系研究

(1) 研究目的

目前,高架车站组合结构的研究成果主要用于低烈度区(6 度、7 度),高烈度区采用独柱结构时,需要较大程度地加大结构尺寸,且基础设计较为困难;采用受力较为合理的独柱二层站,但需要将设备用房从站房内移出择地另建,限制了使用范围;同时,双柱车站往往受制于站址环境较难实施,而且景观效果较差。

为了既保证独柱景观好的特点,又保证车站使用功能,尤其是保证结构安全及经济合理性,需要研究一种新型结构。该种结构的特点是将独柱分离为两个柱,中间设置耗能减震构件连接,在大震下可以有效消耗地震能量,降低地震伤害,从而优化结构断面尺寸,减少桩基础数量。

(2)课题背景

传统的结构设计方法为了实现"小震不坏、中震可修、大震不倒"的抗震设防标准,通常只能靠提高结构的强度、刚度和延性的方法以满足抗震性能要求,而以"抗"为主的设计理念并不能有效减小地震动能输入和降低结构的地震影响。相反,为了满足抗震指标而增大的结构断面尺寸和配筋,会因结构刚度增大而引起更大的地震损害,不仅严重影响结构的经济性,也难以显著改善其抗震性能。在地震强度超过多遇地震时,传统的抗震结构其维修和加固成本十分昂贵,甚至是直接导致结构报废,造成严重的经济损失。

因此,为了减少主体结构的地震损伤,消能减震的概念呼之而出,并在高层结构中应用广泛,例如剪力墙之间的连梁、偏心支撑框架等。这些结构通过次要构件的屈曲和屈服,以消耗地震中结构吸收的能量,增大结构的阻尼,从而提高结构的安全性。随着消能减震构件的普及,设计者对于其快速修复功能和可更换性提出了更高的要求。

跨座式单轨高架车站采用独柱体系时,由于其独特的结构形式,主要的地震能只能通过底层柱的屈服消耗。即使不断提高底层柱的截面,地震带来的底层柱的内部损伤也是不可避免的,而作为最重要的承重构件的底层柱投用后不可更换,在震后修复中存在很大的困难。因此,本课题研究具有更好消能减震能力的双柱结构体系,即通过双柱间连梁的屈服和屈曲,消耗本应该被柱子消耗的地震能,减少独柱的损伤。

(3)研究经过

本课题自2018年1月立项,至2018年12月完成。课题采用有限元法软件进行分析计算,提取各工况指标,计算分析节点及消能构件,通过必要的结构试验等方法分析研究消能构件受力特性。

(4)主要成果及意义

本课题研发了一种适用于高烈度区的路中高架组合结构车站体系,在高烈度大震下具有消耗地震能量、降低构件(墩柱、梁、基础)的地震报告,在相同安全度的前提下,较相同尺寸的独柱组合结构具有更好的经济性。

B.2 机电设备系统

B.2.1 道岔

1)跨座式单轨整体平转式道岔主要技术参数及线形研究

(1)研究目的

为设计出合理的道岔参数及道岔线形图,特开展"跨座式单轨整体平转式道岔主要技术参数及线形研究"。

(2)国内外现状

国外庞巴迪制式跨座式单轨采用了换梁型道岔和枢轴型道岔,这两种道岔可归类为整体平转式道岔。换梁型道岔有单开道岔、对开道岔和单渡线道岔,曲线半径为53~140m。枢轴型道岔有单开道岔、对开道岔、三开道岔、四开道岔和单渡线道岔,转辙角为 2°~6°。

(3) 研究经过

专题研究时间为 2015—2016 年,相继开展分析跨座式单轨工程对道岔的性能需求,研究道岔侧向过岔速度、曲线半径、转辙角等技术参数的计算或选取方法,研究道岔线形图绘制方法,根据工程需求研究确定换梁型道岔和枢轴型道岔系列规格的参数及尺寸,绘制各系列道岔线形图等工作。

(4) 主要成果及意义

课题主要成果为:

①形成了道岔主要技术参数的计算方法或取值建议。

②形成了适应工程需求的道岔系列规格及参数。

③形成了道岔线形设计方法及系列规格道岔线形图。

该课题形成的系列规格道岔的参数及线形图保证了芜湖跨座式单轨道岔工程设计工作的顺利推进,形成的道岔参数及线形设计方法可直接用于后续类似工作,提高了设计工作的质量和效率。

2) 跨座式单轨整体平转式道岔产品研发

(1) 研究目的

为满足轻型跨座式单轨需求,掌握关键技术,实现自主创新和关键设备研发,特开展中国中铁股份公司重大专项"轻型跨座式单轨交通系统集成及关键技术研究"子课题"轻型跨座式单轨道岔(枢轴型、换梁型)研究",在此基础上进一步深化设计,完成枢轴型道岔和换梁型道岔系列产品的研发。

(2) 国内外现状

整体平转式(枢轴型、换梁型)道岔主要应用于国外庞巴迪制式跨座式单轨系统中,其工作原理是通过道岔梁在平面内转动来变换道岔梁的位置,从而实现道岔转线功能。换梁型道岔由两根梁组成,侧线梁为曲梁,线形平顺,容许通过速度较高,主要应用于正线。枢轴型道岔由一根直梁组成,侧线线形为折线,容许通过速度较低,主要应用于车场。

(3) 研究经过

课题研究时间为 2016—2018 年,上述重大专项课题于 2018 年 8 月通过股份公司评审。

课题主要研究道岔的工作原理、结构组成及技术要求,研究确定道岔总体设计方案及各部件技术方案,进行道岔主体结构计算及优化,进行各关键零部件选型计算,进行详细图纸设计。

(4) 主要成果及意义

课题主要成果为:

①形成了整体平转式(换梁型和枢轴型)道岔总体技术要求及总体设计方案;形成了道岔各部件(驱动、锁定、道岔梁、固定段、台车、尾轴等)设计要点及设计方案。

②形成了道岔主体结构仿真计算及关键零部件选型计算方法。

③形成了换梁型道岔、枢轴型道岔系列产品全套设计图纸及计算报告。

④获得 2 项发明专利和 6 项实用新型专利授权。

课题成果满足了轻型跨座式单轨需求,实现了自主创新,为后续道岔产品产业化发展奠定了坚实基础,丰富了我国跨座式单轨道岔产品种类,同时锻炼了设计队伍,提高了产品研发能力。

3）跨座式单轨道岔选型研究

（1）研究目的

为合理选择道岔类型，提高跨座式单轨工程设计的合理性、经济性，同时提高设计效率和质量，特开展科研课题"跨座式单轨道岔类型对比及工程适应性研究"。

（2）国内外跨座式单轨道岔现状

按结构形式划分，跨座式单轨道岔可分为节段梁平转式道岔、整体平转式道岔和平移型道岔。节段梁平转式道岔包括关节型道岔、关节可挠型道岔，如日本日立、马来西亚斯科米及我国重庆跨座式单轨采用了这类道岔。整体平转式道岔包括换梁型道岔和枢轴型道岔，国外的庞巴迪单轨采用了这类道岔。平移型道岔在我国重庆跨座式单轨中有少量应用。

（3）研究经过

课题研究时间为2017—2018年，于2019年通过集团公司评审。

课题主要收集各类型道岔资料，分析跨座式单轨工程对道岔的功能需求，研究各类型道岔结构、参数、特点及适用范围等，结合工程需求对各类型道岔进行对比分析，形成道岔选型需关注的主要指标，提出道岔选型原则及建议。

（4）主要成果及意义

课题主要成果为：

①形成了道岔选型需关注的主要指标，包括规格种类、与车辆的适配性、侧向线形、侧向容许通过速度、适用范围、占地面积、结构复杂性、购置安装费、运维成本、成熟可靠性等。

②提出了道岔选型原则及不同工程特点和条件下的道岔选型建议。

课题成果对提高工程设计的合理性、经济性，以及提高设计质量和效率起到了积极作用。

4）跨座式单轨道岔故障在线诊断系统研究

（1）研究目的

为提升道岔状态监测、故障诊断的及时性、准确率及自动化水平，降低人工现场检测工作量及作业难度，特开展"跨座式单轨道岔故障在线诊断系统研究"。

（2）国内外跨座式单轨道岔故障诊断现状

目前，国内外跨座式单轨道岔通常采用传感器向信号系统反馈道岔的位置及锁闭信息，依靠人工在天窗时间到现场检查道岔状况，存在传感器"信号误报"风险，无法对道岔关键部件进行实时监测和诊断。

（3）研究经过

课题研究时间为2020—2021年。

课题主要研究现有跨座式单轨道岔状态检测的内容、方法及存在问题，研究确定跨座式单轨（换梁型和枢轴型）道岔故障在线诊断系统的功能，研究确定道岔各部位故障信息数据采集方案及数据分析系统方案，进行产品设计及软件开发，进行样机试制，进行样机上线试验等工作。

（4）主要成果及意义

课题主要成果为：

①形成了跨座式单轨道岔故障在线诊断系统的技术方案，包括基于传感器技术的数据采集子系统、基于图形识别技术的数据采集子系统以及数据智能分析子系统三个子系统。

②完成了跨座式单轨道岔故障在线诊断系统的产品设计及软件开发。

③完成了系统设备的试制及样机试验,实现性能指标达到预期目标。

该课题成果对减少人工现场作业量及作业难度、提高检测作业的及时性及准确率、提高道岔系统安全性和智能化水平具有积极作用,为道岔系统智能运维奠定了坚实的基础。

B.2.2 供电系统

1)跨座式单轨供电系统再生制动能量吸收技术研究

(1)研究目的

跨座式单轨因其运行噪声小、转弯半径小、爬坡能力强、现场适应能力强及工程投资省等优点,在世界各地多处得到应用。单轨列车运行中再生制动能量占比较大,而投资控制较为严格,为提高工程技术经济性,有必要研究跨座式单轨供电系统再生制动能量吸收利用方案。

(2)国内外现状

城市轨道交通受限于城市站间距较短、车辆运行密度大,列车启动、制动频繁,因而产生较多的制动能。因此,设置在车体外的再生制动能量吸收装置可以高效利用能源、降低运营负担。目前,再生制动能量吸收装置在城市轨道交通中得到广泛使用,包括国外的加拿大多伦多轻轨、意大利米兰地铁等,国内的重庆轨道交通 2 号线、北京地铁 9 号线等。

(3)研究经过

2018 年 8 月至 2019 年 12 月,研究团队针对跨座式单轨再生电能利用装置的不同配置方案进行了仿真研究,研究方案通过专家评审。

(4)主要成果及意义

该研究通过分析轻型跨座式单轨交通再生制动特点,比较再生制动能量吸收利用装置选型,运用全生命周期管理思想建立了再生制动能量吸收利用装置配置方案的评价方法,结合实际工程案例开展了配置方案的评估,并得出结论,即在保证网压稳定的条件下,结合线路条件在半数牵引变电所设置再生制动能量吸收利用装置具有较好的技术经济性。

2)新型单轨接触轨系统研究

(1)研究目的

钢铝复合轨具有零部件少、使用寿命长、运营维护简单维护成本低的特点。芜湖跨座式单轨为国内首条采用钢铝复合轨轴梁形式的轻型跨座式单轨,车辆及其接触轨在国内尚无成熟的应用实例。由于接触轨安装限界空间小,胶轮动态包络线特殊,轨道梁内部钢筋密集等原因,有必要结合芜湖跨座式单轨工程开展跨座式单轨接触轨系统技术研究。

(2)国内外现状

跨座式单轨牵引网的授流方式主要有下部授流和侧面授流两种形式;如吉隆坡单轨牵引网采用下部授流方式,重庆跨座式单轨牵引网采用侧部授流方式;两种授流方式均能满足车辆运行的需求。目前,国内正式运营线路只有重庆采用汇流排+接触线形式,但此形式不能满足芜湖跨座式单轨车辆需求。

(3)研究经过

2015 年 6 月至 2019 年 12 月,分别研究跨座式单轨接触轨形式和零部件研发等内容,并申请部分零部件专利,研究方案通过专家评审。

(4) 主要成果及意义

①采用 C 形钢铝复合轨具有有效授流面更宽、刚柔适中、使用旋转式扣件固定、安装方便、安装精度高等优点，满足了限界小、集电靴上下摆动量较大等要求。

②道岔分段绝缘器和道岔过渡装置使接触轨道岔区域连续布置，集电靴平滑过渡，改善靴轨关系。

③采用渡线断口方式可以有效解决正负极过渡问题，固定式端部弯头可以有效降低接触轨振动引起的拉弧等问题。道岔区域贯通布置可以使靴轨关系更加良好，提高接触轨及集电靴使用寿命，减少维修工作量。

3) 光伏发电技术在单轨交通的应用研究

(1) 研究目的

在城市轨道交通领域大力发展新能源尤其是太阳能的应用，有利于节能减排，并产生巨大的经济效益和社会效益，助力"双碳"目标的实现。

(2) 国内外现状

国外在太阳能应用方面的研究较早，技术比较成熟，老牌发达国家在 19 世纪 80 年代就陆续开展了对光伏发电在轨道交通领域的应用研究。我国起步较晚，在城市轨道交通的应用主要体现在利用建筑屋顶建设光伏电站。近年来，光伏发电技术相继在广州地铁鱼珠车辆段、石家庄地铁西兆通综合维修基地、深圳地铁、济南地铁等也有少量应用。

(3) 研究经过

2016 年 6 月至 2017 年 9 月，研究团队针对太阳能在跨座式轨道交通的应用做了详细地研究，研究方案通过了专家评审。

(4) 主要成果及意义

在芜湖轨道交通 1 号线、2 号线一期高架车站、车辆基地和停车场大库共 37 个站点设置了光伏发电系统，光伏安装容量达到 5.6MW，投资回收期为 11 年，25 年总发电量为 12445.4 万 kW·h，平均每年可为芜湖轨道交通提供约 497.8 万 kW·h 的绿色电能，相当于每年可节约标准煤 1572t，相应每年可减少多种大气污染物的排放。其中，减少二氧化硫（SO_2）排放量约 1.03t，二氧化碳（CO_2）排放量约 4316.94t，减少了有害物质排放量，减轻了环境污染，产生较为明显的经济效益、社会效益及环境效益，在跨座式单轨领域极具推广价值。